技术创新方法培训丛书

企业技术创新典型案例及模式研究

史晓凌　茹海燕　谭培波　著

科 学 出 版 社
北　京

内 容 简 介

本书是《技术创新方法培训丛书》之一。

本书由以下几个部分组成：绪论，企业的契机。从企业为什么存在谈起，指出创新是企业与生俱来的本性，并介绍了世界上广泛应用的基于知识的创新方法 TRIZ 理论在国内外的应用情况。第一篇，企业变革模型。全面介绍了企业推动“面向创新的研发体系建设”的变革流程 I-BASE，描述了变革流程各个阶段的目标、方法和工具及典型输出。第二篇，企业技术创新实施方法论。针对 I-BASE 流程的 E 阶段，提出企业实施技术创新的方法论 DAOV。详细介绍了 DAOV 流程四个阶段——定义、分析、优化、验证阶段的方法和工具。第三篇，企业实施技术创新的案例。介绍几个按照 I-BASE、DAOV 流程实施技术创新的企业案例，它们按照各自的需求定制了实施创新的解决方案，并取得了成绩。这些企业不仅有国有大中型企业、私营企业，还有科研院所，而且客户实施模式也各不相同，有比较广泛的适用性和借鉴意义。第四篇，企业新产品开发的方法论。针对客户未来需求，引入以 TRIZ 理论为核心的产品规划及设计方法论 $DAOV^{(y+2)}$，介绍 $DAOV^{(y+2)}$ 的基本理念及实施流程和工具。

本书可作为企业创新培训中的创新方法操作手册，也适用于对创新方法感兴趣的一线研发人员和企业管理人员阅读参考。

图书在版编目（CIP）数据

企业技术创新典型案例及模式研究 / 史晓凌，茹海燕，谭培波著.
—北京：科学出版社，2012

（技术创新方法培训丛书）

ISBN 978-7-03-035219-4

Ⅰ. 企… Ⅱ. ①史…②茹…③谭… Ⅲ. 企业管理-技术革新-研究
Ⅳ. F273.1

中国版本图书馆 CIP 数据核字（2012）第 172202 号

责任编辑：李 敏 王 倩 / 责任校对：赵桂芬
责任印制：徐晓晨 / 封面设计：陈 敬

科 学 出 版 社 出版
北京东黄城根北街 16 号
邮政编码：100717
http://www.sciencep.com

北京厚诚则铭印刷科技有限公司 印刷
科学出版社发行 各地新华书店经销
*
2012 年 8 月第 一 版 开本：B5（720×1000）
2017 年 4 月第三次印刷 印张：21 1/2
字数：430 000

定价：168.00 元

《技术创新方法培训丛书》总编委会

总 序

2006年2月，国务院发布了《国家中长期科学和技术发展规划纲要(2006—2020年)》，纲要中明确提出了建设创新型国家的宏伟战略目标。2007年10月，胡锦涛总书记在党的十七大报告中指出："提高自主创新能力，建设创新型国家是国家发展战略的核心，是提高综合国力的关键。"为深入贯彻党的十七大精神，落实科学发展观和《国家中长期科学和技术发展规划纲要(2006—2020年)》，从源头上推进创新型国家建设，按照温家宝总理在王大珩、叶笃正、刘东生院士《关于加强我国创新方法工作的建议》中"自主创新，方法先行"的批示要求，科学技术部会同国家发展和改革委员会、财政部、教育部和中国科学技术协会，联合启动了创新方法工作。

创新方法是科学思维、科学方法和科学工具的总称，科学思维创新是科学技术取得突破性、革命性进展的先决条件，科学方法创新是实现科学技术跨越式发展的重要基础，而科学工具创新则是开展科学研究和实现发明创造的必要手段。创新方法工作要以思维创新、方法创新和工具创新为主要内容，以机制创新、管理创新和体制创新为主要保障，营造良好的创新环境，建立有利于创新型人才培育的素质教育体系，形成全社会关注创新、学习创新、勇于创新的良好社会氛围，培养掌握科学思维、科学方法和科学工具的创新型人才，培育拥有自主知识产权和持续创新能力的创新型企业，研发具有自主知识产权的科学方法和科学工具，为自主创新战略、建设创新型国家提供强有力的人才、方法和工具支撑。

技术创新方法培训作为创新方法工作面向国民经济和社会发展主战场的重要方面，是传播技术创新方法、推广技术创新工具、增强企业自主创新能力的重要抓手，是提高科技人才创新能力的重要工作。以技术创新方法培训为突破口，传播创新意识和创新方法，推广创新先进手段，培育创新型人才，增强企业自主创新能力，是建设以企业为主体，产、学、研相结合的技术创新体系的关键所在。因此，2007 年 8 月以来，按照“政府引导、企业主体、专家支撑、社会参与、突出重点、试点先行、扎实推进”的原则，科学技术部进行了技术创新方法培训工作的部署，并在地方申报的基础上，在黑龙江、四川、上海、江苏、浙江、内蒙古等省（自治区、直辖市）推动实施了技术创新方法培训地方试点工作。

培训教材建设是开展技术创新方法培训的基础性工作。必须开发针对性强、实用性高、适应企业技术创新能力建设需求的权威性的培训教材，为技术创新方法培训工作提供有力的支持。2008 年 2 月，在科学技术部科研条件与财务司、政策法规与体制改革司的协调领导下，中国 21 世纪议程管理中心组织专家启动了《技术创新方法培训丛书》的编写工作。按照《技术创新方法培训教材编制方案》总体框架，系列培训教材分为通用类和专业类两个层面。首批通用类培训丛书主要包括：技术创新方法概论、企业技术创新管理理论与方法、中国技术创新政策、TRIZ 入门及实践、六西格玛管理与企业案例集等。专业类培训丛书则按制造、电子、农业、材料、能源、环保等不同行业领域分类，建设符合行业技术创新活动特点的专业化教材体系。

“自主创新，方法先行”。创新方法是一项从源头推进自主创新的开创性、长期性和基础性工作。希望《技术创新方法培训丛书》的出版，为全国不同地区开展技术创新方法师资、科技管理人员、企业家和技术研发人员的培训提供标准化的教学参考书，为探索有中国特色的技术创新方法能力建设体系提供经验借鉴。让我们继续解放思想，转变观念，大胆探索，积极实践，以技术创新方法培训工作为重要载体，扎实有效地推进创新方法工作，为提升我国的自主创新能力、实现建设创新型国家的宏伟目标作出积极的贡献！

科学技术部 副部长

刘燕华

2008 年 9 月

前 言

提高自主创新能力，建设创新型国家是国家发展战略的核心。企业是自主创新的主体，技术创新是自主创新的核心内容。目前，我国企业技术创新的特点和应用技术创新方法的普遍状况是：决心多，成果少；概念多，方法少；侧重文化和机制多，面向科技少。针对这种情况，探索适合中国企业技术创新体系建设的模式、流程和技术创新方法推广机制是亟待解决的问题。

在国家有关部门的大力推动下，区域技术创新方法推广机制的研究已经有比较多的结果。本书参照哈佛教授约翰·P. 科特的著作《论变革》，根据在企业中进行的技术创新进行实地调研分析，并根据我国企业技术创新的特点和应用技术创新方法的状况，总结出企业的技术创新体系实施与建设的模式和流程：I-BASE（identify，build，analyze，specify，execute）。I-BASE 是企业研发体系从跟随型、模仿型向创新型、原创型转变的变革模型。I-BASE 的核心是，不仅仅关注变革过程中组织和人的变化，还关注变革过程中创新工具的应用。

针对 I-BASE 流程的 E（执行变革）阶段，本书详细介绍了企业实施技术创新的方法论 DAOV（define，analyze，optimize，verify）。DAOV 独特之处在于，利用发明问题解决理论（TRIZ），创新地解决产品中的问题，从而提高产品性能；通过提升产品的理想度，从根本上提升产品的内在价值，从而改变产品在市场上的表现，并最终体现为产品在市场上的地位。本书不仅仅描述了 DAOV 的原理、过程、方法，也给出了实践中实施的具体措施、经验和工具模板，并为读者提供了三个独特的实例。

在本书的末尾，针对客户的未来需求，提出了面向设计的创新方法论 $DAOV^{(y+2)}$，它要解决的基本问题是如何从市场收集和分析客户关于未来的需求，而不是关于现在的需求和抱怨，从而构造规划未来的产品，并制作概念样机，提前等待真实市场需求的到来。

因此，本书既立足现在，又面向未来，是中国第一部全面总结企业技术创新体系建设模式和流程的书籍，可作为企业创新培训中的创新方法操作手册，也适用于对创新方法感兴趣的一线研发人员和企业管理人员。

本书是在科学技术部条件与财务司协调领导下，由中国21世纪议程管理中心具体组织指导完成的，并得到了国家创新方法工作专项“技术创新方法辅助创新体系和推广机制研究、培训教材开发及成效评估”项目（项目编号：2008IM030300）的支持。中国21世纪议程管理中心潘晓东处长、张巧显研究员指导和协调了本书的编写工作。

本书由亿维讯公司组织专家团队编写，绪论和第四部分由谭培波先生主笔，第一篇由解昆先生主笔，第二篇由茹海燕女士、李建芳女士主笔，第三篇由茹海燕女士、史晓凌女士主笔。茹海燕女士负责全书的审阅工作，其他参与的人员还有杨以杰先生。

由于编写的时间比较仓促，水平有限，所以书中内容难免有不准确的地方，欢迎读者提出来讨论，我们将不胜感激。

作　者

2012年5月

目　　录

第二篇　企业技术创新实施方法论

第三篇　企业实施技术创新的案例

第四篇　企业新产品开发的方法论

绪 论 企业的契机

企业这个词在中国成为主流词汇，也就30年，如果从1984年的中国第一家私营企业光彩实业有限公司成立算起，老板这个词由贬到褒的时间还不足30年。在这30年中，国家一直处于高速发展时期，企业借此东风，三年不死必成气候，结果我们就看到了太多的小企业在不断长大，大企业长得更大。随着中国制造占领全球的掌声响起，很多企业从此沉浸在“天耀我中华、不耀别人家”的幻觉之中，殊不知一场生死存亡的决战就在眼前。一场金融危机席卷全球之时，尤其是席卷美国的时候，4万亿元政府投资挽救了很多企业，保持了社会稳定。但是，企业从国家支持的背后真正觉悟了吗？政府期望的企业向创新转型的目标可以实现吗？

即使是在农业社会，也有手工业，因此，现在的以人为主的劳动密集型企业，在本质上只是一个房子更大、人数更多、不怕日晒雨淋的手工作坊，也就是一块玉米地，尤其是那些以加工为主的制造性企业，看似气势恢弘，实则外强中干，禁不住风雨，跟种地没什么区别，都是在出卖劳力或者体力，创造财富的是人的手脚，而不是人的脑袋。从农业社会到我们现在的社会主义初级阶段，是一个顺理成章的过程，根本就不需要多少技巧和转型，使用锄头和使用扳手的原理一样，都是本能，无须培训直接就能上岗，所以中国一下子涌现出了无数活不下去跳楼的低收入阶层。这些未来的无产阶级，的确是中国社会出现的前所未有的新生事物。所谓千年未有之变局，过去的局已经度过了，未来的局我们正在经历。

破局的本质就是，要用脑袋生活，让别人的手脚为我们的脑袋服务，或者让机器为我们的脑袋服务。当我们用手脚创造财富的时候，发明了很多工具，如钳子、扳手、机床，乃至现在的机器人，它们都在延伸人的手脚。当我们要用脑袋创造财富的时候，什么工具可以延伸我们的脑袋呢？因为我们从来没有经历过靠脑袋生活的时代，这是一个全新的世界，所以我们需要一个整理和发明延展脑力工具的过程，我们需要收集和创造思考的工具。

黑格尔说，人类最伟大的发明是发明了发明的工具，也就是思考的工具。黑格尔说这话的时候，我们还处在不需要发明的时代。历史向前走了，我们现在真到了需要发明发明的工具的时代，企业能否完成从手脚劳动到脑力劳动的转变，能否掌握、运用并发明思维的工具，将决定企业是否能在新的经济社会结构中继续生存，这是企业的一场生死大劫，也是企业发展和壮大的契机。

第一节　创新是企业与生俱来的追求

一、企业为什么会存在

企业为什么会存在，这是个经济学问题。1937 年，科斯在《企业的性质》一书中指出，企业是一个组织，在分配资源的时候可以降低交易成本（图 0-1）。

图 0-1　科斯的名著《企业的性质》

现在仍有很多人质疑这个概念，也许质疑的人都是经济学的外行，但质疑的精神是难能可贵的，尤其质疑一位德高望重的诺贝尔奖获得者。不过，难道企业就只有交易成本一个存在的理由吗？把一个复杂问题简单化固然是科学的传统，但这也增加了理解问题的难度，并造成了对问题理解的片面性。

还有一个问题，中文的“为什么”本身有两种含义：一是为什么，英语用 why，是探求原因的，是面向过去的；另一种是为了什么，英语用 for what，那是探求目标的，是面向未来对意义的探讨的。科斯说明了企业生存的一个理由，但并没有回答企业生存的目标。也就是说，科斯说的是 why，而没有说明 for what。

用图 0-2 来说明，企业本来就是一个系统，它有自己生存的理由，这就是各因素 X，就是 why，成本是其中一个；同时它也有自己生存的目标，就是 for what，比如战略目标，那就是企业的输出 Y。所以在了解企业为什么生存的问题时，必须综合这两个方面的因素，既要回答生存的要素 why，也要回答生存的目的 for what，只回答一个方面未免片面。

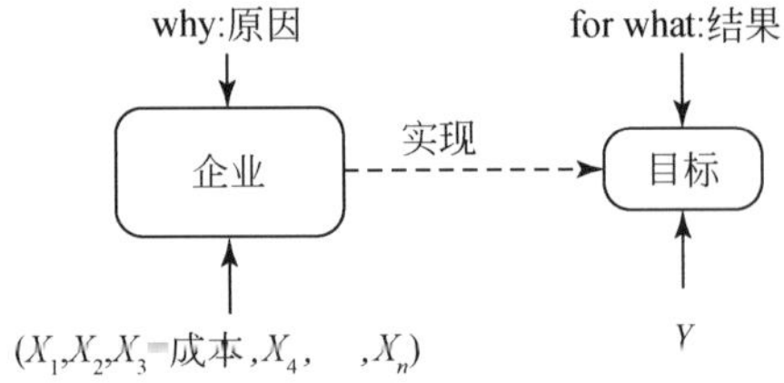

图 0-2　为什么的两种含义

阿奇舒勒认为，任何技术系统的存在都是为了提升理想度（ideality）。如图0-3所示，技术系统由一系列组件组成，是我们的研究对象。技术系统通过功能和系统作用对象发生联系，技术系统存在的目的，就是要使系统作用对象的某些参数发生变化。ideality是描述技术系统和系统作用对象相互作用效果的指标，是系统中有用功能的总和与系统中所有有害功能和成本的比率。

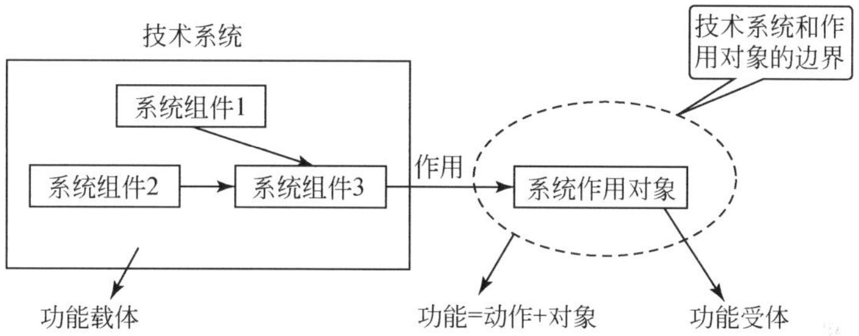

图0-3　技术系统和技术系统作用对象

ideality的表达式如下：

$$\text{ideality} = \frac{\sum U_F}{\sum H_F + C} \tag{0-1}$$

式中，ideality——理想度；

$\sum U_F$——有用功能之和；

$\sum H_F$——有害功能之和；

C——所有功能的花费。

式（0-1）比较好地反映了某种产品或技术系统的经济效益、社会效益及成本等综合因素的作用情况。从式（0-1）可以看出，降低成本只是提高ideality的一个方面，而不是ideality本身，这个认识和科斯的认识是不同的。ideality将目的for what和原因why这两个方面结合在一起，使得我们对事物的认识更加全面。ideality的螺旋发展如图0-4所示。

从ideality的公式也可以看出，要提升ideality，只有三种方法：增加有用功能，减少有害功能和降低成本，即

$$\text{ideality} \to \infty = \frac{\sum U_F \to \infty}{\sum H_F \to 0 + C \to 0}$$

如果将系统各个阶段的ideality罗列出来，将形成一个ideality序列：

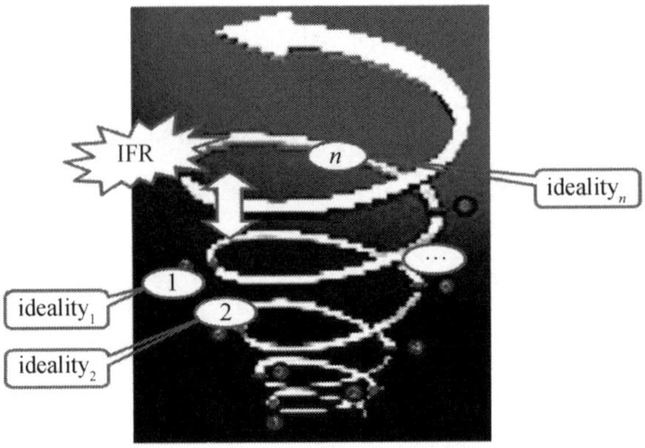

图 0-4　ideality 的螺旋发展

$$\text{ideality}_1, \text{ideality}_3, \cdots, \text{ideality}_n$$

那么，随着 n 的增大，在极限 ideality 状态下，系统将最终变成什么样子呢？这个极限系统就是理想最终结果（ideal final result，IFR）。

$$\lim_{n\to\infty} \text{ideality} \Rightarrow \text{IFR}$$

需要注意的，极限是一个无限逼近但真实存在的状态，否则，就陷入芝诺的悖论，人永远也跨不出去脚下的半步了。极限的最终状态是对极限逼近的一次超越，等式的左边和右边并不是同一个主体，这反映了事物发展螺旋式上升的跳跃质变，质变必须跨越彼岸。IFR 和 ideality 并不在同一个层次上，在创新理论中，ideality 的主体是指技术系统，而 IFR 的主体是被作用对象。比如剪草机这个技术系统（图 0-5）的作用对象是草，草长长一点就剪掉，永远保持一定的整齐划一的高度。那么，剪草机的 IFR 是什么呢？剪草机的功能不断进化和完善，以至于这个系统再也无法承受功能改善之重，剪草机的 IFR 是说被剪的草根本不需要剪，自己永远就只长到设定的高度就不再长了，当然此时剪草机也就无须存在了。

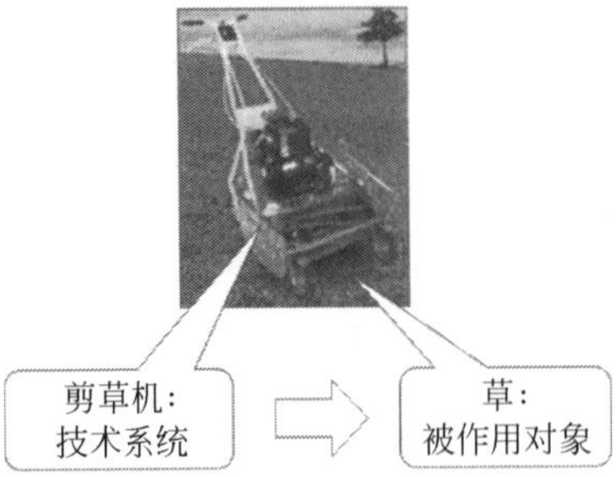

图 0-5　剪草机的技术系统和技术系统作用对象

IFR 的存在表明，任何系统的存在最终都是为了走向系统的灭亡，系统所拥有的任何功能，最终都将成为被作用对象的遗传基因，成为它与生俱来的本性。比如，剪草机的存在最终就是为了它的不存在，但其限制草长高的功能是永恒的。

企业也是一个技术系统，企业存在的价值，就在于不断提高企业的 ideality。对企业生存的分析，实际上就是对企业功能的分析，只有具有正常功能的企业才能生存。根据企业功能结构，我们必须首先确定企业的作用对象。任何企业的最终目标都是服务它的客户，因此客户就是它的被作用对象。企业和客户的关系如图 0-6 所示。

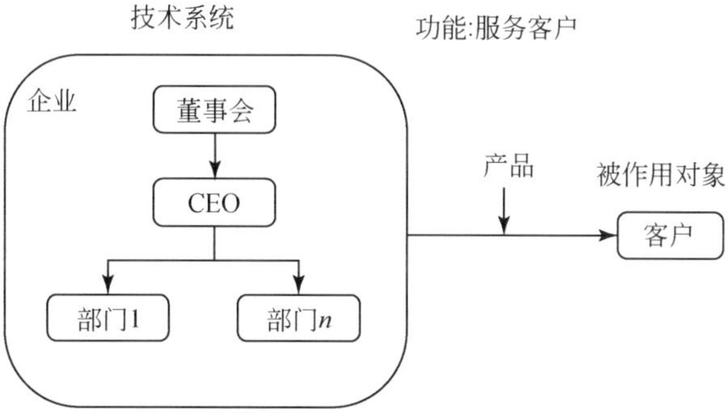

图 0-6　企业技术系统的功能和结构

在这个结构中，产品作为企业与被作用对象之间的媒介，并不是企业关注的重点。TRIZ 的这个观点和管理大师德鲁克的观点完全一样，“企业的目的只有一个适当的定义：创造顾客”，企业的目的存在于企业本身之外。这段话表明，企业之所以会存在是因为有顾客存在，企业和顾客正如一个硬币的两面，相互依存，互为存在的条件。企业因为客户而生，也因为客户而亡。企业的生存状况完全取决于企业如何对待它的客户，一个公司的伟大在于它善待了它的顾客。赢利能力不是企业和企业经营活动的目的，而是企业和企业经营活动的一个限制因素；利润也不是企业行为和企业决策的理由或根本原因，而是对其有效性的一种检验。

企业这个技术系统的 IFR 是什么呢？它不在于企业本身而在于客户，即客户自发地完成企业提供的那些服务。比如一个做 ATM（自动取款机）安全措施的公司，它的 IFR 是所有取钱的人自己拥有完备的安全措施，根本不需要外部的红外线、栏杆之类的设施，这该是什么样的情景呢？谁能想象一个全副武装、刀枪不入的人去取钱，所有小偷都被赶走？ATM 只是生产 ATM 的公司与客户之间相互作用的媒介，如图 0-7 所示。但人是否能进化到一出生就穿着盔甲，

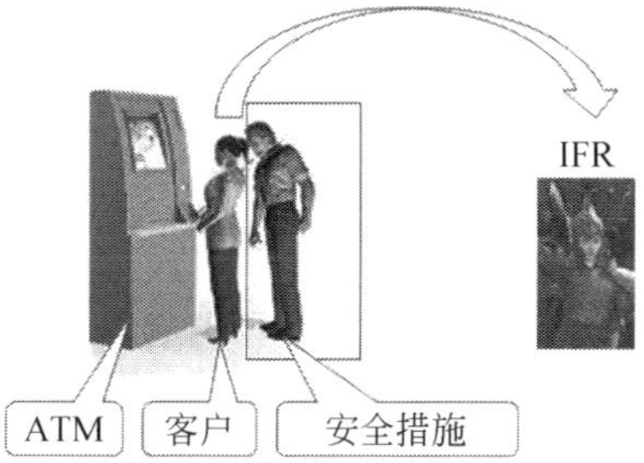

图 0-7　ATM 系统的 IFR

能抵抗一切人为或者非人为的灾难，还真是不可预测的。但根据人的基因 1000 年进化 1 比特的速度，估计到人能自我全能保护时，地球已经不存在了。

因此从 TRIZ 的角度，企业存在的唯一理由就是客户的存在，由于客户还没有进化到像外星人一样强大，所以就需要一个技术系统，来弥补人这个不完备的系统作用对象自身的不足，使得两者构成的整体更加和谐，理想度更高。客户造就了企业，有什么样的客户就有什么样的企业。客户如果真像上帝一样永生的话，企业也不会消失。

或者说，只要有人存在，就一定存在满足人的需要的组织，这就是企业。企业存在的最根本的原因在于人的存在，因此很自然地，人为什么活着，就成为一个有作为的企业家必须研究的功课。日本四大经营之圣之一的京瓷董事长稻盛和夫为此专门写了一本书《人为什么活着》，如图 0-8 所示。这本书的内容，确实点到了现在很多企业的死穴。很多人把企业做得很大，而把人做得很小。

稻盛和夫最终发现，人为什么要活着和宇宙为什么要膨胀的道理一样，都是由他定义的宇宙意志决定的。反而是没有这样想法的企业家，也许最终难成气候。古希腊的哲学家亚里士多德认为，人为什么活着以及应该如何活着的问题，不仅对每个人是重要的，对于一个国家或城邦而言，也是其在管理中必须解决好的首要问题。对于企业而言，人为什么要活着，也是每位企业家首先要解决好的问题。

图 0-8　京瓷董事长稻盛和夫和他的著作

二、创新是企业与生俱来的本性

任何词汇在被政治化之后，都存在着无限多的解读，一句顶一万句。当下，“创新”也是这么一个被人们泛读、误读和曲解的词。其中最大的一个误区就是技术层面的认识，以为没有专利，没有申报知识产权的法律保护，就不叫创新。这既不是创新的本意，也不是创新未来的发展趋势。

“创新”是相对于它的对立面“守旧”而言的，只要改变了过去的样式，在本质上都是创新。创新是有级别的，有人把创新分成五级，申报的专利算是比较高级别的创新，但没有申报专利的创新也并非意义不大。大多数成功的创新的级别都很低，它们只不过是利用了变化而已。例如，生产伏特加酒的俄罗斯厂商，在酒瓶盖里安装了一块小芯片。当消费者打开酒瓶时，会听到一曲悦耳的劝酒歌，为饮酒者助兴。这种创新只是利用了简单的变化而已，但不能否认这也是创新，而且这种创新促进了销售，满足了客户的需求，给厂家带来了可观的收益。

创新不一定必须与技术有关，甚至根本就不需要是一个“实物”。从造成的影响来看，几乎没有什么技术性创新能与报纸或保险之类的社会创新相比。比如，收割机的发明者之一麦考密克发明了分期付款购买方式。这种方式并没有申报专利，但因为农民能够以未来的收入支付购买收割机的费用，而不必仅仅靠着过去菲薄的积蓄，于是，突然之间，农民就拥有了“购买农业机械的能力”，极大地提升了农业生产水平。这个发明并不比弗莱明发明的青霉素对人类作用的影响小，但却没有知识产权保护。现代的医院起源于18世纪欧洲启蒙运动时期所发生的社会创新，它对医疗保健的影响，远远大于其他许多医学上的进步。管理使得拥有不同技艺和知识的人能够在一个“组织”里一起工作，这是20世纪的创新。管理将现代社会转变为一个既没有政治理论也没有社会理论可加以诠释的崭新体系：一个组织的社会。

一种主流的看法是，“创新”是一个经济或社会术语，而非科技术语。用萨伊的定义来说，创新就是改变资源的产出。或者，我们可以按照现代经济学家的习惯，用需求术语定义：创新就是通过改变产品和服务，为客户提供价值和满意度。

因此，创新在语义上等同于改变，之所以强调创新，强调改变，并不是说以前只有守旧没有创新。创新其实一直存在着，只是在中国面临经济全球化发展的关键时刻，尤其在我们自己的经济结构转型还没完成的当口，又遇上了前所未有的金融危机，中国的发展大有被颠覆的危险，政府果断提出了“发展才是硬道理”的另一个更强的版本，“创新才是硬道理”。在中国，改革开放之初出现的农民联产责任制，就是创新，由此引发了中国经济30年的高速发展和繁荣。那么，30年之后呢？同样需要改革开放，但需要跨越经济发展模式的一个台阶，往IFR更进一步，就像图0-9所示的桥梁坍塌一样，这将是一个质变跃升剧烈并且无比痛苦的过程。

图0-9　经济结构转型的痛苦过程

强调创新和变化，并不是否认继承，没有继承就没有发展。继承和创新要成为统一体，而不能分开，分开的继承无疑就是抄袭，就是山寨文化了。中国强调学习唐诗的方法，也不是只要求会背唐诗，最终落脚是要会写唐诗。在图0-10中，人和猴子在外形上是变异了，但人主要地还是继承了猴子的基因。是继承与创新的整体造就了人，造就了人类，如果只有继承没有创新，那我们现在还是猴子。中国现在流行的山寨文化，最终只能将中国锁死在猴子的阶段，永远也进入不了人的新境界。

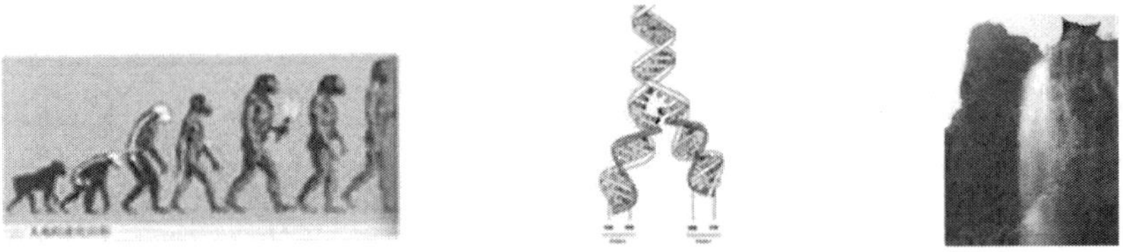

(a) 人的继承与变异　　(b) DNA的继承与变异　　(c) 山寨

图 0-10　继承举例

我们现在处于知识经济时代，其实知识经济是以创新为主的一种经济模式，是脑力劳动者占多数的经济。农业经济与之相反，全社会除少数从事脑力劳动的国王、贵族、士大夫、僧侣外，其他人一概以艰苦的体力劳动为生。工业经济介于两者之间，脑力劳动者逐渐增多，体力劳动者逐渐减少。在知识经济时代，脑力劳动者的工作主要以知识的生产、加工、分配、传播、使用为主，以脑力劳动者占多数的经济，等同于以知识的生产、加工、分配、传播、使用为主的经济，这样的经济无疑是标准的知识经济。

对创新影响最大的，是充分而公平的竞争机制。批判的个性、智商、兴趣、好奇心、求知欲、自我实现的需要、有利于创新的人文环境固然重要，但对创新最大、最重要的影响一定是充分而公平的竞争机制。瓦特发明蒸汽机以后的200多年间，无疑要算做人类历史上最具创新活力的时期，这一创新鼎盛期的出现绝非偶然，它是西方资本主义世界充分而公平的竞争机制正常运行的必然产物。在这之前的几千年里，虽然人们在批判的个性、智商、兴趣、好奇心、求知欲、自我实现的需要上并无本质的差别，尤其是中国的春秋战国和古希腊的雅典，当时的人文环境十分有利于创新，而且也一度诞生了相当丰厚的哲学、军事创新硕果，但由于缺乏一个能有效地将创新成果与社会的用人机制、资源分配机制相挂钩的机制，所以创新始终只能局限于少数自我实现欲、求知欲特别强的哲人、贤人中间，不能推广到全社会，不能转化为一场经久不衰的愈演愈烈的全民创新。所以，如图 0-11 所示，关于李约瑟那个著名的“为什么现代科技没有在中国”的

图 0-11　李约瑟和他的名著

悖论，最中肯的答案是中国历史上缺乏竞争的机制，所以通过改革开放的市场法则形成的竞争机制和文化，对整个民族的生存和发展就显得非常珍贵。

创新已然是中国当今社会和企业的主题，也是每一个企业扭亏为盈的契机，是每一个成功人士手中所必有的法宝。创新从新思想、新概念开始，通过不断地解决各种问题，锻炼思维模式，积累经验，最终使一个技术上、管理上的新项目、新措施得到实际应用，并产生良好的经济价值和社会价值。

第二节　国内外 TRIZ 应用状况

一、国外 TRIZ 应用现状

TRIZ 起源于发明创造的成果，也大大促进了后期的发明创造过程。迄今为止，原苏联的一些主要国家了解 TRIZ 的工程师的保有量仍然很大，特别是长期从事 TRIZ 研究的人员主要集中在这些国家。但 1991 年苏联解体之后，TRIZ 传入其他国家，特别是像美国、韩国等西方国家，其现代企业制度大大促进了 TRIZ 的传播。

（一）俄罗斯和白俄罗斯

俄罗斯和白俄罗斯都是原苏联的加盟共和国之一，从基辅罗斯的成立开始，俄罗斯民族就在政治、经济、文化、技术等领域不断地创新。其中，技术创新方法多种多样，比较系统的创新方法研究可追溯到 18 世纪的莱蒙诺索夫（1711～1765），提出了创新的 15 个要点。19 世纪俄罗斯研究创新理论方法的代表人物为恩格列梅耶尔（1855～1939），他指出创新的三个步骤：创新的愿望、创新的知识、创新的技巧。直到 1946 年，阿奇舒勒创立了 TRIZ，将创新方法推进了一大步。阿奇舒勒出生在现白俄罗斯的明斯克，使得当地及其他同盟共和国较早应用了 TRIZ。1956 年，阿奇舒勒和沙佩罗合写的文章《发明创造心理学》在《心理学问题》杂志上发表了，直接打击了当时以顿悟为核心的创新思想。1969 年，阿奇舒勒的新作《发明大全》出版了。在这本书中，他给读者提供了 40 个创新原理——第一套解决复杂问题的完整法则。1970 年，他创办了巴库青年发明家学校，即后来世界上第一个专门从事 TRIZ 教学的阿塞拜疆创造发明学院。组建了苏联第一所发明创造学校，并在多个城市创办科技发明社会大学。在 20 世纪 80 年代，此类学校的数量超过 500 所。此外，自 1970 年起，阿奇舒勒开始为中小学生讲授 TRIZ。在 1970 ~ 1986 年，他在《少先队真理报》开辟了发明创造专栏。在向 10 ~ 17 岁的学生普及 TRIZ 知识的 12 个年头里，他研究分析了 50 多万封有关发明问题求解的信件，这在世界上是绝无仅有的。1974 年，中央科学电影制片厂专门摄制了反映阿奇舒勒在阿塞拜疆创造发明社会学院授课情景的影片《创新算法》。文章、书籍、学校和各种方式的结合，使 TRIZ 得以在原苏联广泛传播，使俄罗斯、白俄罗斯及原苏联其他的加盟共和国成为最早应用 TRIZ 的国家。

苏联 TRIZ 协会于 1989 年成立，由阿奇舒勒出任主席。原苏联 TRIZ 协会如今已经演变为国际 TRIZ 协会（英文为 International TRIZ Association，俄文缩写为 MATRIZ），承担起了研究、发展、推广 TRIZ 理论的重任：MATRIZ 协会每年召开 TRIZ 峰会，研讨 TRIZ 理论新发展；每两年召开一次 MATRIZ 大会，选举优秀的 TRIZ 人士领导 MATRIZ 工作；创办了电子杂志和书刊杂志，公布 TRIZ 理论的最新进展并起到推广 TRIZ 的作用；制定了 TRIZ 认证级别及考核规则。MATRIZ 的宗旨为将 TRIZ 作为强有力的创新工具不断发展。MATRIZ 从 1999 年成立以来，已对国际先进创新方法 TRIZ 的推广起到了有效作用。MATRIZ 社会团体旗下有 52 个 TRIZ 协会成员。其成员有 17 个俄罗斯地方性 TRIZ 组织（莫斯科、圣彼得堡、卡累利阿、新西伯利亚、克拉斯诺亚尔斯克、阿穆尔共青城等），以及一些国外的 TRIZ 组织（乌克兰、白俄罗斯、美国、以色列、拉脱维亚、法国、爱沙尼亚、韩国、秘鲁、中国、欧洲 TRIZ 协会）。MATRIZ 会员在 MATRIZ 协会的带领下，遵循 MATRIZ 协会的宗旨，积极参与全球 TRIZ 活动，不断推广 TRIZ。

TRIZ 理论一经问世，即显示出其独有的生命力。当时在苏联，有 500 多所学校教授这种独特的解决问题的技术，对从职业工程师开始，逐渐发展到大学生、高中生，甚至发展到五六年级以上的学生进行讲授。通过学习、掌握、运用 TRIZ，每个人都有可能成为善于创新的发明家。从 20 世纪 60 年代末开始，苏联建立了各种形式的发明创造学校，成立了全国性和地方性的发明家组织，在这些组织和学校里，可以试验解决发明课题的新技巧，并使它更加有效。现在，在 80 座城市里，大约有 100 所这样的学院及学校在工作着。每年都有几千名科学工作者、工程师和大学生们在学习 TRIZ。其中，最著名的就是 1971 年在阿塞拜疆创办的世界上第一所发明创造大学，即阿塞拜疆创造发明学院。该大学的任务是训练学生具备解决各种发明创造性课题的能力，培养具有各种发明创造才能的人才。

苏联解体后，学者对 TRIZ 的研究仍在继续进行，这一理论的应用前景也更加广阔。俄罗斯对 TRIZ 的研究热情不减，阿奇舒勒从尝试建立发明创造方法入手创立了包括 TRIZ-TRTS（技术系统发展理论）、RTV（发展创新思维）、TRTL（创造性人格发展理论）在内的一整套强势思考理论，这一理论在世界各国被应用于解决人类活动各个领域的创造发明问题。据统计，在全世界有数万人直接或间接地应用该理论。而作为 TRIZ 鼻祖的阿奇舒勒家族，在普及和传播 TRIZ 方面开展了许多有益的活动和成功的尝试。

（二）美国

苏联解体后，随着 TRIZ 专家和理论进入美国，TRIZ 在美国诸多知名公司开始推广并取得了一定成果。

从 1996 年开始，Intel 认识到 TRIZ 对研发创新的价值，TRIZ 作为一项创新理论就开始在 Intel 的创新中心得到应用，并取得了不错的成果。1996 年，Intel 成功地举办了两个应用 TRIZ 的科技研发项目“Sputnik”和“Bubbles”。在 1998 年，TRIZ 被引入 Intel 的组装技术开发部（Assembly Technology Development）和 Flash Business。在 2002 年，Intel 在其 Assembly/Test 部门成功举办了第一个 TRIZ 学习班。2003 年成功地举办了 Fab/Sort 工厂的 TRIZ 学习班。2004 年，TRIZ 传到了 Intel 的更多部门，并得到了广泛的应用。在 2005 年，他们学习 TRIZ 的热情更是高涨，Intel 成功地举办了二级和三级的国际认证学习班，部门工程师和研发人员获得了 MATRIZ 二级和三级的国际认证。到 2006 年，MATRIZ 一级和二级的国际认证课程和考试在 Intel 内部得到推广。如今，TRIZ 在 Intel 的各个部门都得到了广泛的应用，Intel 在美国、以色列、马来西亚、哥斯达黎加、爱尔兰等国设立了专门的系统创新研发团队和科技办公室。这个创新团队专注于 TRIZ 创新的研究和研发工作。

TRIZ 作为研发工程师的工具，在研发过程中起到了相当重要的作用，TRIZ 在 Intel 的研发团队中不仅为其节省了研发时间，更节约了大量的研发费用。该公司在设计和工艺部门进行 TRIZ 培训和推广之后取得了显著成果，仅在工艺部门，截至 2006 年，应用 TRIZ 节省成本约 2400 万美元。在 2008 年日本举办的第四届 TRIZ 年会上，来自 Intel 以色列分公司 TRIZ 系统创新团队的领导人，总工程师 Amir Roggel 和大家分享了题为“TRIZ 能否在大型和中型企业中起到作用，Intel 的见证”的论文。Amir 的分享也证实 TRIZ 创新在 Intel 全球研发团队中得到了非常成功的运用。

TRIZ 为波音的创新文化增添了新的元素，尽管到目前为止它的比例还很小。来自波音众多分部的各个领域的 500 多名技术人员参加过 TRIZ 培训。调查表明，许多参加过培训的人员，都需要“更进一步”的培训，以便有信心和能力将 TRIZ 用于平时遇到的问题或情境。有些参加过培训的人员还把 TRIZ 当做不可或缺的重要工具，就像鱼儿离不开水一样，他们会深入地自学 TRIZ，因此当充分应用或在某个层面上应用时，他们会获得满意的结论和（或）思想，进而提出可实施的解决方案。由于迄今为止波音接受的培训很有限（500 人在约 100 000 名波音技术人员中所占的比重并不算高），所以，TRIZ 在庞大的波音企业中远未达到普及的程度。然而，就是这些并不算多的学习和应用过 TRIZ 的人员，为企业节省了大量的内部费用，并吸引了众多的合同项目。2001 年，波音运用 TRIZ 赢得 15 亿美元空中加油机订单。2000 年，450 名波音工程师，接受了 25 名原苏联 TRIZ 专家两星期的培训，解决了困扰波音 767 加油机研发团队长达三年的技术难题。

波音目前正在进行广泛的内部宣传，向员工们推广 TRIZ。波音借助内部刊物（《前沿》杂志等）、电子邮件和“波音电视台”访谈节目，向全体员工介绍使用 TRIZ 的一些关键益处，以及迄今为止波音的受益情况。“TRIZ”这个词已经开始传播开来，一旦有最新的成果得到实施，这个词就会传播得更快。当然，近期《商业 2.0》、《哈佛商业评论》、Oracle《利润》杂志及其他刊物中的 TRIZ 相关文章让许多人了解到，不仅仅是波音的 TRIZ 倡导者在推行 TRIZ。波音计划在将来大规模开展 TRIZ 培训，并结合和集成知识管理工具，培训对于几乎所有技术人员而言是必需的，对于管理而言则是可选的。如果这一计划得以实施，必将极大地丰富和拓展波音内部的创新文化。

（三）韩国

韩国也是较早应用 TRIZ 的国家之一。20 世纪末期，韩国借经济起飞之机，政府实行开放政策，大量资本实力强大的企业逐渐形成，并进一步加大投资和扩张规模。在这期间，TRIZ 开始被引入多家著名企业并在韩国广泛传播。

三星电子公司（SEC，三星电子）推进 TRIZ 非常成功。1995 年，三星电子设立内部设计学校——三星创新设计实验室（2006 年，董事长李健熙宣布此年为“设计革新年”，强调设计人员在产品规划方面应处于领导地位）。之后不久，即 1997 年，三星电子制订价值创新计划（Value Innovation Program），同时引入 TRIZ，邀请十多名原苏联 TRIZ 专家在研发部门进行 TRIZ 培训。而此时，三星电子还只是一家著名的韩国企业；但现在，它已成为世界著名的跨国公司。这其中，以 TRIZ 为核心的技术创新理论和方法实施所造就的创新企业文化，功不可没。2005 年 9 月 19 日，美国《财富》杂志成立 75 年专刊发表《三星：永久的危机机器》一文，三星集团（Samsung Group）总经理首次在主流媒体上宣布技术创新成功的秘密与实施 TRIZ 密切相关。根据媒体报道、三星集团在国际 TRIZ

会议发表的论文和所作的报告，以及美国专利与商标局等资料，可以了解三星集团，特别是三星电子，实施以TRIZ为核心的技术创新工程所取得的成就。

1998年，仅三星先进技术研究院（SAIT）实施TRIZ就节省0.912亿美元的研发费用。同年，三星电子第一次进入美国发明专利授权榜前10名；随后至今，三星电子的美国发明专利授权量和排名稳步上升。

1998~2004年，三星电子共获得了美国工业设计协会颁发的17项工业设计奖，连续6年成为获奖最多的公司。

2000~2004年，三星电子在美国、欧洲、亚洲的各项顶级设计大赛中共获得100多项大奖，其中2004年有33项。

2001年，三星电子引入创新能力认证计划（Innovation Master Program）。TRIZ在半导体和打印机项目中的成功应用，使三星电子产生超过1000万美元的经济效益和12项发明专利。

2002年，三星集团在全集团内部开始实施创新能力认证计划。TRIZ被引入六西格玛黑带课程中，三星电子首次举办年度TRIZ节。从2002年开始，三星电子一直是在中国申请发明专利最多的外国企业。

2003年，三星集团［包括三星电子、三星视界（SDI）、三星先进技术研究院（SAIT）、三星机电（SEM）］在67个研究开发项目中应用TRIZ，节约研发经费1.5亿美元，并产生了52项专利技术。三星TRIZ协会成立。由于三星集团在推广实施TRIZ过程中取得的突出成就，三星TRIZ协会成为当时国际TRIZ协会唯一的企业会员。三星机电首次举办年度TRIZ竞赛。

2005年1月16日三星集团CEO尹钟龙表示：“未来的发展取决于技术，而专利是技术的核心。在2005年和2006年要分别注册2000多件专利技术（以申请美国专利为准），进入世界前五大专利企业排行榜，并于2007年进入前三位。”

2005年，三星电子以1641项美国发明专利授权超过Micron Technology和Intel，在全球排名第五位，领先于Intel和索尼、日立（Hitachi）、松下（Matsushita）、三菱和富士通等日本竞争对手。

浦项制铁公司（POSCO，浦项）也是韩国成功运用TRIZ的缩影。浦项于1968年在韩国成立，经过30多年的快速发展，已经成为世界一流的钢铁企业，成为钢铁产业的领头羊。在世界钢铁产业的结构快速变化和韩国经济发展缓慢的大环境中，浦项在全球2万名员工的共同努力下，2003年仍然取得了骄人的成绩。2003年，钢产量达到创历史纪录的2890万吨，其中，高端的冷轧板、热轧板、不锈钢卷、不锈钢扁铁产品等占据着主要份额。浦项保持着全球钢铁业多项第一的纪录，如属下的光阳钢铁厂至今仍然保持着世界单厂钢产量规模最大的纪录；2003 年，世界钢铁权威机构 WSD（世界钢铁动态）把浦项列为最具竞争力的钢铁企业榜首；2003 年，世界第一家全新采用高科技 FINEX 技术的钢铁厂在韩国的浦项落成等。2004 年，在《财富》杂志世界 500 大排名中，浦项公司以销售收入 149 亿美元。利润 16 亿美元（2003 年）的成绩排名第 361 位。2001 年，浦项制铁开始引入 TRIZ，邀请在韩国的原苏联 TRIZ 专家和韩国本土 TRIZ 专家进行 TRIZ 培训。2002 ~ 2003 年，浦项在冶金工艺、电气设备、专利规避和专利申请等若干研发项目应用 TRIZ，全部取得好的成果。从 2004 年开始，浦项配合流程创新（process innovation）和六西格玛实施开始在研发部门大规模进行国际认证培训，截至 2005 年，浦项已有 7 人取得国际 TRIZ 协会二级认证。

（四）日本

进入 20 世纪 80 年代以后，日本政府开始对其技术创新政策进行重大调整，走向科学技术立国时期。1980 年，日本产业结构审议会发表了《80 年代的通商产业政策》，把提高创造性的自主技术开发能力作为今后的基本政策，是日本第一次在官方文件上明确提出"技术立国"政策。1995 年，日本政府通过了《科学技术基本法》，明确提出了"以科学技术创造立国的技术创新政策"。可以说，日本已经结束模仿欧美技术的时代，进入了真正意义上技术创新阶段。之后的一年内，日本就开始不断有杂志介绍 TRIZ 的理论方法及应用实例，于 1997 年夏季正式引入 TRIZ，东京大学还成立了 TRIZ 研究团体；自 1997 年起，日本著名的思想库——三菱研究院开始向企业提供 TRIZ 培训和软件产品；1998 年，日本大阪学院大学建立了日本 TRIZ 网站；日本三洋管理研究所成立了日本 TRIZ 研究小组，向企业、大学和研究机构提供 TRIZ 培训和咨询。

2005 年 2 月 1 日，日本民间自发成立了日本 TRIZ 研讨会，该会每年举办会议，目前已经是亚洲地区最具代表性和影响力的 TRIZ 研讨活动，每年都会吸引众多不同国家和地区的相关领域专家出席。

目前，日本国内 TRIZ 的应用已经广泛普及到工业企业和高等学府中。在日本应用 TRIZ 的知名企业有很多，包括理光（RICOH）、日立、松下、柯尼卡、富士、日产汽车、三菱等。日本对 TRIZ 进行研究的大学也有很多，包括日本大阪学院大学、山口大学、新潟大学等，它们从应用 TRIZ 进行教学、TRIZ 发展，以及 TRIZ 与 Lean/6Sigma 在问题求解和激发潜在创新性上的价值对比等角度进行了广泛的研究，并将研究成果在日本 TRIZ 研讨会上进行交流。

TRIZ 在日本迅速发展，许多企业应用 TRIZ 解决了许多关于产品设计和完善的技术问题，节省了大量科研经费，这些企业包括理光、日立、松下、柯尼卡、富士、日产汽车、三菱等。例如，理光应用TRIZ解决了新款双面打印机的设计改善问题；日立应用TRIZ解决了磁记录媒介（magnetic recording media）问题；松下从2003年开始尝试进行TRIZ的学习和应用，从2004年便开始组织TRIZ相关的培训，直至2006年，逐步展开了基于TRIZ的实践应用和培训，到2007年年底，该公司应用TRIZ的项目已经累计达到151项，并且应用TRIZ的优秀专利达到61.8%，明显高于48.2%的平均比率。

（五）其他国家

在其他国家，创新方法的发展由来已久。伴随着经济的发展，很多国家在不断发展创新经济，并在创新过程中大大推动了创新方法的发展。

德国最早介绍TRIZ是在原民主德国时期。1973年，民主德国首次翻译出版了阿奇舒勒的著作。一批热衷于TRIZ的推动者在德国相继开办了公司，出版各种书籍，发表文章，其中一些人还开办了学校，比较著名的有Pavel Livotov、Dietmar Zobel和Michael A. Orloff等，现在都是德国知名的TRIZ专家。在统一后的德国，20世纪90年代初，有些大学与机械工程有关的系讲授设计课程时，对TRIZ就有所介绍。根据文献，最早在产品研发过程中采用TRIZ的是西门子公司（1996年）。之后，应用TRIZ的企业越来越多。有关资料显示，德国所有名列世界500强的大企业都采用了TRIZ，像西门子、奔驰、宝马、大众、博世等著名公司都有专门机构及专人负责TRIZ培训和应用，涉及的行业很广泛。

出生在原苏联的Avraam Seredinski先生，在俄罗斯的圣彼得堡毕业，在20世纪80年代就开始接触TRIZ。在他的努力下，TRIZ在1989年开始在法国应用实施，同时，这位学者也成为获得国家TRIZ协会认证的第一人。此后，他成立了法国TRIZ协会。此协会汇集了法国国内一些来自学校、个人的传播TRIZ的兴趣者。此后，TRIZ继续在法国传播。在法国TRIZ协会的努力下，法国的一些著名公司都了解了TRIZ，如Bourjois/Chanel、EdF、Faurecia、Framatome、Grosfillex、Johnson Contrôle、MGI Coutier、Perrotin Automation、PSA Peugeot Citroen、Peugeot Motocycles、Renault、RVI、Snecma、SNFR、Somfy。另据法国TRIZ协会的调查，法国在几年前就有200～300家企业开始应用TRIZ。

以色列除了在政策上支持技术创新方法的研究外，对TRIZ的发展也是其高科技产业发展方面取得成功不可缺少的一个关键因素。在20世纪70年代，以色列同时也开始注重TRIZ的研究。作为一个典型的以创新为动力的国家，以色列在创新理论与实践方面有独特之处。在系统研究原苏联发明家和研究人员创立的TRIZ的基础上，以色列科学家提出了“系统性发明思维理论”（SIT），并在实践中不断验证和完善，加以推广应用。1995 年，福特 Sickafus 博士将 SIT 模式进行结构化形成 USIT（unified structured inventive thinking）模式并进行推广应用。

比利时在 TRIZ 方面的引入主要归功于 Darrell Mann，这位 TRIZ 大师在 2000 年 1 月 1 日成立了 CREAX 公司，并设计了一系列 TRIZ 辅助应用软件和网站，同时对 TRIZ 也进行了发展并出版了一些新的创新成果，如 Matrix2003 创新开发平台。

泰国在 2000 年左右引入了 TRIZ。当时，仅有一些有关 TRIZ 的文章发表在技术促进联合会（泰国-日本）的会刊上。在 2002 年和 2004 年，此联合会分别翻译出版了两本 TRIZ 书籍，正式将 TRIZ 引入泰国。2005 ~ 2008 年，日本 SANNO 的专家向泰国上百家企业介绍了 TRIZ。同时，2006 ~ 2007 年，一些泰国人员也去 SANNO 进行学习访问。一些企业也开始应用 TRIZ 解决他们的问题。例如，Siam Cement Group（SCG）常举行 TRIZ 交流，一些人员还参加国际研讨会。

在其他地区，接受 TRIZ 培训的人员也非常多。至 2006 年，中国台湾地区也已有超过 20 个大学系所在教授 TRIZ 的创新课程，企业界也有超过 1000 人受过 TRIZ 创新课程的训练。

二、国内应用现状

直到 1985 年 TRIZ 才进入中国，但它并未立即引起大家特别是企业的重视。到现在，TRIZ 在中国已经有较为广泛的传播和应用。在这期间，TRIZ 在国内的发展可以分为三个阶段。

（一）2002 年以前

根据已有的资料，最早出版的有关 TRIZ 的书籍为 1985 年出版的《发明程序大纲》。该书简要地介绍了 TRIZ 基本框架，该书的部分作者魏相等的《创造是精确的科学》（广东人民出版社，1987 年出版）就翻译自阿奇舒勒的 *Creativity as an Exact Science*。不知是否是巧合，吴光威等的《创造是一门精密的科学》（北京航空航天大学出版社，1990 年出版）也翻译自此书。而且，吴光威等还翻译了邱斯（Чус，А. В.）和丹琴科（Данченко，В. Н.）的著作，中文名为《技术创造原理》（宇航出版社）。

但以上书籍在出版之后，并未受到更多人的重视。因此，国内对 TRIZ 的研究应用并未出现更多的成果。至 1999 年，天津大学机械工程学院徐燕申教授、日本大阪大学牛占文博士后、天津大学林岳博士等在中国发表了首篇介绍 TRIZ

的论文《发明创造的科学方法论——TRIZ》，自此，中国开展了广泛的 TRIZ 研究。同年，林岳等又在全国第六届工业设计学术研讨会上发表了第一篇有关 TRIZ 的会议论文《基于 TRIZ 的计算机辅助产品创新》。2000 年，林岳完成了首篇以 TRIZ 为核心的博士论文——《基于 TRIZ 的计算机辅助机械产品创新方案设计》。2001 年，浙江大学潘云鹤教授、河北工业大学檀润华教授也先后开始发表了有关 TRIZ 的研究成果。2002 年之后，有更多的高校开始研究 TRIZ。

至此，TRIZ 从被引入高校并引起研究已经经历了七年的时间，TRIZ 也从被大众一无所知到受到诸多研究机构关注。

（二）2002 ~2008 年

2002 年，从事以 TRIZ 为主的创新方法研究、推广和软件开发的北京亿维讯科技有限公司（简称亿维讯）成立，TRIZ 从高校研究开始走向企业研究。同时，以 TRIZ 为核心的研发知识创新平台 Pro/Innovator 及创新能力拓展平台 CBT/NOVA 诞生。软件的诞生更加方便了 TRIZ 的应用，加速了 TRIZ 的推广。由于企业本身是从事生产、流通、服务等经济活动，以生产或服务满足社会需要，实行自主经营、独立核算、依法设立的一种营利性的经济组织，所以企业的诞生，促进了以 TRIZ 为核心的一批产品逐渐向企业推广。2004 年，国内首个与 TRIZ 相关的专利“问题分析系统”（ZL 200410049602）诞生。2004 年，中兴通讯引入 TRIZ，成为在国内最早应用 TRIZ 的企业之一。仅首次尝试性地引入 TRIZ 后，中兴通讯就有 21 个技术难题取得了很快的进展，且有八个项目申请了相关专利。之后，越来越多的企业开始引入 TRIZ 到实际工程之中。

同期，相关的学术研究也取得了长足的进展。国内河北工业大学、东北林业大学、四川大学、西南交通大学等成为较早进行 TRIZ 理论和方法研究的机构，已经形成博士生、硕士生创新方法研究培养体系，开设“TRIZ 理论和方法”等系列课程。目前开展创新方法研究与教学工作的学校还有清华大学、北京航空航天大学、北京理工大学、北京化工大学、北京联合大学、厦门理工学院、浙江大学、武汉大学、西安交大、天津大学、东华大学、电子科技大学、中国石油大学、郑州大学、山东建筑大学、黑龙江科技学院等。这些学校在 TRIZ 的引入和普及上作出了较大的贡献，特别是一些高校已经在大学课程中加入了关于 TRIZ 的教育，这将大大促进 TRIZ 在高校领域的传播。

（三）2008 年到现在

1993 年 7 月 2 日，全国人民代表大会通过了《中华人民共和国科学技术进步法》，2006 年 2 月 9 日，国务院发布了《国家中长期科学和技术发展规划纲要(2006—2020 年)》，2007 年 10 月 15 日，胡锦涛总书记在党的十七大报告中明确指出，“提高自主创新能力，建设创新型国家”是“国家发展战略的核心，是提高综合国力的关键”，并将其放在促进国民经济又好又快发展的八个着力点之首。2007 年 8 月 13 日，科学技术部（简称科技部）批准了黑龙江和四川作为科技部技术创新方法试点省份。2008 年 4 月 23 日，科技部、国家发展和改革委员会(简称国家发改委)、教育部和中国科学技术协会（简称中国科协）又共同印发了《关于加强创新方法工作的若干意见》的通知。该通知提出了加强创新方法工作的重要性和紧迫性。提出长期以来，我国对创新方法工作重视相对不够，科学思维培育相对落后，科技活动仍未摆脱跟踪模仿的局面，自主创新成果较少，高精尖科学仪器设备严重依赖进口，与加强自主创新、建设创新型国家的战略要求极不适应。该通知要求解放思想，转变观念，将创新方法作为一项长期性、战略性工作来抓，切实从源头上提升自主创新能力、推进创新型国家建设。创新方法工作要强化机制创新、管理创新与体制创新，积极营造良好的创新环境，形成全社会关注创新、学习创新、勇于创新的良好社会氛围。建立有利于创新型人才培育的素质教育体系，实现由应试教育向素质教育的转变；逐步改变我国科学研究和技术开发跟踪模仿、高精尖科学仪器设备依赖进口的局面。培养一大批掌握科学思维、科学方法和科学工具的创新型人才，催生一批具有自主知识产权的科学方法和科学工具，培育一批拥有自主知识产权和持续创新能力的创新型企业。为自主创新战略、建设创新型国家提供强有力的人才、方法和工具支撑，大幅提升国家核心竞争力。该通知提出了六项主要任务：①加强科学思维培养，大力促进素质教育和创新精神培育；②加强科学方法的研究、总结和应用；③大力推进技术创新方法应用，切实增强企业创新能力；④着力推进科学工具的自主创新，逐步摆脱我国科研受制于人的不利局面；⑤推进创新方法宣传与普及；⑥积极开展国内外合作交流。

《关于加强创新方法工作的若干意见》的通知自发布之后，各省市先后开展了学习和落实各项政策。一些省市制订了多项计划，加强科技基础平台建设。面向重大科技需求，增强自主创新能力、提高成果转化水平，围绕支撑和服务重点产业发展，积极培育和构建一批创新平台。政府和企业的共同参与，使国内 TRIZ 应用进入了一个新的阶段。

为落实创新方法，几个创新方法试点省份推出了一系列的措施。2007 年 8 月 29 日，黑龙江就批复了东北林业大学、黑龙江省科学院、哈尔滨工业大学机电工程学院等列入黑龙江省首批技术创新方法试点单位。在通知下达之后，这些省份举办了一系列的创新方法培训班，组织了一批开展创新方法推广的培训师，同时也邀请国外一些著名 TRIZ 大师在黑龙江进行 TRIZ 培训，组织人员进行 TRIZ 入门教材的撰写，开展 TRIZ 应用相关案例的征集活动，并总结自身在创新方法试点方面的成就。例如，四川除了在推行创新方法上采取一系列的措施之外，还努力促进创新方法在大学中传播，组织青年创新论坛，同时也积极地开展其他各项创新活动。

作为国内最大的科学技术工作者的群众组织、《关于加强创新方法工作的若干意见》的通知推出者之一，中国科协在推广 TRIZ 方面实施了一系列的举措。一些省市级科技协会、行业协会及其他性质的协会都参与了 TRIZ 相关政策的落实，如厦门市高新技术发展协会、大庆市科学技术协会、北京民营科技实业家协会、北京技术市场协会、黑龙江省老科学技术工作者协会等。

2008 年，首个国家级创新方法研究和推广组织——创新方法研究会宣布成立。

至今，与 TRIZ 相关的研究成果相继被公开。据不完全统计，到现在为止已经出版的 TRIZ 相关中文书籍有 20 余种，包含 TRIZ 内容的书籍更达近百种。已发表的与 TRIZ 相关的期刊论文有近千篇，其中以 TRIZ 为主题的期刊论文有近 300 篇，学位论文有近 40 篇，会议论文有近 50 篇。同时，已开发的与 TRIZ 相关的软件有 7 款。其中，亿维讯开发了 6 款，包括研发知识创新平台 Pro/Innovator、计算机辅助创新设计工具 Pro/Innovator Desktop、技术创新知识库查询工具 Pro/SolutionsKB、系统进化预测工具 Pro/Evolver、矛盾问题求解工具 Pro/Techniques 和创新能力拓展平台 CBT/TRIZ；另有河北工业大学开发的计算机辅助创新设计系统 Invention Tool。至今与 TRIZ 研究相关的高校有近 30 所、企业 2 家和政府相关机构多家。

到现在为止，相关书籍已经出版了几十种，如《TRIZ 创新问题解决实践》、《TRIZ 理论入门导读》、《TRIZ 理论应用与实践》、《TRIZ 入门及实践》、《创新 40 法：TRIZ 创造性解决技术问题的诀窍》、《创新的方法》、《创新设计-TRIZ：发明问题解决理论》、《创新算法——TRIZ、系统创新和技术创造力》、《创新制胜》、《创造创新方略》、《创造是一门精密的科学》、《发明程序大纲》、《发明创造方法学》、《发明家诞生了》、《发明是这样诞生的（TRIZ 理论全接触）》、《发明问题解决理论（TRIZ）基础教程》、《技术创新理论（TRIZ）及应用》、《实现技术创新的 TRIZ 诀窍》、《哇……发明家诞生了：TRIZ 创造性解决问题的理论和方法》、《怎样成为发明家——50 小时学创造》等。还有其他与 TRIZ 的成果相关的书籍，如《现代机械设计方法——见习机械设计工程师资格考试培训教材》、

《设计创意发想法》、《当代自然辩证法导论》、《产品设计》、《机械设计学（第3版)》、《机械创新设计（第2版)》、《创意开发方法》、《电子创新设计技术》、《现代企业知识产权保护》、《产品创新设计与开发》、《大学生创新培养研究》等。

引入 TRIZ 的企业越来越多，至今已经有几十万人接受了 TRIZ 培训。

第一篇　企业变革模型

第一章 企业变革模型 I-BASE

企业变革的产生源于全球竞争的环境。企业组织成长缓慢，内部问题层出不穷，外部经营环境变化（全球竞争、环境保护主义、政府管制、机器人在产业链中突出作用、太空技术等高科技高速发展），这都使企业陷入生存困境，都无不要求企业与周围环境相适应。“变”是适者生存，物竞天择。“变”是理所当然，情势所迫。企业变革的核心是创新，而创新的成功来自变革管理。

第一节 企业面向创新的变革模型

韩愈（图 1-1）在《原道》中说：“然则如之何而可也？曰：不塞不流，不止不行，人其人，火其书，庐其居。”毛主席在《新民主主义论》中说“不破不立”。这是因为，世界上唯一不变的就是变化本身。

当成功的公司面临环境的巨大改变时，它们经常不能有效地作出反应，不能用新的产品、技术或战略有效地反击竞争者，而只会眼睁睁地看着销售额和利润锐减，它们的优势逐渐消失进而股价大跌。

20 世纪 90 年代初，富士胶片（FUJ- IFLLM）占据着中国胶卷市场份额的 60% 以上，成功使富士变得傲慢。与此同时，柯达在欧美市场节节败退，负债超过 100 亿美元。当柯达新任总裁裴学德上任时，他毅然押宝中国市场。1998 年年初，柯达与中国政府多个部委联合签订了“全行业合资计划”：伊士曼柯达（Eastman Kodok Company，柯达公司）与中国六家感光企业进行合资合作，中国政府承诺在协议签订后三年内，不批准另外一家外资企业进入中国的感光材料行业。至 2001 年时，富士在中国胶卷市场的占有率从 70% 迅速滑落到 20%。在近乎走投无路的情况下，惨败的富士决定把数字业务作为下一个重点发展的目标，并确立了向数码转型的基本思路。产业转型并非一蹴而就，“面对变革的态度上，对既得利益的迷恋和战略上的路径依赖惰性往往成为强者接受新生事物的最大心理魔障”。截至 2001 年，富士数码相机已经卖出了 1000 多万台，然而这并没有引起柯达的警醒。到了 2002 年，柯达的数字化率只有 25% 左右，而富士已达到了 60%。此时，柯达才意识到，传统胶片的辉煌时代已经一去不复返了。2000 ~ 2003 年，柯达传统影像部门的销售利润从 2000 年的 143 亿美元锐减至 2003 年的 41.8 亿美元，跌幅达到了 71%。

哈佛大学教授约翰·P. 科特（图 1-1）说："变革的速度在近期任何时间都不会放缓，而在今后几十年中，大多数行业中的竞争将使变革发生的速度越来越快。"

科特的优秀著作《论变革》（图 1-1）一书告诉我们：驱动变革是公司里面最困难的任务。此书为公司世界带来了一场风暴，科特让一切事物变得清晰和合理。

图 1-1　韩愈（左图）；约翰·P. 科特（中图）；约翰·P. 科特《论变革》（右图）

科特专注于改变组织的思维。身为哈佛大学的教授，他在研究中看到了组织在试图实施转变时普遍经历的一些失败模式。他定义了八个步骤（图 1-2），如果遵循它，几乎可以保证变革能成功。

步骤一：增强紧迫感。

增强紧迫感对于大多数人来说都是非常艰难的。"艰难"一词用得倒是很恰当，但事实上我们还是远远低估了任务的艰巨性。正如吉姆·科林斯在《从优秀到卓越》中所言，"自认为优秀就是卓越的敌人"。科特说，在一个充满自满情绪的组织里，变革动议一开始就注定失败。如果自满情绪很高，变革就往往没什么结果，因为人们对变革根本就不感兴趣。自满有下列五种表现：

1）缺乏严重危机。

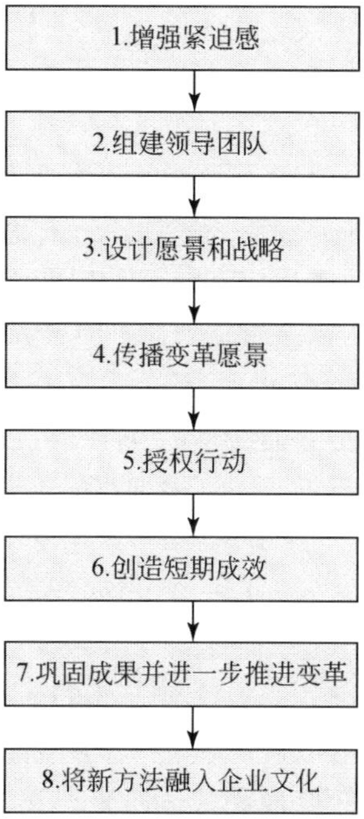

图 1-2　科特变革的八步法

2）度量指标让员工只关注狭隘的职能目标。

3）整体业绩标准很低。

4）内部度量系统关注的是错误的业绩标准。

5）人的本性就具有否认的能力，特别是当人们已经很忙或者压力很大时。

为了增强紧迫感，需要切断自满情绪的源头，或是把其影响降低到最低限度。至少有两种方式可以用来增强紧迫感。第一种是识别危机。清楚地理解外部现实就能识别出危机，这将为变革动议创造感情上的关联。危机可以从两种不同的来源衍生出来：

1）当前的组织现在或即将陷于困境。

2）如果不改变，组织就无法长久生存。

识别出成功的潜在机会，是第二种创造强烈紧迫感的方式。一种现实可行的方法，就是让人们相信变革动议，把公司推向卓越，而无须被迫考虑或制造危机。启动的最终成功，与这个项目关键的财务目标紧密相关。通常，单这一项就能产生启动变革动议需要的紧迫感。

紧迫感对于伟大的领导力的产生而言是很重要的。一位 CEO 说，在启动一个动议时，“你要么主动改变人，要么被迫改变人”。动议如果要真正内在化，一定要让所有的高级领导都参与，而对于其他人来说至少是绝大多数都参与。

步骤二：组建领导团队。

大变革的背后通常都有一位功勋卓著的重要人物。大的变革是很难完成的，需要一股强大的力量去不断推动变革的进展。强有力的领导班子是必需的，这个领导班子必须结构合理，班子成员相互信任，拥有共同的目标。无论是进行企业机构改革、设计方案的变革，还是重新调整企业的战略结构，建立这样一个领导团队都是变革初期的首要任务。

如今的商业氛围无疑需要一种新型的决策模式，当今的商业环境需要通过新的战略调整、设计方案重整、企业结构改革、兼并和收购、缩小经营规模、新产品开发及营销改善获得大规模的变革。那么，公司内部的决策将面临更大、更复杂、更易受情绪影响的问题，需要得到更快的制定，而环境也更加不确定，这需要决策执行者作出更多牺牲。这一切都要求决策制定程序必须及时更新，因为没有哪个个人可以获得大决策制定过程中所需要的全部信息，个人也没有足够的时间和信誉度可以说服其他人为了推动改革而作出牺牲。新型的决策程序需要一个构成合理并且成员之间彼此信任的团队，这样才能在新的环境下作出有效的决策。

组建变革领导团队的第一步是选择合适的成员。有四种要素对领导团队的效率是至关重要的：

1）领袖才能。

2）位高权重。

3）术有专攻。

4）诚信为本。

步骤三：设计愿景和战略。

愿景是指对未来的一种规划，并用直接或间接的方式来说明人们为什么应该努力创建这样的未来。在变革过程中，好的愿景有三种重要作用。首先，澄清变革的整体方向；其次，它可以激励人们采取措施向正确的方向前进，即使开始时对于个人来讲可能出现阵痛。最后，它可以快速、高效地帮助协调成千上万人的行动。

无论听起来是否平凡简单，有效的愿景都至少具备以下六个特点：

1）可想象性。有效的愿景传达了关于未来景象的图画。

2）悦人心意。以员工、客户、股东和企业的利益相关者的长期利益为诉求。

3）可行性。包含现实可达到的目标。

4）聚集性。中心突出，能对决策制定过程起到指导作用。

5）灵活性。具备足够的概括性，允许在条件变化的情况下来推进个性化的计划及替代性的反应。

6）可沟通性。易于沟通，可以在五分钟内得到很好的解释。

愿景的树立并非易事，主要原因有下列七个：

1）初始草稿。在愿景设计的最初阶段，往往由某一个人来制定一个初始陈述，以反映他个人的愿望及市场的真正需要。

2）领导团队的作用。在长期内，初始草稿会得到领导团队或更大规模团队的修改。

3）团队合作的重要性。愿景的设计是一种团队任务，如果团队合作达不到一定程度的有效性，这一过程就无法取得成功。

4）理性与情感的作用。在愿景设计过程中，无论是理性的分析，还是感性的梦想，都是必不可少的。

5）过程的曲折性。愿景设计过程中往往涉及进两步退一步、左行后又右行的曲折。

6）时限。愿景不可能在一次会议上就得以树立，它往往需要几个月，有时甚至需要几年的时间。

7）最终成果。在愿景设计过程的最后，企业将提出一个未来的方向，这一方向具备悦人心意、可行、聚焦、灵活、易于沟通的特点。

步骤四：传播变革愿景。

对即将来临的变革进行广泛而清晰的沟通是绝对必要的。沟通计划会很复杂，因为必须利用各种沟通渠道。

进行关于愿景的有效交流的关键因素有下列七种：

1）简单。必须去掉所有的行话和技术术语。

2）暗喻、类比和举例。一个口头的描述抵得上 1000 个词。

3）多种传播媒介。大小型会议、备忘录、报纸、正式的和非正式的交流都对传播信息非常有效。

4）重复。只有当愿景被听到过好多次后，它才能深入人心。

5）领导的榜样作用。如果重要人物的所作所为同愿景不一致的话，那会使所有其他形式的交流毁于一旦。

6）明确解释的不一致。对表面上的不一致不加以解释会瓦解所有交流的可信性。

7）聆听与倾诉。双向的交流总比单向的要有力得多。

步骤五：授权行动

如果能够有效地完成变革的第一至第四步，就已经为授权员工做了很多工作了。但是即使紧迫感很强，领导团队制定了正确的愿景，而且愿景得到了有效传播，员工还可能会感觉很难推动所需变革。因此，第五步的目的是在更大范围内进行授权，尽可能地扫除实施变革愿景的障碍。

实施愿景最大的障碍有哪些因素呢？主要有如下四个：结构、技能、体系和主管（图1-3）。

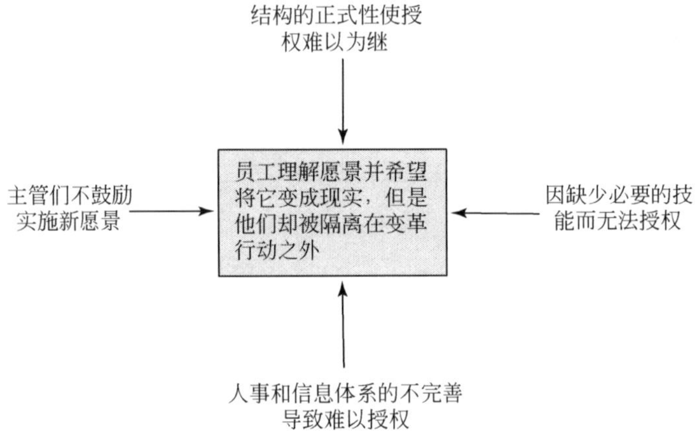

图1-3　授权的障碍

步骤六：创造短期成效。

这个阶段包括策划、创建和奖励早期的成果。事实上，创建早期成果是推进变革的最好方法。不过，这些成果一定要清楚并且令人信服。

短期绩效改进至少从六个方面促进变革的进行：

1）用现实证明付出总有回报。短期胜利为短期成本的支出找到了强大的理由。

2）为变革执行者提供鼓励。在付出大量努力之后，一些正面反馈可以提高士气、鼓舞人心。

3）帮助调整愿景与战略。短期胜利为领导团队提供了实实在在的数据，为其观点的有效性提供证据。

4）使怀疑论者与以自我为中心的变革抵制者不攻自破。绩效明显改善，使别人很难再妨碍变革的进行。

5）赢得老板的支持。提供了证据，使高层管理者相信变革正在顺利进展。

6）增强变革推动力。将中立者转化为支持者，将不情愿的支持者转化为积极的支持者，诸如此类。

步骤七：巩固成果并进一步推进变革。

怎样的大规模变革才可以称得上是成功的呢？第七步关注这些活动：

1）改革不是更少，而是更多。领导团队利用短期胜利所提供的可信度来应付更多、更大的变革计划。

2）需要更多帮助。需要引进、提升和培养更多人来促进改革的进行。

3）高级管理层领导得力。高层管理人员的焦点集中在保证全体员工对共同愿景有明确的认识和保持变革的紧迫感上。

4）项目管理和基层领导。基层管理人员负责对具体计划的领导和管理。

5）减少不必要的相互依赖。为了使变革在短期和长期范围内都变得容易一些，经理们需要找出并清除没必要的相互依赖。

在这个阶段，领导才能的价值也同样不可估量。杰出的领导愿意从长远角度考虑问题。如果没有足够的领导力，改革就会停顿，企业就很难在瞬息万变的环境中取胜。

步骤八：将新方法融入企业文化。

企业文化的巨大作用，主要体现在以下三个方面：

1）员工的选拔和企业文化的灌输工作都做得很好。

2）企业文化作用于成百上千员工的行为。

3）这一切都是在没有太多意识的情况下发生的，因此很难对它质疑和讨论。

由于企业文化的作用如此重要，所以在业务流程再造、机构重组或收购过程中所提出的新准则必须扎根于企业文化，否则它们的生命力就会极其脆弱，容易夭折。

将变革扎根于企业文化过程的主要特征有五个：

1）不是最先发生，而是最后发生。在大多数情况下，行为标准和共同价值观的改变都出现在变革的最终阶段。

2）以结果为依托。只有在有证据清楚显示新方法比旧方法更有效时，新方法才可以沉淀于企业文化之中。

3）需要大量口头指导。没有口头的指导和支持，人们不会情愿承认新举措的效果。

4）可能引起人员变更。有时改变文化的唯一途径就是更换关键人物。

5）人员提升决策至关重要。如果不改变人员提升程序以适应新准则，那么旧文化可能就会重新发挥作用。

正是因为文化变革很难实现，变革的过程才有八个步骤，而不是两三个步骤。而且，变革通常需要很长的时间，需要诸多管理人员的共同参与和领导。

第二节　企业推动"面向创新的研发体系建设"的变革流程 I-BASE

I-BASE 是企业研发体系从跟随型、模仿型向创新型、原创型转变的变革模型。I-BASE 的核心是：不仅仅关注变革过程中组织和人的变化，还关注企业在变革过程中对创新工具的应用。

I-BASE 本身把企业的变革分成五个步骤，它是 identify-build-analyze-specify-execute 五个阶段英文动词的首字母缩写，如图 1-4 所示。具体描述如下。

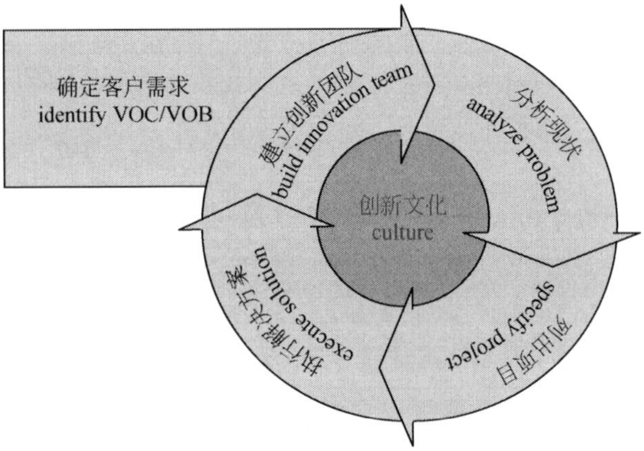

图 1-4　I-BASE 流程

1）I 阶段：确定客户需求（identify VOC/VOB）。

2）B 阶段：建立创新团队（build innovation team）。

3）A 阶段：分析现状（analyze problem）。

4）S 阶段：列出项目（specify project）。

5）E 阶段：执行解决方案（execute solution）。

企业创新能力也不是通过一个 I-BASE 循环就能提升的，往往要经过多轮循环，不断改进，才能最终实现组织和产品的创新，并最终体现为企业创新能力的提升，如图 1-5 所示。

企业创新能力的提升，对于客户而言，体现为新产品、新服务的不断问世，客户满意度的不断提升。对于公司而言，体现为公司拥有创新的流程管理、激励制度及基础设施。企业创新能力的提升是一个全方位的、既有硬件又有软件的企业革命，不通过痛苦的努力是无法实现的。

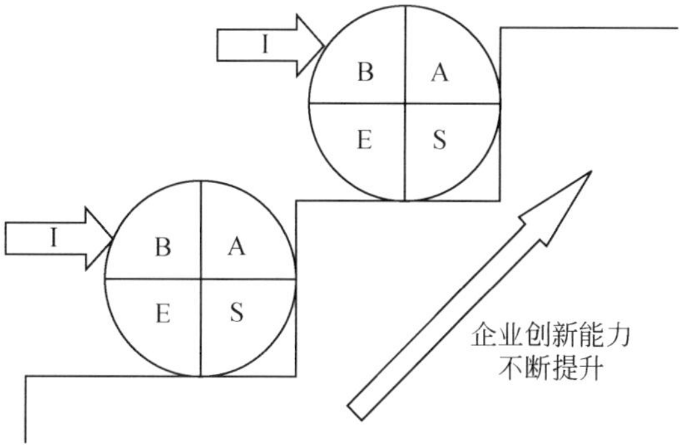

图 1-5　企业创新能力提升流程

I-BASE 模型与科特变革模型的对照关系如图 1-6 所示。

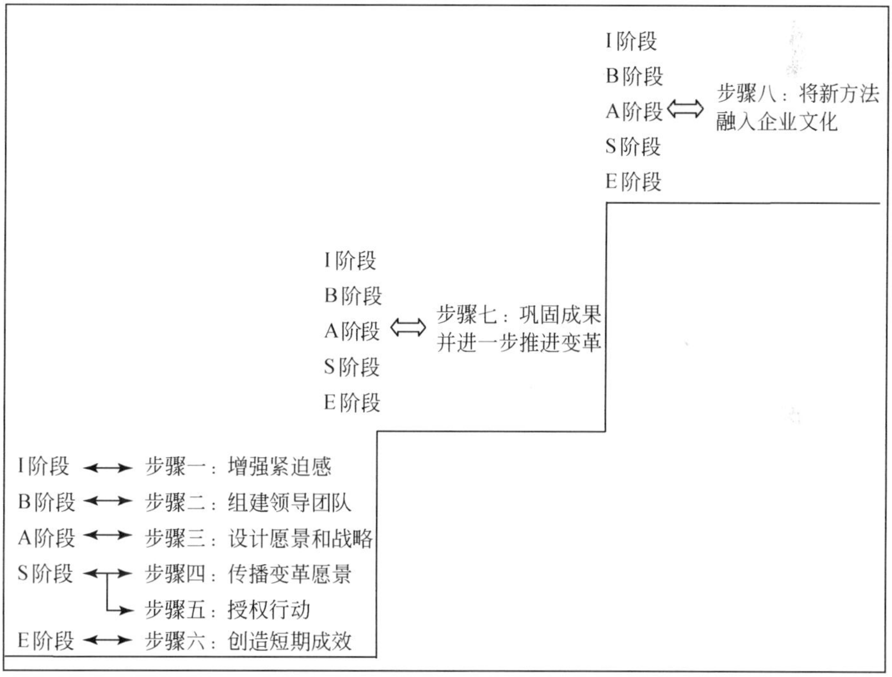

图 1-6　I-BASE 模型与科特变革模型的对照关系

企业的变革需要从局部开始，在变革团队的领导和控制下，通过一次次的“确定变革目标→达成变革目标→确定新的变革目标→再达成”的螺旋上升，逐步深化，推向纵深。

第二章 I 阶 段

企业发展战略明确企业使命和在产业竞争、价值链等方面的战略定位、发展远景和目标，是企业前进道路上的灯塔。企业巨轮在破浪前进的过程中，会在坚持既定战略目的地的前提下，不断调整航行路线，以适应复杂多变的内外部发展形势。

第一节 目 标

I 阶段的目标，就是要确定企业当前在“技术创新体系建设”方面的基本需求。

企业变革的动因可以归纳为以下几个方面：

1）企业一般外部环境的变化。企业一般外部环境指企业面临的 PEST，即政治法律（political/legal）、经济（economic）、社会文化（social/cultural）和技术（technological）等外部环境因素。企业外部环境的变化可能对企业经营活动形成制约，如日益加强的环保要求等；也可能放松原有的制约，如新技术的采用等；还可能对企业的具体外部环境产生影响，如管制的放松，可能会降低进入壁垒，导致更加激烈的竞争。

2）企业具体外部环境的变化。企业具体外部环境是指与实现企业目标直接相关的那部分外部环境。具体外部环境对于每一个企业而言是不同的，并随着条件的改变而变化。一个企业具体外部环境的变化，取决于企业所提供的产品或服务的范围及其所服务的细分市场。波特（Michael E. Porter）教授的“五力模型”是常用的企业具体外部环境分析工具（图 2-1）。企业具体外部环境的变化对企业的影响特别明显和强烈，也是企业变革外部动因的主要来源。

3）顾客需求的变化。“五力模型”中的顾客（购买者）就是其中一“力”，但这里讲的顾客的含义非常狭窄，仅限于研究顾客的竞价能力，仅仅将顾客作为产品的购买者。实际上，顾客不仅是产品的购买者，满足他们的需求是企业经营活动的中心。随着顾客消费观念的日益成熟以及市场上产品的日益丰富，顾客的要求越来越高。顾客需求日益呈现多样化、个性化特点，这导致了需求的不确定性提高，同时对产品的性能、质量、价格和交货期等的要求也日益提高，这都要求企业为适应顾客需求的变化而变化，并且源于这种推动力的变革会日益重要。

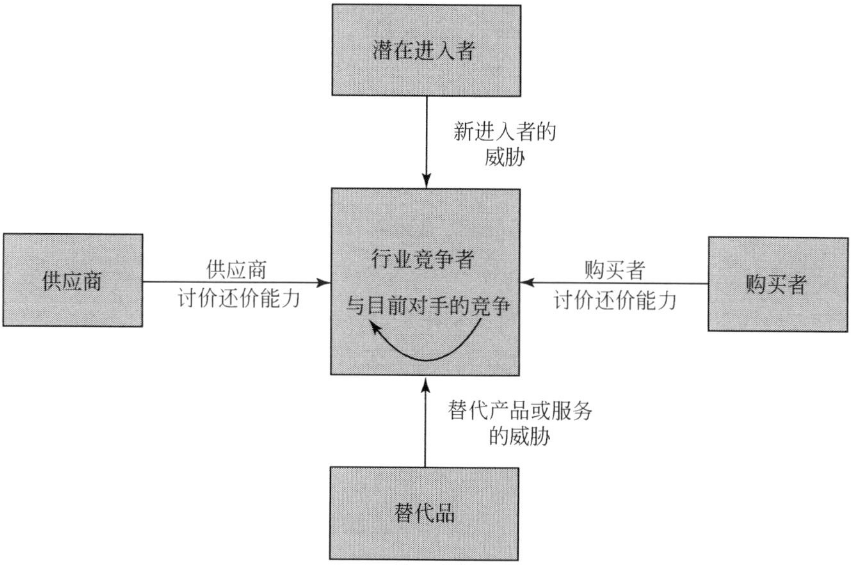

图 2-1 波特的“五力模型”

4）企业内部环境的变化。企业内部环境也是处于变化之中的，有些变化对于企业而言是有益的，而有些变化是有害的。当后一种变化日益积累，成为企业发展的阻力时，变革就是必不可少的。常见的情况有官僚主义日益严重、业务流程不顺畅、部门之间的冲突加剧、组织僵化、集体利益被严重忽视、创新和学习能力缺乏等。当这些情况在企业内部出现时，就必须进行变革，否则企业容易被市场淘汰。

5）突发事件。突发事件具有突然性和不可预知性等特点，这要求企业能够迅速对突发事件作出反应。上述的变革动因，既可能为企业的发展带来威胁，也可能带来机遇。变革既可能在动因显现后实施，这种变革是“后应式的变革”，也有可能在这些动因尚未显现时实施，这种变革就是基于对这些动因未来变化趋势的预测的，是一种“先进式的变革”。

第二节 主要活动

一、定义是决策的起点

对问题的定义是决策的起点。对同一个问题，不同的人很可能会有不同的看法和理解。对同一个事件或现象，由于经验、阅历、认知和利益等因素的不同，人们可能看到的是不同的问题，或者对问题有不同的定义。

在一个组织中，一个问题一旦被组织的当权者给出了官方的、正式的定义，在很大程度上就给问题定了性，并相应地决定了信息的收集、行动的依据、人员的参与和采取的程序：什么是相关的信息，其传播范围与渠道是什么；什么是合适的行动，是强烈激进还是春风化雨，是大张旗鼓还是悄无声息；什么人可以参加，他们的责任、义务和权利是什么；什么是正当的程序，是自上而下，还是上下互动，是允许试验创新，还是一味循规蹈矩。

比如，一个公司面临营业额连年下滑的危机，必须采取相应的行动。假设有人提出如下两个方案：方案一，至少可以保证40%的员工能够坚守岗位，并保住60%的生产能力，而且一旦市场有所转机，下岗的员工可以被迅速召回并恢复原有生产能力；方案二，需要立即让60%的员工下岗，并直接丧失40%的生产能力，下岗的职工能否再返岗或被妥善安置，完全要靠市场转机和运气。

如果把这两个方案同时拿出来，让员工模拟决策者对两个方案分别打分，表明自己的支持程度，很可能就会有人更倾向于方案一，因为它显得更加正面和积极，大家看到的主要不是威胁，而是机遇。

其实，上述两个方案是完全相同的。同一件事情用不同的标签来定义和辨识，也会导致人们产生不同的理解，带来不同的影响和效果。

当问题被定义成机遇的时候，一个组织往往会允许和鼓励大量的外部信息进入，采取更加勇于冒险的行动，导致多方面的积极参与，决策者会尝试新的思路和办事程序。

当问题被定义成威胁的时候，一个组织通常会限制新信息的收集和传递，行动趋于紧缩、冻结、僵化和保守，参与决策的人数和参与程度会降低，决策者会更加信奉现有的组织体系和惯用程序，对控制机制的应用会更加频繁和严厉。

再比如，如果一个企业由搞财务的人或者说倾向于用财务视角思考问题的团队把持，任何问题都可能被定义成财务问题。因此，这个企业的所有重大问题的决策，都必须有搞财务的人参与。20 世纪 80 年代以前的福特汽车，一直延续着当年由于重视成本和效率而沿袭下来的“财务部门对所有问题的最终拍板权力”的习惯和规矩，而它在 20 世纪 80 年代日益面临的产品创新的挑战和压力却没有被定义为关键问题。

二、定义贯穿于整个决策

对问题的定义贯穿于整个决策过程。决策往往是一系列的行动选择，而不是一锤子买卖。在旧的问题解决以后，会产生新的问题。而新问题和老问题，从长期的决策序列来看，很可能是同一个问题，或者是对同一个根本问题的不同侧重、强调、包装，甚至可能是完全不同或者相反的定义。

对问题的定义也是决策的结果。由于决策的制定和实施不是一个一蹴而就的过程，人们对问题的理解，也很可能会随着决策过程而变化，直到决策的结果和成效清楚地证明了对问题的某种定义占了上风。只有在这个时候，决策告一段落，我们才真正看到并理解决策过程所遵循的那个关于问题的特定的、具体的、实际的定义，并将它作为决策产出的结果，来正式追述它、承认它、明确它。对问题的这种定义，尤其是在决策实施带来的结果比决策之初的情形有明显改善的时候，会被用来引证当初的选择是明智的、决策是适当的、实施是满意的，一句话，这种定义抓住了问题的根本和实质。

即使对问题的某种定义从一开始就被很多精英或高瞻远瞩者认为是错误的，这种对问题的定义在某些情况下也应该被给予机会，让它去竞争、去表现，直至最终被否定、被淘汰。

以此观之，问题的定义的确贯穿决策过程的始终。而如何定义问题是每一个希望有成就的管理者必须学会的一项基本功。

三、了解企业的现状

了解企业的现状，特别是外部顾问了解企业现状，往往是通过与相关干系人进行访谈与问卷调查开始的，即总结企业技术创新体系的现状（ASIS）。项目干系人就是积极地参与项目，或其利益会因项目的实施或完成而受到积极或消极影响的个人和组织，他们还会对项目的目标和结果施加影响。项目管理团队必须弄清楚谁是干系人，确保他们的要求和期望，然后根据他们的要求对其影响尽力加以管理，以确保项目取得成功。图 2-2 说明了项目干系人与项目团队之间的关系。

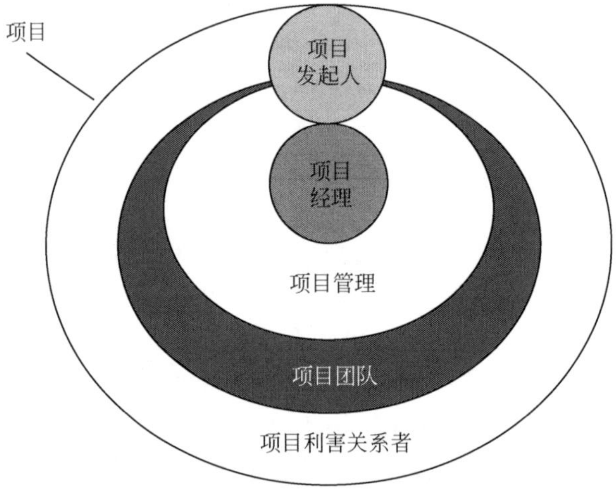

图 2-2　项目干系人与项目团队之间的关系

因此，调研活动应该覆盖企业的主要管理部门，特别是研发管理部门。召开研讨会是一种有效的调研方式。调研活动的原则有五个：

1）全面性原则。与所有干系人或其群组代表都要通过各种方式进行沟通。

2）广泛性原则。调研针对企业发展的各个方面，不仅仅局限于研发体系建设问题。

3）突出性原则。展开全面、广泛的调研，但同时，调研及访谈工作应有一个明确的核心（当前的企业研发能力现状及问题）。

4）深入性原则。调研不能肤浅，切忌空谈。对现状的调研是企业变革的基础和起点，而不是为了报告。因此，需要与干系人诚恳、深入地沟通。为了实现这一目标，企业在必要时可以请外部咨询顾问参与其中。

5）真实性原则。在调研记录及整理分析过程中应遵循真实性原则，不能人为修改或者片面理解某些调研结果。

研讨会的主要过程及注意事项如下：

1）会前资料的准备和分发。

2）会前与每位干系人沟通。如果确认该干系人无法参加会议，更要提前整理他的意见，并承诺将其意见带到会议中。

3）会议中要让所有与会人员发表意见。注意，越是高层领导，越要在最后发表观点，以防戒言状态的发生。

4）会后整理各方意见后，将汇总结果分发给每位干系人，并通过各种方式与他们进行沟通。

5）调研结果向最高管理当局呈现。

第三节 相关方法和工具

一、项目管理

现代企业大多以项目形式管理自己的产品开发活动，这一情况表明了项目概念的优越性。然而，由于：①现代技术创新往往是多个领域技术的集成；②企业的开发活动可能分布在不同的地点；③企业往往同时进行着多个创新开发项目，企业技术创新项目的管理十分复杂。为了解决这些问题，常常需要一种管理项目的通用方法，即项目管理模型。技术创新项目管理模型的基本特点如下：

1）抽象化。在实践中，创新项目实施和管理的具体情况各有不同，但作为创新项目，也存在同一性或一般规律，模型就是对这些同一性或一般规律的抽象和概括。

2）形式化。为了反映多种多样的创新项目在实施和管理中所具有的共性和一般要求，模型的表达就不能过于具体，而大都是某种形式化的描述。

项目管理模型的一个基本贡献是为企业的创新开发活动提供了共享的语言和框架，使企业中所有同时进行的或相继进行的项目都能在相同的阶段，决策制定、作用和规则理解的概念框架内得到描述，从而能够推动组织管理者与组织成员之间的沟通和交流，特别是有助于明确和统一企业在大型复杂项目开发中的重点。

二、问卷调查及数据统计

问卷调查是大型企业和政府等单位采集信息的一种有效的方式。通过问卷调查，管理者可以采集如干部员工的思想状况、满意度、生存状况以及企业销售等方面的信息，并根据他们反馈的调查结果，采取相应的改善措施。对于这些采集单位来说，由于其组织结构复杂、地域分布广泛等因素的影响，需要对问卷调查的执行过程进行有效的组织管理与实施。

问卷设计的原则有五个：

1）有明确的主题。根据调查主题，从实际出发拟题，问题的目的要明确，重点要突出，没有可有可无的问题。

2）结构合理、逻辑性强。问题的排列应有一定的逻辑顺序，符合应答者的思维程序。一般是先易后难、先简后繁、先具体后抽象。

3）通俗易懂。问卷应使应答者一目了然，并愿意如实回答。问卷中的语气要亲切，符合应答者的理解能力和认识能力，避免使用专业术语。对敏感性问题采取一定的技巧调查，使问卷具有合理性和可答性，避免主观性和暗示性，以免答案失真。

4）控制问卷的长度。回答问卷的时间控制在20分钟左右，在问卷中既不浪费一个问句，也不遗漏一个问句。

5）便于资料的校验、整理和统计。

三、SWOT分析

SWOT分析法又称为态势分析法，它是由旧金山大学的管理学教授于20世纪80年代初提出来的，是一种能够较客观而准确地分析和研究一个单位现实情况的方法。通过评价企业的优势（strengths，S）、劣势（weaknesses，W）、竞争市场上的机会（opportunities，O）和威胁（threats，T），用以在制定企业的发展战略前对企业进行深入全面的分析以及对竞争优势定位。

公司的态势分为两大类：一类表示环境威胁，另一类表示环境机会。环境威胁指的是在环境中由一种不利的发展趋势所形成的挑战，如果不采取果断的战略行为，这种不利趋势将导致公司的竞争地位受到削弱。环境机会就是对公司行为富有吸引力的领域，在这一领域中，该公司将拥有竞争优势。

当两个企业处在同一市场或者说它们都有能力向同一顾客群体提供产品和服务时，如果其中一个企业有更高的赢利率或赢利潜力，那么，我们就认为这个企业比另外一个企业更具有竞争优势。换句话说，所谓竞争优势是指一个企业超越其竞争对手的能力，这种能力有助于实现企业的主要目标——赢利。

SWOT的主要步骤如下：

1）罗列企业的优势和劣势，可能的机会与威胁。

2）优势、劣势与机会、威胁相组合，形成 SO、ST、WO、WT 策略。

3）对 SO、ST、WO、WT 策略进行甄别和选择，确定企业目前应该采取的具体战略与策略。

四、企业研发流程梳理

任何一个具有研发部门的企业，在不断发展和壮大的过程中，都要经历规范化和流程化的阶段。

SIPOC 模型［supplier（供应商），input（输入），process（流程），output（输出），client（客户）］是质量大师戴明博士（Deming）提出的组织系统模型，用于流程管理和改进的技术。流程梳理团队从“过程”开始，依次问：“输出”是什么，谁是“客户”，客户要求的输出特性是什么，“输入”是什么，谁是这些输入的“供应商”？同时，要评价这个过程要求输入的特性。通用的 SIPOC 表如表 2-1 所示。

表 2-1 通用的 SIPOC 表

供应商	输入	输入特性	过程	输出	输出特性	客户
			2a. 过程的开始是什么？			
7. 谁是输入的供应商？	6. 过程的输入是什么？	8. 输入的特性是什么？	1. 过程是什么？	3. 过程的输出是什么？	5. 输出的特性是什么？	4. 谁是输出的客户？
			2b. 过程的结束是什么？			

应用 SIPOC 模型，可以将工作梳理成清晰的流程结构，还可以展示各项研发工作和设计的部门、岗位之间的互动关系。

在实际工作中，企业通常应用办公软件进行流程图的绘制。“泳道图”是一种常用的流程图表达方式，可以较为清晰地表明过程的参与对象，以及输入、输出的流动等。图 2-3 是一个企业的研发流程示例。

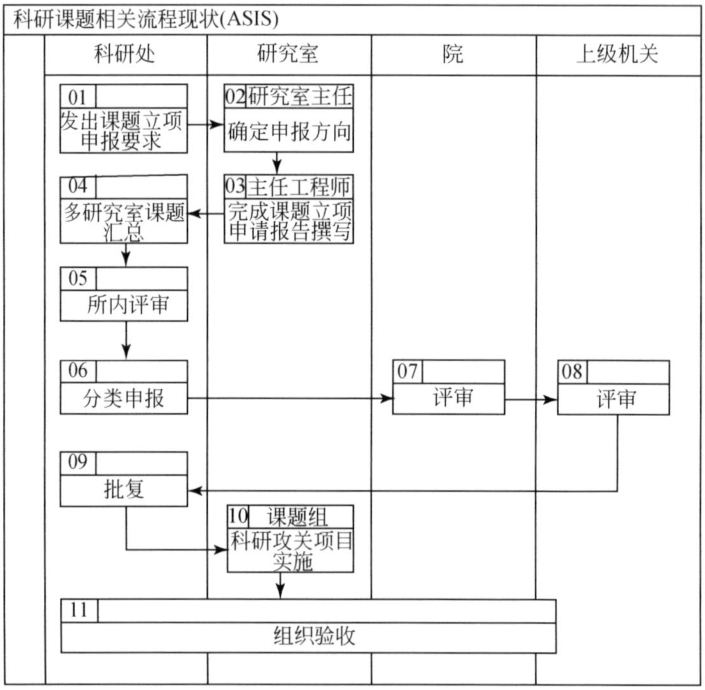

图 2-3　企业研发流程示例

第四节　典型输出

一、工作说明书（statement of work）

工作说明书的结构示例如下：

1）项目概述。

2）项目总体目标。

3）项目实施策略。

4）项目范围。

5）项目时间计划与资源计划。

6）预算。

7）变更控制流程。

二、选择合适的咨询伙伴

系统化的企业创新体系建设对于很多企业来说是一项尝试，企业内部往往没有这方面的专业人才。因此，寻求一个具有专门知识的第三方机构的帮助，是符合精益思想的。通过第三方弥补专业知识的差距，将大大提高完成项目的效率。一方面，在实施创新体系建设这一变革过程中可能犯的错误，第三方或许早已经经历过；另一方面，对于困难重重的变革而言，超脱于企业内部的第三方，往往具有更强的说服力和更高的可信度。

随着管理咨询日益为中国企业所接受，在企业进行变革的过程中，寻求咨询公司的帮助越来越成为国内企业一种通行的做法。但是不时传来的某企业寻找咨询公司后项目失败、双方不欢而散甚至对簿公堂的案例，使得企业在选择咨询伙伴时变得“谨小慎微”。很多企业都认识到咨询伙伴的选择对于企业来说是非常重要的。因为选择了一个合适的伙伴，往往就奠定了咨询项目成功的基础。

选择的前提在于“知己知彼”，那么，企业究竟该如何选择一家“合适的咨询伙伴”呢？对咨询伙伴的选择一般主要分为三个步骤：明确企业需求，了解咨询行业，选择咨询伙伴。

首先也是最为重要的一点就是，要明确企业自身的项目需求，搞清楚自己需要什么，这是选择咨询伙伴的第一步。

其次，企业要广泛地了解咨询行业和咨询公司，并确定自己希望进一步了解的公司，把这些公司作为洽谈和选择的对象。

最后，在对咨询行业和咨询公司深入了解的基础上，对它们进行评估，从而选择一个合适的咨询伙伴。

第三章 B 阶 段

在今天复杂的社会中，没有一个组织能够单独完成所有的事情。成功的关键就是个体、社区集团及其他组织之间灵活的合作。

——蒂施

第一节 目 标

B 阶段的目标是：建立一个跨部门、甚至跨企业的工作团队，与干系人持续沟通“技术创新体系建设”的愿景。

第二节 主要活动

团队与团体之间基本的差异在于成员是否与其所在团队一起承担成败责任。团队的最后成果是由全体团队成员共同贡献心力完成的，而且这个成果绝非个人可靠单独力量来完成的。团队的特点如下：

1）有一位正式而强有力的领导人。变革是从上而下的变革，这就需要一个协同作战的领导联盟。领导联盟要由董事会成员、监事会成员、CEO、副总裁及部门经理构成。组织成员不要超过 11 人。

2）被组织赋予特定的目标。

3）成员同时担负个人成败及团队成败责任，注重团队集体的努力成果，绩效评估以整体表现为依据。

4）决策的过程：讨论—决策—授权。

团队的发展一般经历以下几个阶段：形成（相互熟悉）、风暴（冲突）、规范（想方设法找到解决问题的程序）、出绩效（完成工作）及解散（互相告别）。由于日的和成员的不同，每个团队的发展模式有所不同，但所有团队都会经历一个失去平衡的阶段，即因突变而爆发危机——当团队成员们忽然醒来的时候，才认识到时间已经过半。在这一阶段，他们常常惊慌失措，但只有度过这个恐慌期，并着手解决问题，团队才能真正创造出绩效。学者们已经为我们总结出一个通用的模式。

1）在组建初期，团队活动因各自任务的不同而不同。

2）在第一阶段，通过召开一些会议来解决冲突，收集信息。

3）要渡过“中点危机”，通常需要在中期的会议中形成团队成员普遍认同的目标。成员围绕这些目标，提出解决方案，修正前期的工作和行为。不同的团队在经历这个过程时常会出现不同的结局：解散、重建或重新定义目标。

4）经历了中点危机后，团队要经历一个高速发展的阶段。在这个阶段中，团队的士气高涨，成员间的信任感增强，绩效快速提升。

5）每个成员逐渐完成自己的任务，人们憧憬庆功会。部分成员开始离开团队，团队渐渐解体。

因此，作为团队领导者，要掌握团队发展的一般规律，及时有效地处理团队中的冲突，带领团队完成既定目标。

第三节 相关方法和工具

1）职能设计。职能设计是对组织的业务职能和管理职能的确定。作为企业的特定组织单元，管理者要根据其承担的任务设计职能。

2）框架设计。框架设计是企业组织设计的主要部分。其内容简单来说就是构建纵向的分层次、横向的子部门。

3）协调设计。协调设计是指协调方式的设计。框架设计主要研究分工，有分工就必须有协作。协调方式的设计就是研究分工的各个层次、各个部门之间如何进行合理的协调、联系、配合，以保证其高效率的配合，从而发挥管理系统的整体效应。

4）人员设计。结构设计和规范设计，都要以人为依托，并由人来执行。因此，按照组织设计的要求，必须进行人员设计，配备相应数量和质量的人员。

5）规范设计。规范设计就是制度建设，它是管理的规范和准则，是结构设计的落实。

6）激励设计。激励设计包括对管理人员和工作人员进行的激励，其中包括正激励和负激励。正激励包括提高工资、福利等，负激励包括各种约束机制，也就是所谓的奖惩制度。激励制度既有利于调动管理人员的积极性，也有利于防止一些不正当和不规范的行为。

第四节　典型输出

典型组织架构图如图3-1所示。

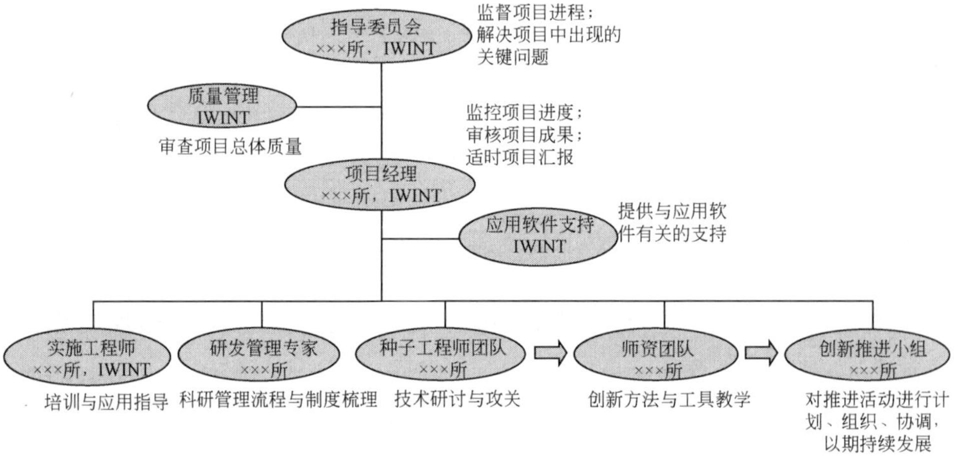

图3-1　项目组织架构图示例

创新推进小组的建立是项目顺利进行的基本保证。创新推进小组的基本情况见表3-1。

表3-1　创新推进小组

参加人员	目标	形式	时间	形式
所领导、副总师、中层干部、技术骨干、通过认证的师资团队	成立专职技术创新推进小组	会议	0.5天	1. 确定“创新推进小组”的成员（3～5人） 2. 明确“创新推进小组”的责、权、利。通过会议、研讨等方式，在高、中管理层达成一致 3. 召开“‘创新推进小组’成立暨创新体系深入推广动员会”。通过该会议，在单位内宣示创新小组的职责和意义，为创新小组展开具体工作铺路

对于特定项目而言，除项目成员外，一般要明确规定下列内容：项目范围、项目协调机制、项目资源（办公地点、工作时间、设备等）、项目质量控制方案等。

第四章　A　阶　段

A 阶段的任务就是要分析企业失败的原因，从而确立改进的项目。

创新是对现有的、已经成熟的技术加以组合和集成，发现新的飞跃和突破的过程。创新涉及多种技术源，不局限于某个技术领域和行业，企业甚至可以突破国界并运用全球范围的技术信息、人力资源和研发条件来实施创新活动。许多优秀的企业因为不能很好地创新而失败，一般的企业失败的原因如图 4-1 所示，它为我们分析企业遇到的问题提供了很好的参照。

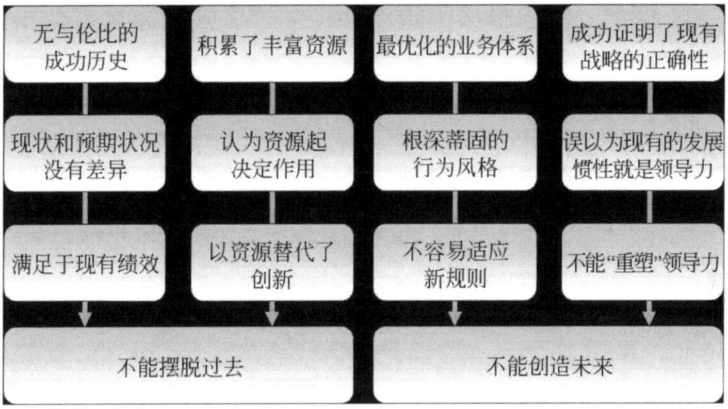

图 4-1　优秀的企业为什么失败

第一节　目　　标

企业的管理者要针对 I 阶段确定的工作说明书，对其主要约束性问题进行深入的分析。

第二节 主要活动

这些活动包括项目团队内部会议、组织的相关专家研讨会及资料查询等。

企业的管理者要深入分析 I 阶段所确定工作说明书中的目标与方向，剖析出其中的关键问题，并对其进行排序，分析核心问题的关键性约束。

第三节 相关方法和工具

一、战略布局图

战略布局图是建立的强有力的变革诊断框架和分析工具。战略布局图的横轴显示行业内竞争和投资所注重的各项因素，纵轴显示在所有这些竞争要素方面，购买者得到了多少。数值越高，表明企业为购买者提供的效用越高，在该因素上的投资也越多。例如，对于价格因素而言，在价格上的分数越高，表明价格越高，如图 4-2 所示。

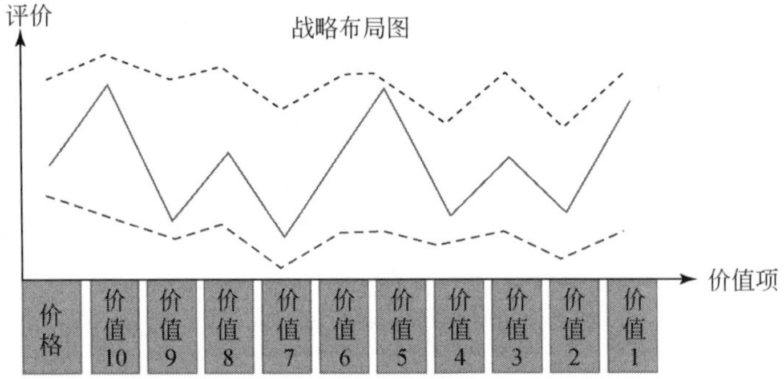

图 4-2　战略布局图

战略布局图的意义在于：①可以了解当前市场的竞争情况；②了解竞争对手的投资方向；③了解顾客在相互竞争的商品与服务选择中能得到什么。

为了重新构建战略布局图，重塑价值曲线，挑战行业现有的战略逻辑和商业模式，需要回答下述四个问题，见图 4-3。

1）哪些在行业中被认为是理所当然的因素，实际上并不被客户认同？它们应该被剔除。

2）哪些因素并不是影响客户采购的关键要素？它们应该减少到行业标准以下。

3）哪些因素是客户认同的关键要素，但目前不是我们的优势？应该将其增加到行业标准以上。

4）哪些在行业内从未提供过却是客户购买的关键要素？它们应该被创造。

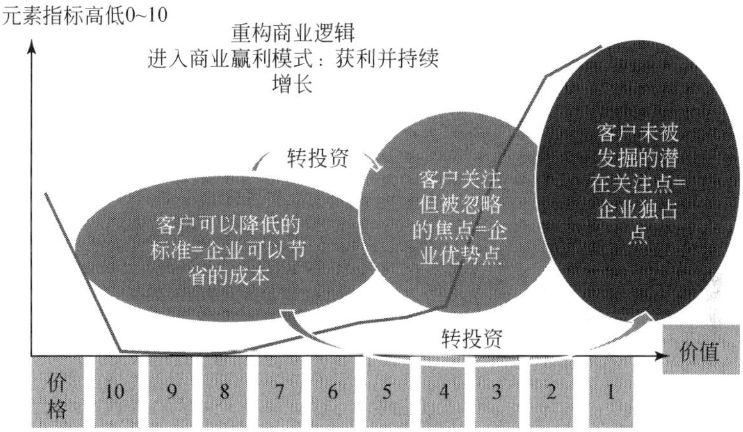

图 4-3 战略重构

二、“根本原因”分析法

“根本原因”是指引起事物发展变化的潜在的、深层次的、不以人的主观意志为转移的、比较持久的、内在的、本质的、必然的因素。“主要原因”是指在一定历史条件下导致该事件发生的诸多现实的、具体的因素中起决定作用或决定性作用的原因。两者的区别在于，“根本原因”在语言表达上较为抽象，分析时一般可从人类社会的基本矛盾、社会存在与社会意识的关系、内因和外因的关系、历史事件或政权的性质（或阶级本质）等方面入手；“主要原因”在语言表达上较为具体，分析时一般从具体史实入手，通过对多种因素不同作用或地位的认真比较得出正确结论。应当指出的是，有些“最主要原因”与“根本原因”并没有实质上的不同，其区别在于，“根本原因”是从原因的性质上说明其重要性，“最主要原因”是从原因的地位重要性上来确定的。

三、约束理论

约束理论（theory of constraints，TOC）就是关于进行改进，以及如何最好地实施这些改进措施的一套管理理念和管理原则，可以帮助企业识别出在实现目标的过程中存在着哪些制约因素——TOC 称之为“约束”，并进一步指出如何实施必要的改进措施来一一消除这些约束，从而更有效地实现企业目标。

总体而言，TOC 包括如下三方面内容。

1）一套解决约束的流程，用来逻辑地、系统地回答以下被任何企业在改进过程中必然提出的三个问题：改进什么、改成什么样子以及怎样使改进得以实现。

2）一套日常管理工具，可用来大大提高管理效能。例如，如何有效沟通、如何双赢地解决冲突、如何团队协作、如何进行权利分配等。这些日常管理的顺利开展，是成功解决约束的必备条件和基础性工作。

3）把 TOC 应用到具体领域的具有创新性的实证方案。这些领域涉及生产、分销、营销和销售、项目管理和企业方向的设定等。

第四节　典型输出

《分析诊断报告》内容包括企业面临的主要挑战、变革的总体方向、策略和步骤、变革将带来的效益分析、在变革中可能遇到的困难等。

这一报告将成为企业进一步推动变革的纲领性文件。因此，报告撰写者需要对访谈纪要、诊断过程、分析过程和结果进行详细的记录。

第五章 S 阶段

每一次变革都是在上一次变革的基础上产生的。除非你也改变，否则，你什么也改变不了。

需要变革的不是机构，而是机构内的人，是机构内各个部门的人。作为一名领导者，你必须首先进行自己所倡导的变革，并率先垂范。变革创造崭新的世界(新的公司、新的规章制度、新的形象)。变革首先从你我做起，且最终从我做起，该自己照照镜子了。

变革有时看似艰难，好像一个杂乱无章的局面，又像一次令人很不愉快的旅行；有时又是如此容易，就像从椅子上滑下来，跌进了安乐窝，称心如意，仿佛是在顺境之中又戴上玫瑰色的眼镜。

恐惧既不是坏事也不是好事，既不积极也不消极，它是变革的一部分。如何对待恐惧才是关键。

第一节 目 标

S 阶段的目标是对《分析诊断报告》中确定的关键性约束问题，通过评审会立项。

第二节 主要活动

一、就“分析诊断报告”与企业研发管理团队进行深入沟通

就分析诊断的结果与项目干系人进行沟通，吸收干系人对项目的意见，将有助于项目团队撰写立项报告，并将干系人的意见合适地融入立项报告。

这一沟通过程是艰苦的。变革势必影响到企业内的既有利益体系，因此，反

复、多层面的沟通至关重要。同时，项目团队的沟通技巧也是需要考虑的因素，一些内部演练和沙盘推演是必要的。

关键干系人的意见将在之后的评审及项目实施中反复出现，因此，项目团队需要列出关键干系人名单及其意见，如果他们的意见与项目立项相左，有必要回到 A 阶段，对分析过程重新考量。

二、立项报告及评审

立项报告的撰写是项目团队的重要职责。通过立项报告，将分析和沟通的成果用企业内规范的形式表达出来，使之成为开展评审工作的基础性文件。

通常，在企业内已经有较为规范的评审制度，评审的准备工作是项目团队的职责，与项目干系人的事前沟通，将对评审效果起到至关重要的作用。

第三节　相关方法和工具

一、沟通的技巧

沟通是意义的传递。要使沟通成功，意义不仅需要被传递，还需要被理解。沟通的过程如图 5-1 所示。

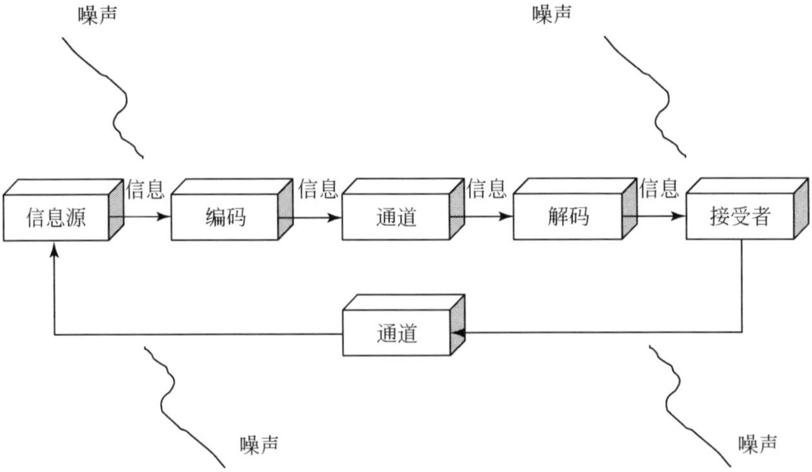

图 5-1　沟通过程

沟通的核心技巧在于倾听与提问。

1）积极倾听是大脑内部的加工过程。在沟通时，要积极作好倾听的身体准备：身子要前倾，保持视觉的接触，并在适当的时候点头，以鼓励对方继续阐述。

2）常用提问技巧，是对开放式提问和封闭式提问的有效运用。开放式提问，是指提出比较概括、广泛、范围较大的问题，对回答内容的限制不严格，给对方以充分自由发挥的余地。这样的提问比较宽松，不唐突，也比较得体。它的特点是：常用于沟通的开头，可缩短双方的心理、感情距离，但由于松散和自由，对信息难以深挖。封闭式提问，是指提出问题的答案有唯一性，范围较小，对回答的内容有一定限制。提问时给对方一个框架，让对方在可选的几个答案中进行选择。这样的提问能够让回答者按照指定的思路去回答问题，不至于跑题。

二、沙盘推演

沙盘推演是通过进入一个模拟的环境，由成员分组建立若干模拟场景，围绕形象直观的沙盘教具，实战演练模拟沟通的过程，在经历2～3轮的模拟沟通后，总结和感悟沟通双方的立场。在每一轮结束后，团队成员通过对“沟通”效果的总结与反思，修改沟通策略，梳理应对方案，暴露自身误区，切实提高沟通效果。

企业沙盘模模拟源自西方军事上的战争沙盘模拟推演。战争沙盘模拟推演通过红、蓝两军在战场上的对抗与较量，发现双方在战略战术上存在的问题，以提高指挥员的作战能力。英国、美国的知名商学院和管理咨询机构都意识到，这种方法同样适合企业员工的培养和锻炼。

第四节 典型输出

典型输出包括撰写《项目立项报告》及其“评审表”。

《项目立项报告》是企业按规定程序确定的项目，项目一经确定就将对其投入确定的资源，以达到《项目立项报告》中规定的目标。因此，经评审通过并经企业管理者确认的《项目立项报告》在企业内具有其特定的法定意义和经济意义。

评审表是通过企业内规定程序的标准文件，其意见是企业管理者作出决策的重要依据。

第六章 E 阶 段

I-BASE 实施方式，就是企业实施技术创新的 DAOV 方法论（这部分内容将在第二部分详细介绍），I-BASE 不断循环实施 DAOV 要达到的最终目标——建立系统化的企业技术创新体系。

第一节 目 标

E 阶段的目标是创造性地、高质量地、完成通过评审的项目。

第二节 主要活动

E 阶段的主要活动是项目执行。其中尤为需要关注的是良好的项目管理活动。

企业的系统化技术创新体系的建设包括两个要点：既要务实，又要务虚。务实，指的是技术创新需要用实际的课题创新成果来影响大家，推动创新事业，这些课题就是技术创新能力提升项目；务虚，指的是围绕推动企业向创新型企业转型而实施的相关任务，如流程变革、平台建设、组织结构调整等，其核心内容就是企业文化的变革。

一、以科研课题为牵引的技术创新能力提升项目

以科研课题为牵引的技术创新能力提升项目，可以按照 DAOV 方法论的步骤完成（详见第二部分）。

二、面向创新的企业文化建设项目

企业文化是一种管理实践和管理思潮，是一门在管理实践中产生的学科，它

的产生和迅速发展是现代管理科学逻辑发展的必然结果。管理植根于文化，在管理理论的基础上发展起来的企业文化理论，将企业管理从技术、经济层面提升到文化层面，是管理思想发展史上的创举，给企业管理和实践带来生机和活力。

（一）企业文化变革的阶段

勒温曾指出，不管是对个体、群体还是对组织的变革，都会经历解冻、变革和再冻结三个阶段。在此基础上，可将企业文化的变革分为五个阶段：需求评估、解冻、变革、评价、冻结。

1）需求评估。企业在这一阶段需要外部专家对现存的文化进行诊断，因为企业内的成员不可能对他们的文化作清楚和无偏见的分析。主要任务是收集数据、分析现存企业文化的现状及测定文化现状与向往状态之间的差距。它如实反映了企业环境中的现状，提供了企业在为达到目标工作状态这一过程中有利的和不利的事物基线。企业文化变革的方向则体现在企业目标和如何实现这些目标上。需求评估是企业明白为达到目标需加以改变的范围和需承担的义务，确定并公布企业环境中积极的方面和有必要加以保持的方面，承认并解决企业文化中存在的障碍。

2）解冻。打破已有的行为方法和程序，引导人们关注这些固定程序，在需求评估的基础上，告诉人们为何要发生变革。人们除了需要知道变革的内容，还要确切地知道为何要发生变革，以及它会在协作、成果等方面如何对他们形成期望。人们只有在接受了变革的需求后，才能自觉地加入变革中，成为变革的聪明的支持者和贡献者。

3）变革。一旦现有的行为模式被解冻，就可以实施变革的过程了。企业文化的转变是企业管理制度、风格和共有价值观的重塑过程，是在高层管理者的领导支持下，全员积极参与、更新观念和行为的过程，是员工与企业重建心理契约的过程，该过程与企业文化的形成过程相似。

4）评价。评价和衡量对企业文化的变革至关重要。评价不仅是用做衡量成果的重要手段，其本身也是一种干预手段，是人们了解企业通往成功的过程中取得的进步以及企业正在如何取得进步的手段。对成果，评价起到巩固提高的作用，而对失误部分，则起到纠正指导作用。

5）冻结。这是使行为稳定，保证人们有效运作的手段。如果个人或企业处于不断的变化状态下，其宗旨和目标是无法实现的。这就需要将变革产生的好的方法、行为稳定下来，固化为企业整体的心理程序，成为新的企业文化的组成部分。冻结，是变革后企业文化的形成。

社会处于不断发展、变化之中，企业的管理实践在不断地受到变革创新的挑战，企业的员工追求的意义和价值也在变化。企业文化要适时地作出变革，创造出有更高工作满意度和价值的企业生活方式。企业文化实现了对员工微妙的影响和控制，管理好企业文化的变革，企业就拥有了在知识经济中赢得竞争优势的利刃——人力资源。

（二）面向创新的企业文化建设

以企业文化为导向的创新变革战略研究，把企业文化创新研究带入了一个新的视点、新的领域、新的层次。企业文化是企业在一定的发展历史和文化传统的基础上所形成的战略思想和战略创新，企业以这种文化思想和发展战略指导创新变革战略行动并影响企业文化与思潮。它具有观念形态、历史继承性、企业体制与区域特征等属性。它是制定创新变革战略的潜在意识和企业文化情结。

遵循这一思路去寻绎企业文化的脉络，我们不难发现，创新变革战略是企业文化最具体、最精辟、最系统化的体现。也只有把创新变革战略置于企业文化的大背景中去进行综合考察，才能真正凸显创新变革战略的历史价值和现实变革的意义。企业文化这个概念在中国历经近 30 年的探讨和研究，催生了一批又一批新的成果。

从企业文化的高度和视角研究创新变革战略无疑会有助于我们准确地把握它的本质特征，正确分析它的理论意义，真正了解它的现实价值，以及切实掌握一种新的研究原则，抛弃乃至唾弃某些陈旧过时的研究方法。

以企业文化来统领企业创新变革战略研究所带来的积极意义和影响是深刻的、多方面的、系统化的。笔者在这里着重针对当前创新变革战略研究三个值得关注的前沿问题，谈谈如何从企业品牌文化的高度去审视它、认识它、研究它。

企业文化战略应明确指出创新变革战略事关企业存亡，必须建立在企业“知识系统”、“能力系统”的基础上；其后，不断强调在国际化竞争的形势下，企业面临多重竞争对手的威胁，企业创新变革战略之间的竞争是一种以人与人的组合为基础的经营活动主体系统能力之间的竞争，企业创新变革战略的行为是以知识性、系统性、竞争性、创新性为前提的，也就是说，企业创新变革战略是人格化与知识化的企业行为，企业的所有活动最终都要靠人来执行。任何企业都会倡导自己所信奉的企业文化价值理念，而且要求自己所倡导的价值理念成为员工的价值理念，从而使自己所信奉的价值理念成为指导企业变革战略及其员工的灵魂。因此，企业文化实际上是指导企业创新变革战略及其员工的一种价值理念，这种价值理念体现在每个员工在创新变革战略决策、领导、执行的意识上，当然最终就成为指导员工的创新变革战略行为的一种思想，因而，企业文化最终作为企业变革的灵魂而存在。从现实状况来看，任何一个企业所倡导的企业文化，恰恰就是这个企业在制度安排以及创新变革战略选择上对人的价值理念的一种要求，也就是要求员工在价值理念上能够认同企业创新制度安排及企业变革战略选择，并以符合企业创新制度安排及创新变革战略选择的价值理念指导企业系统能力的行为，因而，企业文化实际上是作为企业变革战略的灵魂而存在的。而且，企业文化的创新要与社会文化进化同步，在现代企业管理中创新变革战略管理就是跨地域、跨文化的管理。不同的文化相互渗透，就会引出新的观念。

站在企业文化属性的知识性、系统性、竞争性、创新性的角度上，创新变革战略在系统能力竞争上充分地反映出企业文化的属性，企业文化的本质是有一定的民族性特征，中国企业文化的底蕴深深植根于中华民族悠久的历史，因此，在中国这片土地上所形成的企业文化将会有它的根源性，但在国际营销视野的竞争环境条件下，这种根源性将会注入新的血液，并得到改良。

由于企业创新变革战略理论诞生的时间较短，所以，判断创新变革战略的文化属性是值得我们讨论的一个问题。在对这一问题的研究过程中，也出现了一些值得我们关注的动向，主要有以下几种观点。

其一，创新变革战略是建立在企业“知识系统”、“企业变革需求”基础上的企业改造、企业重组。企业的改造与重组是企业发展到一定层面时，因企业经营战略的需求而产生的企业行为。

其二，创新变革战略是在市场竞争环境条件下，随着社会信息化的不断变化和深化，企业的各种综合能力协同发展的战略思维，是“单一”与“多重”竞争对手在系统与系统之间对抗的一种企业行为。

其三，创新变革战略是企业通过分析企业发展过程中的不同市场环境、不同区域市场分析、不同消费者市场购买行为、不同竞争对手环境、不同系统能力比较、宏观环境等因素，从而作出的决策行为。

（三）以企业文化为导向的创新体系建设

企业的长久发展需要很好的技术创新体系支撑，主要包括两方面内容：智力资产的管理和创新平台建设。

构建系统科学的技术创新体系是全面提升和推动企业技术创新能力的关键环节和重要内容，也是企业自我发展、提高竞争力的内在需求和参与市场竞争、成为技术创新主体的必然选择。整个技术创新体系的核心是实现技术创新的创新平台建设。创新平台建设主要体现在对与创新活动相关的各方面的支持上，包括创新知识的支持，创新理论、方法、技术和工具的支持，以及创新人才培养和整体创新水平的提高等方面。

人的创新素质的核心是“创新思维能力”，它是“人的创造天赋”的基本因素之一，它的潜力存在于人的大脑之中。每个人都有一定的创造潜力，因此开发人们的创新思维能力是可能的。但是，由于长期受到追求强制划一的教育方式和教育内容的影响，大多数人的创造性天赋受到或多或少的压抑，严重制约了其从事创造性工作的可能性。如何通过适当的方式把广大科研工作者的创造潜能激发出来，是用人单位必须解决的问题。对于从事研制和生产工作的广大科研人员来说，该问题尤为突出。传统的教育模式更多地关注如何使学习者学会前人积累的知识和经验，并未从激发人的创造潜能的角度出发进行人才培养。大量创造学研究者长期的研究结果显示，通过理论和实践相结合的方式进行创新思维能力的训练，是激发创造潜能的行之有效的方法。创新思维能力与人的其他职业技能一样，只有通过实践工作的不断磨炼才能表现出来，并得以不断强化。

从最通俗的意义上讲，创新就是创造性地发现问题和解决问题的过程，目前，全球企业非常关注的一种创新方法是 TRIZ，它的强大作用正在于为人们创造性地发现问题和解决问题提供了适当的工具。TRIZ 研究始于 1946 年，由前苏联的大学、研究所和企业的人员所组成的数百人的研究组织分析研究了世界近 250 万件发明专利，综合多个学科领域的原理、法则形成了 TRIZ 体系。其主要目的是研究人类在进行发明创造、解决技术难题过程中所遵循的科学原理和法则，并将之归纳总结，形成能指导实际新产品开发的理论方法体系。运用这一理论，可大大加快人们创造发明的进程而且能使人们得到高质量的创新产品。任何领域的产品改进、技术的变革、创新和生物系统一样，都存在产生、生长、成熟、衰老、灭亡的过程，是有规律可循的。人们如果掌握了这些规律，就能能动地进行产品设计并能预测产品的未来发展趋势。TRIZ 正是这些规律的综合和创新问题解决方法体系。关于这部分的内容，在 DAOV 中有更加详细的介绍。

近年来在国外兴起的计算机辅助创新（CAI）技术是将发明创造方法学、创新思维规律和方法、现代设计方法学及多学科领域的知识与计算机软件技术相结合的产物。它使得人们在创新活动中最大限度地利用已有的知识和资源成为可能，极大地激发人们的创新潜能，提高人们进行技术创新的效率（图 6-1）。计算机辅助创新技术及应用必将继 CAD（计算机辅助设计）、CAPP（计算机辅助工艺过程设计）、CAM（计算机辅助制造）、CAE（计算机辅助工程）之后引领世界 CAX（计算机辅助技术统称）技术发展趋势，并对产品研发流程产生革命性的冲击。

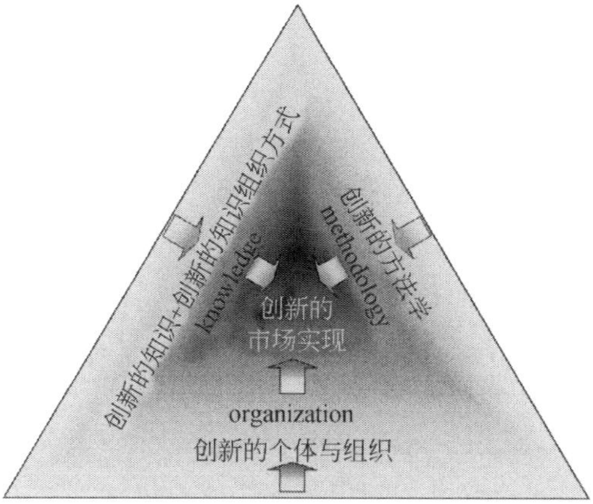

图 6-1 实现创新的三要素

1. 创新平台构建

实现技术创新的创新平台建设，是整个技术创新体系的核心，这体现为它能够对创新活动及其相关活动提供多方面的支持，包括创新知识的支持，创新理论、方法、技术和工具的支持，以及促进创新人才培养和整体创新水平的提高等。

亿维讯为企业的技术创新体系建设提供了当前世界上最为先进完善的创新平台，这包括计算机辅助创新设计平台 Pro/Innovator 和创新能力拓展平台 CBT（基于计算机的培训）/TRIZ。Pro/Innovator 通过系统科学的创新问题解决流程和相应的功能模块为系统化创新提供流程支持，其强大的知识库则为整个创新过程提供知识支持，且知识库具有开放接口，其基于模板的解决方案导入功能可以实现智力资产的有效管理和共享，彻底解决新老交替及人才流动所造成的智力资产流失等问题。CBT/TRIZ 则提供先进的创新理论和方法等内容，通过系统科学的方法，使用户掌握创新技能，运用创新思维和创新能力持续、快速且有效地发挥自己的创新潜能，培养创新人才，提升组织的整体创新水平。

2. 面向产品研制的创新实施方案

从事技术预研的研发人员通过对技术系统进化法则、解决矛盾问题的创新原理等 TRIZ 方法和工具的领悟和掌握，来指导技术预研工作，如指出技术发展的可能和可行的方向，从而加速取得新产品研发设计关键技术突破的步伐。预研工程师们同样可以利用 Pro/Innovator，迅速找到突破性的概念方案及其落实的具体方案，实现创新产品设计。

3. 智力资产管理实施方案

在当今的现实世界中，知识与信息是极其丰富的，而对于企业来说，真正稀缺的是正确地管理这些知识并使其发挥最大效益的能力，即应用知识创造新知识的能力。研究表明，提升企业技术创新能力和产品自主研发能力的关键，在于大力提升企业对信息和知识的获取、处理、共享、运用能力，即建立知识管理体系。其主要作用有四个方面：

1）减少知识资源的流失，积累企业智力资产。

2）使科研人员快速获取大量知识，加快研发进度。

3）通过积极地知识运用，提高产品质量，提升客户满意度和忠诚度。

4）实现人才培养的信息化。

推行知识管理，能够以知识为引擎，加速企业知识循环；同时，有利于优化科研管理和企业经营管理，从而能够极大地提高企业的核心竞争力。

企业的“知识管理”项目的工作重点是：有效地挖掘、整理和组织企业的知识（企业智力资产），特别是其中有关设计思路方面的知识，并以此来支持企业的技术创新。

基于以上认识，企业需要建立一个自己的智力资产管理平台，该平台至少需要具备以下功能：第一，要能容纳和方便地管理企业自身的解决方案（知识/经验）；第二，包含大量各行各业既有的解决方案；第三，该平台能对设计、制造、测试、维护等诸多问题提出可供参考的解决思路，并方便所有研发人员对这些思路、知识的共享、学习与应用。

国际数据公司（International Data Corporation，IDC）的研究报告显示，大部分研发人员做的 90% 的所谓“创新工作”是重复工作，因为这些知识已经存在（存在于组织内部或组织外部）。另一份研究报告显示，知识工作者把 1/3 的时间用在了寻找某些他们永远没有找到的信息上。

如果企业能把在产品设计制造过程中多年积累的产品知识和技术诀窍综合到一个知识库中，将其作为企业生存发展的智力资产，并把这些智力资产提升到战略财富的高度，加以对待和充分利用，让技术创新团队的每一个成员都可以很容易地来选取、访问和充分利用，那么，突破性的发现和“杀手锏”级的产品创新可以显著地增加。在这个过程中，智力资产显然起到了决定性的作用。

运用 Pro/Innovator 中的知识库编辑功能，能够对企业已经具有的智力资产方便地进行管理和整合，实现 Pro/Innovator 中的基于专利知识的解决方案和企业的内部创新知识解决方案的无缝集成。具体的智力资产管理实施过程可分为知识收集、知识共享、知识利用及知识拓展四大阶段。

1）收集阶段，收集企业在过去进行产品设计制造的过程中所遇到的一些问题及其相应的解决方案，从日常工作中的无序数据中提取、发掘有意义的信息和有价值的经验知识，并将提取出的每条经验知识分解出一条或多条 Pro/Innovator 格式为向导的解决方案。

2）共享阶段，对分解出的每条经验知识进行规范化处理，并按照 Pro/Innovator 的知识编辑器提供的模板将其加入软件的知识库中，实现个人隐性知识的文档化，并使其能在研究所内部被更多的人共享。

3）利用阶段，在 Pro/Innovator 知识库编辑器中构建领域本体（同义集合及其关系），使原来无序的经验知识结构化，通过 Pro/Innovator 提供的多种问题查询方式帮助工程师快速获得问题的解决方案。保证将正确的知识在正确的时刻传递给正确的人，在企业内部形成经验知识等智力资产的快速转移和共享。

4）拓展阶段，根据企业的实际情况和得到的规范化经验知识，扩充 Pro/Innovator 内嵌的本体论，通过 Pro/Innovator 软件提供的基于本体论扩展的问题查询方式，得到和查询问题相关的所有解决方案，包括企业内部的知识和外部的知识，形成对智力资产的有机整合。

在图 6-2 中，知识的获取、处理、提升、管理、共享、重用都被表现得十分清楚，其最终目的是支持企业打造一套基于知识的研发创新体系。

4. 面向企业知识产权战略的专利研究

为支持企业的知识产权（IP）战略，企业的相关部门需要获取国内外相关领域最新情报信息和最新技术发展动态，并对此进行深入细致的研究。亿维讯提供的创新平台将为此提供全面支持。

1）了解国外先进技术动态——专利检索。通过 Pro/Innovator 的专利查询功能，企业的情报部门或各设计部门的相关人员可以及时了解美国、欧洲、日本和我国最新的专利成果，分析研究国际、国内相关技术的发展动态和趋势。

2）消化、吸收、破解专利技术——专利规避。通过 Pro/Innovator 的系统分析和问题分解功能，可以探寻专利规避的具体技术方向，并针对性地进行创新设计。利用 Pro/Evolver 提供的技术系统进化规律，也可以预测技术系统的发展趋势，从更高的起点入手，突破专利的限制。

3）保护自主知识产权——专利申请。通过 Pro/Innovator 提供的专利申请功

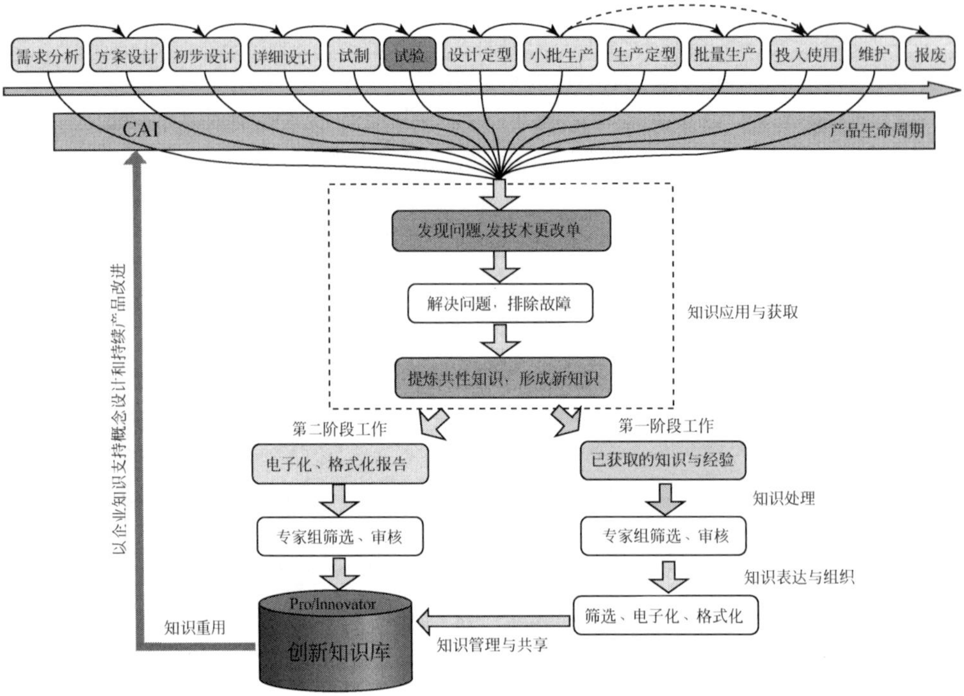

图 6-2　企业智力资产管理流程

能，工程技术人员可以系统、专业地提出专利的权利要求，独特而全面的本体论字典确保专利技术的保护范围尽可能广泛。通过新颖性查询，可进行相近专利信息的查询，从而保护企业的科研成果，形成自主知识产权。

5. 面向工程技术人员的创新能力拓展

通过对研发工程师的理论方法培训，促使研发人员打破思维惯性，形成结构化创新的思维习惯。

第三节　相关方法和工具

技术创新能力提升项目所应用的方法和工具，详见第二篇 DAOV 部分。企业创新文化建设项目，通常需要从环境、制度、激励等方面入手。

一、信息化平台

信息化平台的建设使研发人员能够在一个统一的协同研制平台上，用相同的语言和规范进行产品的创新。无论从效率还是效果上看，它都将深深地影响并促进企业的研发能力提升。

在与产品创新密切相关的研发中心或相关部门内，可以使用快速获得技术难题解决方案的 Pro/Innovator。利用它解决工程问题时，遵循“问题分析⇒方案产生⇒方案评价”流程。在这一过程中，Pro/Innovator 提供了相应的工具以指导和协助工程技术人员更高效地分析技术问题，并产生高质量的解决方案，其解题流程如图 6-3 所示。

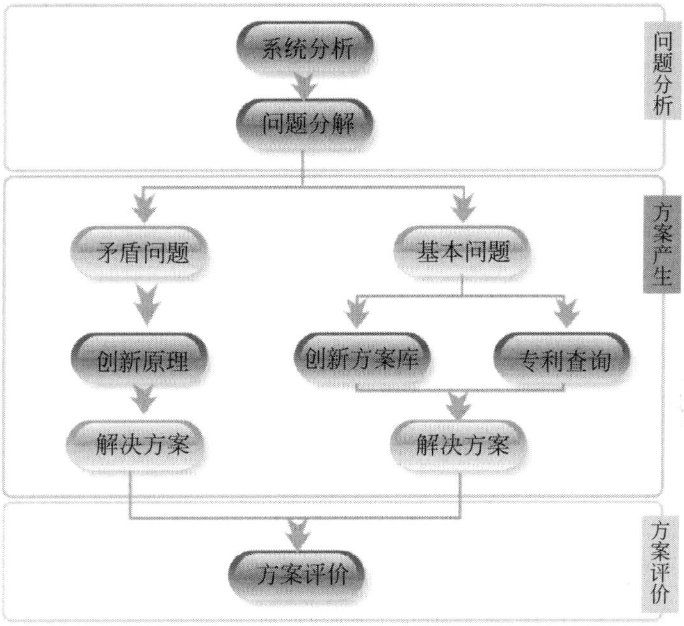

图 6-3 Pro/Innovator 中的问题解决流程

企业的创新设计遇到了很多瓶颈，而采用计算机辅助创新正是解决上述问题的有效途径，总体来说，使用计算机辅助创新有以下益处。

首先，采用计算机辅助创新可以加速总体创新设计以及新产品、新工艺的研发过程。计算机辅助创新是以近年来在欧美国家迅速发展的 TRIZ 为基础的，它将产品创新的核心——产生新的工作原理过程具体化，并提出了规则、算法和发明的原理，帮助科研人员获得满意的方案。

其次，采用计算机辅助创新可以拓展用户的知识领域，打破专业局限和思维定式。计算机辅助创新打破了不同行业或者学科之间的界限，囊括了各种行业信息，提供了丰富的创新资源库，便于科研人员对其领域外的知识充分利用。

再次，计算机辅助创新是加强知识管理、实现知识共享的理想平台。科研人员在长期的总体设计以及新产品、新工艺的研发中积累了丰富的知识，采用计算机辅助创新技术能够把这些知识规范地管理起来，有效地避免知识丢失和知识独占的现象，同时可以有效地避免由核心技术人员流失造成的损失。

为使企业广大研发人员不仅能对本体论和 TRIZ 知其然，而且知其所以然。亿维讯为研发工程师提供进行创新素质塑造和创新意识培养的 CBT/TRIZ。应用 CBT/TRIZ 先进实用、形象生动的创新能力培训模式，使学习者在不知不觉中接受本体论和 TRIZ 思想方法的熏陶，充分发挥作为创新创造主体的人的主观能动性和创新潜质，最终踏上激发潜能、感悟创新、体验成功的自我发展道路。

最后，计算机辅助创新已经成为科研院所创新设计过程中必不可少的一个工具。经过 60 多年的发展，TRIZ 已成为解决技术问题和发明问题的强有力的方法学。计算机辅助创新已经在国内外得到了广泛的应用，帮助企业、机构等解决了成千上万的新产品开发、总体设计、概念设计中的难题，加速了企业产品创新的流程，并为企业带来了丰厚的利润。

二、环境营造

企业中的员工，必然受到环境的熏陶和感染。目前，很多企业从大门开始一直到企业内的角角落落都贴着各式各样的标语，这些无声的语言在时刻提醒着员工。正是在这样的反复暗示下，员工们的行为趋于整齐划一。今天，企业内的沟通渠道日益多元化，内部门户网站、内部报纸、通告栏等，都可以成为企业鼓励员工创新的舞台。

同时，各级管理行为对员工的影响是非常明显的，此所谓上行下效。因此，面向创新的文化建设要求首先在管理人员中确立鼓励创新、赏识创新的基本行为规范。管理团队有必要定期或不定期地选出一些创新的示例，在企业内加以表彰和传播，以明确地传达管理层对创新期许的态度和坚定鼓励的信念。

有些企业采用了收集并广泛传播“企业文化小故事”的方式，取得了良好的效果。企业员工众多，分布于多层次、多岗位，制度性文字的宣传效果常常有限。符合企业倡导文化的内部小故事，通过对特定员工的特定行为的记录和描述，在企业内部广泛传颂核心价值观，因而成为企业文化的特定载体。

三、制度激励

公元前356年，商鞅拟定变法法令后，在秦国都城的南门放了一根3丈长的木头，并宣布说，谁能把木头从南门搬到北门，就可以得“十金”的奖赏。搬一根木头不是什么难事，重赏之下必有勇夫，有人把木头从南门搬到了北门，商鞅立即兑现奖励。之后，商鞅变革法令推行秦国，令行禁止。

奖罚分明能为员工行为定路标，鼓励创新文化，因此企业就要在制度上引导。一些企业采取了加强绩效考核与目标管理，如利用KPI（关键绩效指标）等管理办法，对员工的创新工作进行考核，取得了良好的效果。一线经理人是传播企业价值观的核心，他们对价值观的认同与理解，是决定核心价值观能否由上至下进行传导的中坚力量。

第四节 典型输出

项目汇报会：通过汇报会，将向企业高层管理者展示变革的阶段性成果，增强管理者及项目成员的信心，为变革工作的进一步深化奠定良好的基础。

典型项目汇报会的内容包括项目经理总结报告、优秀项目成员及优秀项目展示、表彰及发奖、企业高层管理者发言（高层对项目的评价、下一步项目的方向及参与人员）等。

第二篇　企业技术创新实施方法论

第七章 DAOV 综述

DAOV 是由亿维讯提出的一套企业实施创新方法论，它是定义（define）、分析（analyze）、优化（optimize）、验证（verify）四个阶段英文首字母的缩写。DAOV 的目标是提升企业的业绩。提升企业业绩有很多种方法，比如，BPR（流程再造）从流程的角度改进业绩，ERP（企业资源计划）从内部电子化的角度改进业绩，六西格玛从流程优化和质量控制方面提升业绩，IPD（集成产品开发）从市场到内部研发的一体化集成的角度改进业绩，而 CMM（能力成熟度模型）/CMMI（能力成熟度模型集成）则从组织层面改进业绩，这些都是在现有企业中行之有效的方法。尤其是 IPD 和六西格玛方法，更是在国内企业管理界流行甚广。

DAOV 与上面这些方法的不同之处在于，它是从产品创新方面改进业绩。通过提升产品的理想度，从根本上提升产品的内在价值，从而改变产品在市场上的表现，并最终体现为产品在市场上的地位。

由于价格是围绕着价值波动的，所以只有提升产品的内在价值，才能从根本上提升产品的价格，从而改进企业的市场业绩（图 7-1）。

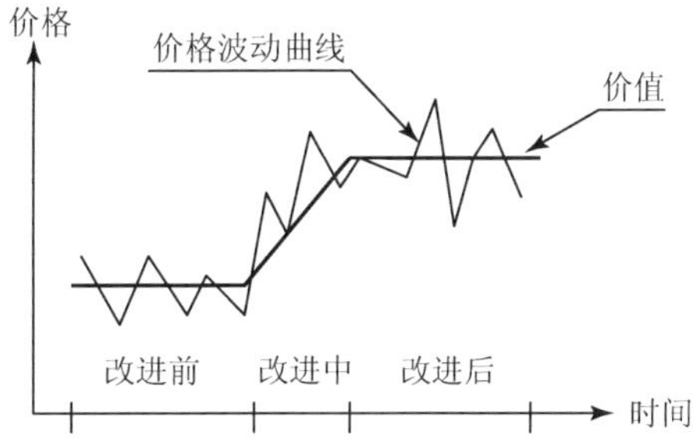

图 7-1　价格与价值之间的关系

产品的价值可以用产品理想度来衡量，产品理想度越高，产品价值越高。

$$产品理想度(ideality) = \frac{\sum 有用功能(UF：useful\ function)}{\sum 有害功能(HF：harmful\ function) + 成本(cost)}$$

可以说，理想度是对产品价值的定义，价格是对产品的价值的测量。

最理想的产品被称为 IFR，就是不花成本、不需要实体结构就能完成所有需要的功能，并且不产生任何负作用，即有害功能的产品。这个 IFR 是一个永远无法实现的概念目标，但它是所有产品价值设计和改进的内在动力，是设计师心中永不熄灭的灯塔。每次的改进如果使产品更靠近 IFR，那它就是有效的，能被市场认可，但在实际中存在大量无效的改进，浪费了大量的资源。因此，产品理想度直接定义了产品改进的程度，IFR 决定了改进方向。

第一节　DAOV 诞生的背景

DAOV 是企业管理和质量管理理论发展到今天的必然结果。

自从泰勒建立科学管理理论以来，企业管理理论就处于新理论不断诞生，经过一段时间实践又被更新的理论取代的循环之中。

20 世纪 50 年代，朱兰建立了质量管理三部曲，首次将经济学领域的 20：80 法则引进到质量改进当中，解决了面对大量质量问题而无从取舍的理论问题，从而极大地推动了质量改进技术的发展。

随着第二次世界大战后日本经济的崛起，根据东方文化的特点，日本提出了全面质量管理（total quality management，TQM）的概念，强调质量人人有责、质量寓于每个人的言谈举止当中。比如日本后来发明的 5S 方法，就是 TQM 理念的直接体现。

借鉴日本人的 TQM 方法，美国 Motorola（摩托罗拉）于 1986 年创立了六西格玛质量改进方法，在当年的质量改进中取得显著成绩，并因此两次获得美国国家质量奖，从此，六西格玛确立了其在质量改进领域的王者地位。但六西格玛真正成为企业管理和业绩改进的方法，是其在 Welch 领导下的通用电气（GE）中作出贡献之后。即使到现在，六西格玛在 Motorola 还是仅限于质量领域，而 GE 的六西格玛从一开始就定位于业绩改进，所以为 GE 带来了巨大的声誉和市场收益。

在这些质量改进和管理改进理论的实践过程当中，各种改进工具也得到了大力发展。最早的流程是质量功能展开（quality fwnction deployment，QFD），现在在客户理解方面，QFD 还是最有力的武器。Kano 分析作为对客户需求细分的工具，可以将不同客户需求对产品的市场价值区分开来，对指导开发出适销对路的产品起着决定性作用。在质量改进的技术层面，田口方法最负盛名，它对当年日本产品质量取得革命性改进起了关键作用。上面三种方法都是日本人发明的比较著名的方法。

20 世纪 90 年代，质量管理的理念出现了一次大的飞跃，这就是“大质量”概念的出现。“大质量”是相对“小质量”而言的，所谓“小质量”，就是传统意义上的产品质量，它的对象是产品或者产品的生产过程，而不涉及产品的研发和市场过程，所以又用到“制程能力”的概念。而“大质量”完全超出了产品的范围，是面向整个公司业绩的，包括市场、管理、流程等全流域、全过程的质量，而产品质量只是“大质量”领域里面极小的一个方面。对于“大质量”而言，任何不满足要求的事件都是质量事件，都应该采用科学的工具进行有效的分析，根据分析才能提出解决方案。随着各个国家质量奖的推动，“大质量”的概念正在得到越来越多企业的认同。

当“冷战”的一面在质量改进领域进行得如火如荼的时候，“铁幕”的另一面也发展出了自己独特的质量改进方法，这就是 TRIZ。虽然 TRIZ 的诞生充满了个人英雄主义的传奇色彩，但它的出现其实是历史的必然，即使没有阿奇舒勒，也一定会有别的人创立这个理论。

TRIZ 植根于对专利的总结归纳，从实践中创立的最早的 TRIZ 方法，就是矛盾矩阵和 40 创新原理，这是 1946 的事情，和 1950 年朱兰建立质量工程的时间刚好一致。到 1976 年阿奇舒勒撰写《创新算法 ARIZ》的时候，他已经明确了 TRIZ 以辩证法的矛盾律为理论基础，这样，TRIZ 终于从一个实践工具上升为一个具有坚实理论基础的创新理论，实现了从实践到理论、从形而下到形而上的飞跃。这个时间也是整个西方世界质量改进理论大发展的阶段。1985 年，《ARIZ》第三版出版，1987 年，六西格玛也正式创立，这两个时间点配合得很紧密。

苏联解体之后，TRIZ 传入欧美，开始和西方的质量理念相结合，并借助软件技术，实现了 TRIZ 的革命性变化，这是 TRIZ 发展的一个高峰期。在这个时期，很多世界知名企业都相继尝试用 TRIZ 方法来提升其技术水平，改进业绩，取得了很多成果。其中最著名的是三星电子，从公开发表在《财富》杂志上的资料看，在三星电子成为世界电子行业龙头的过程中，TRIZ 作出了非常重要的贡献。这正如在 GE 成为世界企业的龙头老大过程中六西格玛所作的贡献一样。

2001 年，六西格玛传入中国；2004 年，TRIZ 进入中国企业，这两大思想的碰撞，注定要在这片充满活力的古老土地上发展出我们自己的以 TRIZ 为动力、兼具数据特征、以业绩为目标的质量改进方法论，这就是 DAOV。

第二节 DAOV 的衡量指标

任何一种管理方法都反映了一种看问题的角度，或者说都是一种世界观，在工程上一般采用一个指标来表达这种思想。比如六西格玛用一个过程能力 Cp/Cpk 来表示对流程缺陷的关注，价值工程采用 $V=F$（功能）$/C$（成本）来定义产品的价值 value。

DAOV 通过 ideality 来描述产品的内在价值，这一点与价值工程的定义很相似。ideality 是阿奇舒勒在 20 世纪 50 年代在一种几乎封闭的条件下发明的一个描述产品的指标，而 Value 是美国人麦尔斯（L. D. Miles）在 20 世纪 40 年代创立的一个描述产品的工程指标，这几乎是在同一时间段内出现的几乎相同的对产品价值的认识，再一次说明政治上的隔离阻碍不了技术的自然发展。

比较 ideality 和 value 的定义，它们的分歧点在于对成本的认识。Ideality 认为成本是与有害功能一样的一种作用，可以通过对功能的某种配置消除成本的影响。但 value 认为成本直接决定了价值。这与我们的实际经验不太一致，因为不是越便宜的产品越有市场。

因此在涉及成本问题时，ideality 有助于克服单纯成本主义倾向，比如一旦讲要降低成本，人们就会下意识地认为要降低成本的绝对值。ideality 认为重点应该放在成本带来的有用功能和减少的有害功能上面，这比 value 只关注成本带来的有用功能更为全面。在全球生存环境受到巨大威胁、人类即将被淹没在人类自己创造的垃圾之中的今天，对 ideality 的认识和再认识具有深刻的现实意义。

我们以财务的目标是否实现作为衡量 DAOV 项目成败的标准。投入必须要求回报，这是 DAOV 项目铁的原则。财务目标是比 ideality 这个技术指标高一层次的指标，DAOV 项目必须满足整个公司对财务的统一安排，无论是项目成本还是收益，都要纳入公司财务体系实行监控。

人们一般会认为研发、生产等是公司的项目，而不认为对某项指标的改进是项目，这是一个非常大的误区。这种现象不仅在 DAOV 项目开展中经常遇到，也存在于其他项目改进中，尤其是公司的高层，对类似 DAOV 改进项目极不重视。一个不重视质量的公司，基本上都把 DAOV 项目不当项目，因此其在资源上很难得到保证，这也是 DAOV 项目往往难以开展的原因。

任何项目的最终目的都是增加财务收益，因此，公司管理层不应对 DAOV 项目有偏见，无论是 DAOV 项目节省的成本，还是通过 DAOV 的创新得到的良好的市场表现，对于公司而言都是增加了财务收益，它们的性质是一样的，都应该得到同样的重视。在这一点上，DAOV 项目的开展过程应引起 DAOV 专家们的特别关注。

第三节 DAOV 中的工具

统计工具的应用是改进质量的核心。统计工具能极大地提高发现问题和解决问题的效率，就跟计算器可以极大地提高计算效率一样。统计工具在 20 世纪 90 年代以后得到广泛应用，首先得益于计算机统计软件越来越强大的功能。

不过，统计工具在国内公司的应用状况并不理想，这不仅是因为学校教育缺乏对工程素养的关注，还在于整个社会只关注眼前利益，招人都是冲着用人而不是培养人。所以，现在很多企业管理者只要一听学习统计工具要听两天枯燥无味的假设检验，就害怕了。因此，虽然中国号称有 900 万名工程师，但真正的工程师人数有这一数字的 10% ~20% 。

随着中国企业国际化的趋势越来越强烈，我们的确遇到了统计工具发展的大好时机。正如当年日本为了进入欧美市场，不仅普及了统计工具，而且也培养出了自己的质量大师和统计大师一样。随着中国企业的国际化和中国经济实力的增强，中国也一定可以培养出自己的质量改进大师。

统计背后隐含着线性世界的假定，而创新是以矛盾为中心理念的，矛盾是一个非线性世界的假定。但线性是非线性的基础，因此，统计工具也是 DAOV 的基本工具，这不仅是因为现在统计素质已经成为工程师的基本素质，还在于没有基于统计的对因果关系的深刻认识，也就不可能有根本意义上的创新。

诸多创新工具现在也可以通过计算机实现，它极大地提高了创新的效率，这就是现在的计算机辅助创新技术。CAI 和 CAD、CAE 等都属于 CAX 序列，是任何一家公司都必须具备的基础设施，是企业发展和壮大的基本条件。

不过，在国内创新虽是立国之策，但真正了解创新方法并使创新落地的人和企业基本上没有。在习惯性的思维中，创新是不需要方法的，而且创新是少数聪明人的灵机一动，时下流行的脑筋急转弯，不可控也无法管理。这样一种根深蒂固的认识导致很多企业即使有创新的欲望，也只能停留在个人行为层面，无法成为一种组织文化，这严重地阻碍了中国企业在激烈的国际市场竞争中取得有利地位。创新有方法，而且这个方法可以通过培训被人们掌握，接受这样的思想比实际采用创新的方法更难，因为思想决定行动。

在国内企业推行创新遇到的一种典型困难是：客户总在问能得到什么效果。客户总希望今天学习创新方法，操练 DAOV 功夫，明天就能成为世界上数一数二的高科技企业。这样的要求就跟今天早上跑步明天就身体壮如牛的想法一样可笑。但是，10 年后再来看，坚持锻炼 10 年的人跟一天也不锻炼的人，那是什么区别！所以企业要做 DAOV，一定要把其作为企业的一把手工程，这就需要企业的 CEO 有足够的远见卓识，并有成为百年老店的期望。

第四节 DAOV 实施路径

DAOV 的基本理念如下所述：

1）面向客户，面向企业战略目标。DAOV 是一种从上而下的企业管理策略。我们强调从上而下，并不是好高骛远，排斥从下到上，而是说一定要通过改进企业业绩得到高层的支持，在实际操作过程中，谁都必须脚踏实地一个项目一个项目地做。

2）以项目为基础，以创新为手段。矛盾是一切问题的根源，DAOV 采用以 TRIZ 为核心的创新方法，它的目标是彻底消除矛盾，拒绝折中。这种理念是一种彻底反传统的理念，需要接受 DAOV 的人有相当的勇气面对自己的思维惯性。毫无疑问，一个没有自我批判精神的人，是很难成为一个创新大师的，历史上的人物如此，技术领域的大师也是如此。

3）提高产品的理想度，改进企业绩效。和一般的提高产品质量的目标不同，DAOV 的核心是提高产品的理想度，提升产品价值的内涵，从而提升客户满意度，提高市场占有率，改进企业绩效。

DAOV 分 4 个阶段和 12 个步骤。

1）定义阶段：确定需要解决的问题，确定项目所需的资源，得到高层的承诺。

2）分析阶段：通过对技术系统的功能和结构分析，找到产生问题的根本原因，从而提出解决问题的方案。

3）优化阶段：对得到的方案进行评价，找到在现有条件下切实可行的方案。

4）验证阶段：确定方案的详细参数，通过实验进行批量生产，验证项目的技术目标和财务目标是否实现，项目收尾。

DAOV 作为一种方法论，它的目标是提高每位员工的基本素质，从而改变公司的文化，使一个无论是以质量、产品还是市场为战略的公司，都能被改造为一家具有创新意识和手段的创新型公司，从而在市场中取胜。

下面介绍各阶段的具体步骤。

1）定义阶段。定义阶段的目标是完成项目定义，确定项目边界、资源和对项目进行管理。本阶段分为三个步骤——STEP1 项目来源、STEP2 验收标准、STEP3 审批立项。

2）分析阶段。分析阶段的任务是运用 TRIZ 工具分析具体状况，找出问题的根本原因。这一点与所有解决问题的方法一样，而 DAOV 的特色在于，在提出解决方案时，它是根据彻底消除矛盾的方法，而不是控制的方法。用矛盾的观点来分析问题和解决问题，是一种和传统思维完全不同的世界观，它追求技术系统结构上质的改变，在数量上体现为质量或者相应技术指标数量级的提高。分析阶段包括四个步骤——STEP4 功能成本分析、STEP5 三轴分析、STEP6 问题求解、STEP7 知识库分析。

3）优化阶段。优化阶段的任务是针对分析阶段提出的解决方案，根据具体的限制条件选出实施方案。在优化阶段，不仅要采用普氏矩阵这种量化方法，因为它代表了人们共同的原则和经验；还将采用进化趋势、S 曲线等定性分析方法，从技术系统本质上对方案进行评估。本阶段包括两个步骤——STEP8 概念列表、STEP9 方案选择。

4）验证阶段。验证阶段是整个 DAOV 项目的收获阶段，本阶段的任务是通过实验验证优化阶段选出的方案是否可行，并对相关成果进行固化，尤其是要和前面 D 阶段立项时的预算呼应。本阶段包括三个步骤——STEP10 试验验证、STEP11 结果评估、STEP12 项目验收。

第五节　DAOV 的培训与实施

DAOV 按照四种能力、五个水平建立认证体系，对不同等级的能力要求见表 7-1。

表 7-1　DAOV 认证和能力的关系

IWINT TRIZ 认证五级体系				
等级	能力			
	知识水平	应用能力	教学能力	理论发展能力
Level 5 TRIZ 大师				
Level 4 TRIZ 专家				
Level 3 TRIZ 高级				
Level 2 TRIZ 中级				
Level 1 TRIZ 初级				

该体系共分为五级：初级、中级、高级、专家、大师，级别依次升高。前两级认证主要是考核申请认证者对 TRIZ 的掌握和应用程度，这基本上是针对技术工程师设定的。三级和四级认证主要考核申请者对 DAOV 的掌握和应用程度，知识点集中在流程和统计上，面向的对象为企业流程主管以及管理者，考核应用 DAOV 方法解决企业流程问题的能力。这是大多数 DAOV 专家和企业应该达到的一个等级。五级认证主要是考核申请者在各领域应用 TRIZ 和 DAOV 的经验，并对其发展和提升作出过实际成果和贡献。五级认证主要是针对少数对创新有特殊兴趣的职业创新专家而设置的。

企业可以按照如下结构来建立 DAOV 推进体系（图 7-2）。首先是 CEO 挂帅，然后建立以技术总监和项目经理为核心的技术团队，DAOV 专家作为团队的方法论专家参与团队的工作。这里的关键是，DAOV 专家要具有和技术经理同样的发言权。这样的配置，将改变在技术改进时常有的盲目性。DAOV 专家不是质量人员，也不是行政管理人员，在本质上，他们是技术人员。DAOV 推进的最终目的是使人人都成为 DAOV 专家，使技术和方法论二者融为一体。之所以作这样一个人员安排，是因为在现有条件下，大多工程师不具备工程师的素质，需要在工程上使用的课程，比如统计、可靠性等，在学校学不到。

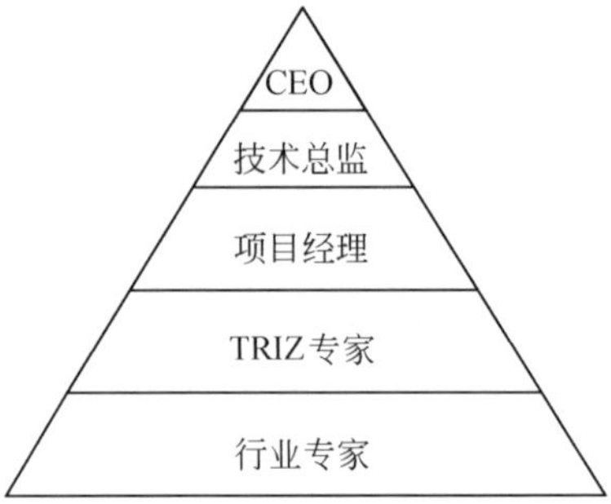

图 7-2　DAOV 实施体系的组织结构

DAOV 推进的成败取决于 CEO 的决心，它是一个一把手工程。这和任何一次企业管理改进的推进都是一样的。

第六节　软件支持

TRIZ 自 1946 年诞生以来，一直以一种师傅教徒弟的方式在传承。这很像中医，虽然有人把中医写成了书，但最终还是老中医的手厉害。TRIZ 的创始人阿奇舒勒去世以后，他亲封的 72 个 TRIZ 大师就是现在最厉害的老医生。但这种方式毕竟无法实现大规模的传播和学习。

将 TRIZ 的思想软件化发生在柏林墙倒塌之后。其时，阿奇舒勒的很多学生到西方世界寻找发展机会，接受了美国的快餐文化，自然而然就想到了将 TRIZ 软件化，从而实现快速传播这种市场化行为。须知，在前苏联体制下，根本没有市场的概念。

亿维讯开发的计算机辅助创新软件 Pro/Innovator 是专门给工程师用的一个创新设计平台，CBT/TRIZ 是一个学习平台，供那些想学习 TRIZ 而又得不到有效的学习资料的人在线使用。

第八章 定义阶段简介

定义阶段是 DAOV 流程中的第一个阶段。

定义阶段的核心是对项目背景进行分析，从而确定项目的重要程度和资源分配。

项目信息中，最重要的是财务收益分析，包括财务收入和内部成本两个方面，DAOV 的最终目标在于提高收入或者降低成本。另外，在这一阶段我们还要确定该项目的改进对客户的要求、客户对产品的要求等，从而帮助团队成员更好地界定项目的范围和边界。

定义阶段的目标是完成项目定义，确定项目边界、资源和对项目进行管理。本阶段分三个小步骤，即项目来源、验收标准和审批立项，其路线图如图 8-1 所示。

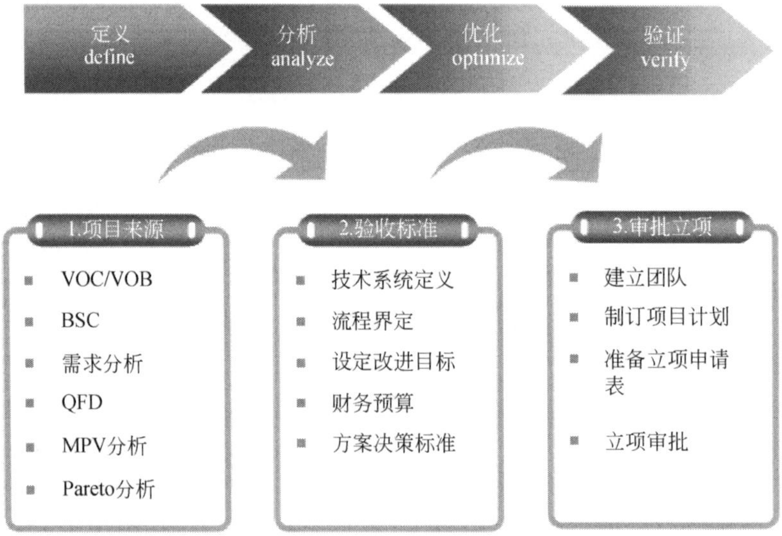

图 8-1 定义阶段的路线图

注：BSC 为平衡计分卡（balanced score card）；MPV 为主要价值参数（main parameter value）；VOC 为客户声音；VOB 为企业声音。

第一节　DAOV 项目的来源

DAOV 是基于项目来实施的，DAOV 的核心思想是通过提升产品的内在价值，达到提升企业业绩的目标。因此，DAOV 项目的选择对最终目标的实现至关重要。

总体来说，DAOV 的项目主要有两个来源：VOC 和 VOB，而不是来源于企业内部的技术部门或者质量部门。

在这一步，主要采用的工具是 BSC 分析、MPV 分析和 Pareto 分析，也可以采用 ARIMA 统计分析工具，以便准确定位问题。

BSC 分析可以建立起从上往下、从外往内的企业整体战略思维模式。任何公司业绩的增长模式总是和 S 曲线模式（图 8-2）一一对应，因此，通过对财务增长曲线的分析，也可以确定企业产品所处的发展阶段。

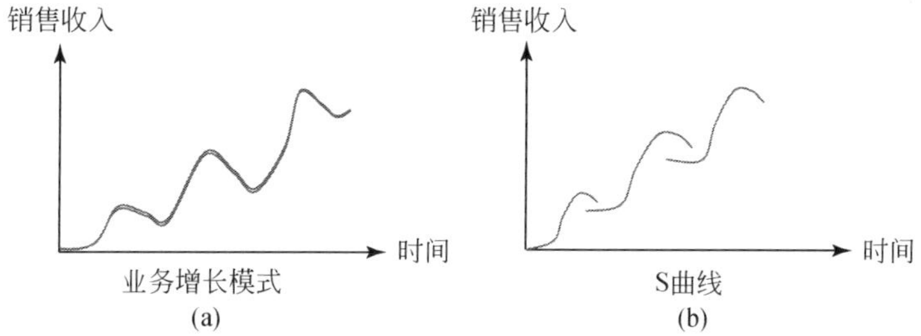

图 8-2　业绩增长和 S 曲线对照图

MPV 分析使分析的重点集中在那些能创造客户价值的方向上，并通过 Pareto 排序分析最终确定改进的参数。

DAOV 高级教材，还介绍了采用 ARIMA 对企业的财务参数进行分析，从而更加精细地确定公司财务增长的模式，以及这些模式存在的潜在问题，并对未来业绩进行预测。

综上所述，定义阶段确定项目来源的实施方法是：首先，我们需要收集并确认客户的需求，即 VOC；其次，利用 MPV 分析将分析的重点集中在那些能创造和提升价值的方向和参数上，将最初的 VOC 转变为可以定量控制和改进的 MPV；最后，通过 Pareto 分析（制定决策的统计方法）将所有的 MPV 进行优先级别排序，帮助我们把精力集中于重点问题上，确定最终需要改进的参数，即本项目的关键技术指标。

第二节　确立项目目标和验收标准

在这一步中，首先要确定项目的目标及验收的标准，这跟在创新算法（Algorithm of TRIZ，ARIZ）中解决问题要首先确定 IFR 是同样的道理，也是“以终为始”理念的贯彻，这也为项目最终的收尾确立一个明确的量化标准。必要时，也需要确定衡量是否达到验收标准的指标或方法。

例如，一家生产电磁炉的企业在调研用户需求时发现，很多用户提出希望降低电磁炉的噪声。该例中的“降低电磁炉噪声”并不是一个合适的、明确的量化目标标准。

经测定，当前电磁炉的噪声为 52 分贝，设计人员通过反复试验用户的实际需求，将最终的项目改进目标设定为“降低电磁炉噪声至 45 分贝以下”，而这才是一个正确的量化项目验收标准。

项目验收标准的确立不是越高越好，也不是越低越好，而是以用户接受的限度为准，设定客观的标准。因此，在进行 VOC 和 VOB 分析的过程中，除了明确客户的改进需求外，还需注意了解客户心中可以接受的改进后的标准。

验收标准确定的难度在于，往往客户也不知道自己的接受标准，因此在本阶段尤其需要剖析客户的潜在需求，并和客户一起确定接受标准。

项目验收标准是技术层面指标，但项目财务目标是比技术层面指标更高一层级的指标。最终，财务目标的实现将作为项目成败非常重要的衡量指标之一。项目资源的投入首先要符合企业整体财务规划，在确立项目财务目标时，项目组成员应与企业财务主管共同讨论，以确认项目组所提出的目标是否有效、能否实现。最终，财务目标实现的验证需要纳入企业财务整体体系实行监控。

只有确立并实现了项目的财务目标，才能让组织和个人都能够更清楚地看到项目效果。因此，DAOV 的思路，也是定义阶段第二步的核心是：首先要根据企业战略清晰描述项目的财务目标，就是企业的“需求下行”，而项目的技术目标是改善产品或流程对应的参数指标，以保障“能力上行”。两个目标在改进过程中互相支持，协调发展。

第三节　里程碑——审批立项

DAOV 本身是以项目为主线开展的，因此，企业在运用它的整个过程中将完全遵循项目管理的流程，有序地对项目过程进行监控，可采用项目管理专业资格认证（project management professional，PMP）工具。

首先，要制订一套合理的项目进展计划，主要包括以下四项。

1）列出项目任务和目标，包括各项工作、过程控制和评估活动等，以及这些任务的输出和负责人。

2）明确任务之间的关系，即各项任务的起始时间是否取决于其他任务；各项任务的持续时间是否取决于其他任务。

3）估计时间要求，估计每项任务完成所需要的时间。

4）创建 Gantt 图，将任务、完成时间、负责人和各项任务之间的关系转换成为 Gantt 图（图 8-3）（进展计划）。

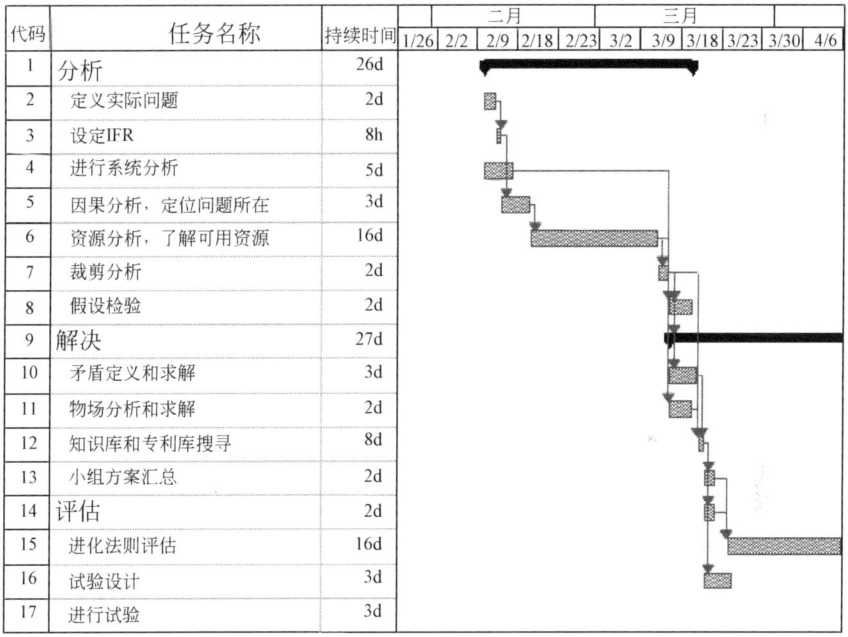

图 8-3 Gantt 图实例

DAOV 项目团队的成员除了一般的技术经理、技术专家之外，必须包括 TRIZ 专家。技术经理和 TRIZ 专家的地位是一样的，技术经理负责专业方面的问题，而 TRIZ 专家负责方法论的实施和结合问题，解决问题的过程必须在 TRIZ 专家的控制下才能进行。

最后，开展项目所需的资源必须得到高层领导的支持，并纳入企业改进体系之中。审批立项后，按计划开展各项项目工作。

本阶段也可以采用其他 PMP 工具以及 SIPOC 工具。SIPOC 可以用来定位改进流程的位置和规模。

当上面这些事情落实之后，项目组向系统提交《DAOV 项目立项报告书》，通过高层的审批后，正式立项，开始项目计划中的各项工作。

第四节　本章小结

在项目定义阶段有几点是一定要注意的。①从战略层面上确定阻碍企业发展的瓶颈。②建立的项目团队要对已发现的问题存在共识。③要想获得高层的支持，需要掌握一定的说服技巧。④在项目最终确立前进行项目风险评估。

定义阶段各步骤的输出物包括三种：

1）VOC/VOB 列表。

2）MPV 分析确定的参数列表。

3）项目立项报告书。

定义阶段的主要任务是项目正式执行前期的准备工作，选择关键、正确的项目改进方向，确立合理、明确的项目目标，这是一个项目最终取得成功的关键。

在本阶段常用的一些工具模板如表 8-1 ~ 表 8-6 所示。

表 8-1　项目选择表

目的：此表用于按照多重标准，以及每个项目对这个标准的支持程度，评价多个项目的重要性。

项目名称	战略标准 1	战略标准 2	战略标准 3	战略标准 4	战略标准 5	得分
重要性评价						
项目 1						
项目 2						
项目 3						
项目 4						
项目 5						
项目 6						
项目 7						
项目 8						
项目 9						
项目 10						

表 8-2　目标设定表

目的：本表用于描述项目定义的目标，包括现状水平与改进目标水平及其必须符合的约束条件。

可选：现状与改进目标的过程能力。

MFPV	目标		时间		约束条件
	现状水平	期望状态	项目起始日	项目结束日	
×××					条件 1： 条件 2： 条件 3：

表 8-3　财务估算表

目的：本表用于估计项目执行过程中的财务收支，包括各项成本、项目实际成果带来的财务收益。

可选部分：非财务收益的陈述。

成本		
	实际人力成本（KRMB）	
	实际物料成本（KRMB）	
	实际仪器使用成本（KRMB）	
	实际其他成本（KRMB）	
合计实际成本		
达到目标的实际状态预计收益		
实际直接收益（KRMB/y）		
间接收益		
合计收益		0

表 8-4　方案选择标准

目的：本表用于定义优选方案的决策标准及其权重。

	技术标准 1	技术标准 2	成本标准 1	研制周期标准 1	总分
权重					
方案 1					
方案 2					
方案 3					
方案 4					
方案 5					

续表

	技术标准 1	技术标准 2	成本标准 1	研制周期标准 1	总分
权重					
方案 6					
方案 7					
方案 8					
方案 9					
方案 10					

表 8-5　团队组成表

目的：本表用于描述项目成员及其职责。

团队成员	职责
×××	项目经理
×××	核心成员……
×××	核心成员……
×××	核心成员……
×××	核心成员……
×××	成员……
×××	成员……
×××	成员……
×××	成员……

表 8-6　里程碑计划表

目的：本表用于描述项目执行中的计划里程碑完成日及其重要输出物。

阶段	里程碑日期	输出
定义阶段		
分析阶段		
优化阶段		
验证阶段		
项目汇报		

第九章 MPV 分 析

DAVO 项目不是凭空产生的，而是来自 VOC 和 VOB。在项目的初始阶段，我们需要收集并确认客户对产品的具体需求，即 VOC。然后利用 MPV 分析将分析的重点集中在那些能够创造和提升产品价值的方向和参数上，将最初的 VOC 转变为可以定量控制和改进的 MPV。

为什么要进行 MPV 分析？因为客户是以他们自己的自然语言描述对产品的改进需求的，他们不是专业的工程师，所以这些描述往往是模糊不清的，甚至客户自己也不清楚他们到底在说什么，正像一个病人无法准确描述自己的病情一样。MPV 是工程师用来将客户的描述转换为准确工程技术语言的工具，就跟医生手中的听筒一样。通过 MPV，工程师将客户的需求转化为产品的某项技术特性，然后采用相应的技术手段对问题进行分析和解决。

具体的过程如图 9-1 所示。

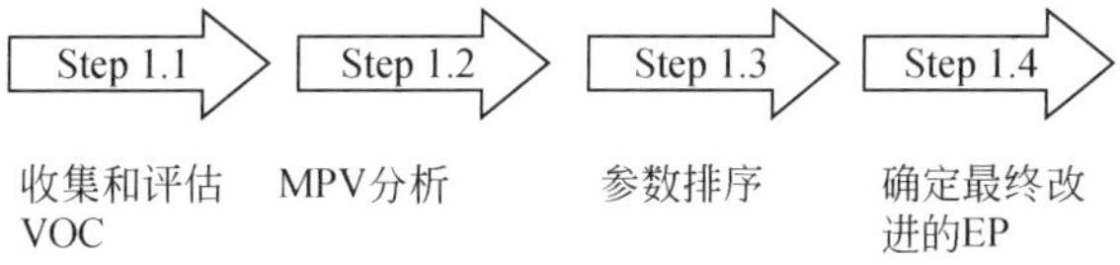

图 9-1 VOC→MPV→EP

注：EP（engineering parameter，EP）为工程参数

第一节 VOC 的收集和评估

一、VOC 的获取

随着科学技术的迅速发展和人们生活水平的不断提高，客户对产品的要求在不断地变化。因此，对于企业来说，要想在激烈的市场竞争中立于不败之地，必

须不断地同客户接触。客户需求在变化，客户需求的重要度在变化，客户对各种产品在满足他们需求方面的看法也在变化。只有通过不断的市场调查和收集，企业才能了解当前的客户需求信息和预测将来的需求信息，从而设计和生产出适应客户需求的产品。

VOC 是通过调查研究、市场分析、试用，以及我们常用的收集客户及潜在客户的反馈意见等方式获得的。

针对不同的产品，客户提出的需求也不同。例如，对于汽车来说，VOC 可能是希望车门容易开启；对于银行来说，VOC 可能是取款不用排队；对于手机来说，VOC 可能是手机待机时间更长等。

收集 VOC 是一个相对独立的过程，但是这个获取过程也是项目初始阶段最关键也较为艰难的一步，要通过广泛的市场调查获得原始的客户信息，然后进行统一的整理来得到。

VOC 的获取大致有如下几个步骤：

1）合理地确定调查对象。一般来说，在开发新产品时应重点去调查那些与开发产品类似的产品的用户；在对现有产品进行更新换代时，应重点调查现有产品用户。在确定调查对象时，还应考虑调查对象的地理位置分布、年龄结构、行业分布等因素，因为这些因素都有可能影响客户的需求。

2）选择合适的调查方法。市场调查的方法很多，不同行业有各自独特的调查方式，须根据调查对象、地点、人数等因素合理选择。现在常用的调查方法有电话调查、访谈类调查、问卷调查、现场观察等。企业在具体运用各种调查方法时，要根据它们各自的特点、适用条件，结合调查的具体目的和要求，选择其中一种或几种合适的调查方法。选择好调查方法后，要根据调查方法的要求做好充分的调查准备工作，如调查人员的选择、调查组织的建立、调查程序的拟订、调查表格的设计等，可作为一个独立的项目来运作。

3）进行市场调查。按照已选的调查方法及设计好的调查表格进行实际的市场调查，获取第一手的客户需求信息。

4）整理、分析调查获取的客户需求。对调查所取得的所有信息资料进行“去粗取精，去伪存真”的整理、分析工作，以求全面、真实地反映客户需求。

首先，有时客户需求的描述很长，必须对它们进行概括。在概括客户需求时，注意不要歪曲客户原意。其次，应将表达同一含义或相似含义的客户需求进行合并，总的需求最好不要超过 30 个，便于我们在后期进行 MPV 分析。最后，将总结出的客户需求按类别进行分组，这有利于我们在分析后把这些客户需求转换成技术需求。例如，把所有有关汽车运行性能的需求分在同一组中，把所有有关汽车省油性能的需求分在另一组中等。

二、VOC 的评估

我们不仅需要知道客户需求什么，还要知道这些需求对客户的重要程度。所以，在获取、整理并汇总了所有客户需求后，就应以汇总后的客户需求表为依据再次进行市场调查，以决定客户需求的重要度，以及客户对本公司产品和市场上同类产品在满足他们需求方面的看法。调查对象应包括本公司产品用户和竞争者产品用户。

在调查时，要求被调查者确定一组客户需求的重要度以及对所使用产品的满意程度。在调查前，调查人员应该根据实际调查情况设计出合适的调查表，因为它在很大程度上决定了调查表的回收率、有效率和回答的质量，这是市场调查成功的重要条件之一。

例如，在调查客户对某个需求认为的重要度时，如果直接要求客户按照一定的数字刻度（例如1～5或1～9）为基准标出其重要度，因为不同的客户对基准的认识不同，所以往往容易产生偏差和丧失客观性。这时，建议采用成对比较法来设计调查表。它在两两比较客户需求相对重要性的基础上，确定出每个客户需求的绝对重要度。

在整体市场调查完成后，调查人员应运用统计方法对调查数据进行综合，最终撰写出一份完整的客户需求调查报告，以供有关方面参考和使用。客户需求调查报告的内容应包括客户需求及其重要度，客户对本公司产品和市场上同类产品在满足他们需求方面的看法等。

第二节 MPV 分 析

一、MPV 简介

收集并评估客户需求后，下一步要做的是改进产品或开发新产品，因而必须要让工程师明确需要改进或实现的是产品的哪几项技术要求。而 MPV 的分析就是连接客户需求和产品技术特性的纽带和桥梁。

产品特性可以说是我们满足客户需求的手段。例如，对于汽车车门而言，产品特性可能是关门所需的力量；对于割草机而言，产品特性可能是转动轴所需的推力。产品技术特性的表述必须标准化。MPV 分析就是将客户需求转换为产品特性的过程。

实际上，客户一旦考虑为什么买产品，主要价值参数的概念会自然地出现。每种产品只有几个“购买参数”真实地影响着客户的购买行为，而对购买产生影响的参数被称为价值的主要参数或主要价值参数，即 MPV。

客户是否购买产品取决于多种因素，因此对所有的客户需求都应进行分析，并且排列每个因素对于客户而言的重要性，即我们上一节所介绍的“VOC 重要度的评估”。例如，一个卡车公司经理关于买哪个型号的新卡车的决定，取决于其对年运行费用的预算（包括燃料、维护、修理、保险等）、带来的收益（涉及净载重量，装/卸时间）、司机的喜好（包括卡车的外表）以及其他因素。最后，所有这些因素都需要列在 VOC 列表中，通过排序最终确定产品价值的主要参数——MPV。

因此，基于不同的购买者的 MPV 会有所不同。例如，部分老的卡车司机更加重视驾驶室的舒适程度，而公司经营者更加重视燃油经济性。

MPV 可以被总结如下：

1）MPV 是决定消费者是否购买的产品参数。

2）对一种产品的所有需求并非都是 MPV。

3）同一种产品的 MPV 对于在价值链上不同的利益相关者而言是不同的。

二、术语介绍

MPV（main parameter of value）——对客户购买产品的意愿产生影响、客户愿意为之付费的参数称为 MPV，即主要价值参数。

SPV（strategic parameter of value）——将 VOC 进行整理和汇总后得到的客户需求称之为 SPV，即战略价值参数。

MSPV（main strategic parameter of value）——将 SPV 经过 Kano 分析或重要度排序，列在最前面的、最重要的几个 SPV 称为 MSPV，即主要战略价值参数。

MFPV（main functional parameter of value）——经过分析，将 MSPV 转化为产品的具体技术特性，是决定 MSPV 的客观的技术参数（如物体的强度、耐磨性等），这类参数称为 MFPV，即主要功能价值参数，

例如，现在我们要改进的产品是手机外形，用户提出的需求可能会是希望手机很酷，或很时尚，而对于工程师而言，他需要去分析什么样的形状代表酷、代表时尚，需要用具体的参数表示出来，如用弧线形、厚度非常小等参数描述。

再如，用户提出需求是希望某产品的价格能低一些，而工程师需要进行进一

步分析，明确是哪些因素导致了产品的高成本，是材料还是加工工艺等。

由此可见，MSPV 与 MFPV 面向的对象不同。MSPV 面向产品的最终消费者，而 MFPV 面向产品的设计工程师。因此，从 MSPV 到 MFPV 需要一个转换过程。

三、MPV 分析的步骤

MPV 的分析过程实际上就是从 VOC 到 MSPV 再到 MFPV 的转换过程，将“软”而“模糊的”主要顾客需求转化成可以量测的技术目标，具体的步骤可以分为四步。

Step1：确定 MSPV（主要战略价值参数）。

所有收集到的 VOC 都是 MPV 分析方法中所谓的 SPV，重点是要确定出所有的 SPV 中的哪几个是最重要的 MSPV。在与客户代表一起对 VOC 的重要度排序之后，基于产品发展战略和可利用的资源挑出排在最前列、分数最高的 3 ~ 6 个 SPV，作为该项产品改进的 MSPV。

实例：蜡烛的改进

研究小组收集了大量关于用户对蜡烛的需求的数据，包括外形吸引人、颜色丰富、有香味、烛芯易去除、不滴蜡、火焰大、无烟、燃烧时间长等 20 多项 VOC，通过 VOC 重要度评分，确定出用户最为关注、客户价值最高的 6 个 VOC，即 MSPV：

1）外形吸引人。

2）不滴蜡。

3）火焰大。

4）无烟。

5）有香味。

6）燃烧时间长。

Step2：进行产品的功能分析，即找到 MFPV。

产品的功能参数特性（FPV）是我们用以满足客户需求的手段，用来描述对应于用户需求的工程特征要求，即有什么样的 SPV 就应有什么样的 FPV 来对应保障。这种对应是多相关性的，某个 SPV 可能对应着若干项 FPV，若干项 FPV 有机结合才能满足某个 SPV。反过来讲，某项 FPV 也可以同时满足若干项 SPV。FPV 是市场用户需求的映射变换结果。

从 SPV 到 FPV 的转化可以说是整个 MPV 分析过程中最难的一步。实现转化的前提是工程师首先需要列出和该产品相关的所有功能参数（产品特性），即 FPV。基于这些 FPV 可以找到它们各自所对应的 SPV。

寻找产品功能参数的传统方法是：小组内的工程师进行头脑风暴，列出尽可能多的功能特性参数。还可以参照本书第 12 章——系统功能分析，通过功能分析过程中组件的列举和功能定义，来寻找和确定产品的功能特性参数——FPV。

在 FPV 较多的情况下，可由研究小组内工程师从 FPV 列表中投票或评分选出影响产品价值的主要功能特性参数，即 MFPV。

实例：对蜡烛的改进

研究小组通过头脑风暴列出决定产品性能的多个功能特性参数，FPV 列表如图 9-2 所示。

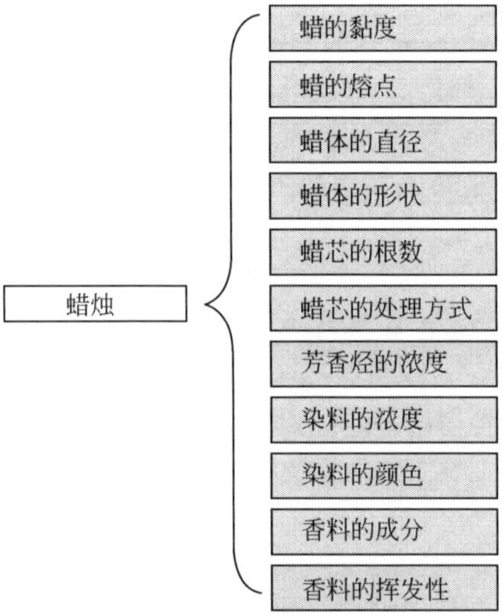

图 9-2　蜡烛 FPV 的列表

Step3：基于 MSPV 和指标分解，将现有的功能参数分类，找到对应各 MSPV 的 MFPV。

获得用户需求和需求权衡的过程，是一个在设计知识和见解的背景下，运用市场研究定性与定量的专业工具与用户沟通的过程。但是，要想最终将用户需求转化为现实产品，形成完善的解决方案，需要市场研究人员和产品开发设计人员将各自的知识融合，形成两种语言的对接，建立用户需求与产品属性之间的映射，即 MSPV 与 MFPV 之间的映射。

两者的映射关系可以用一个关系矩阵来表示，该矩阵的第一列与各个 MSPV 相对应，第一行与各个 MFPV 相对应，由此矩阵建立起各个 MPFV 与各个 MSPV 的对应和映射关系。矩阵的形式如表 9-1 所示。

表 9-1 MPV 关系矩阵表

			MFPV					
MSPV		MSPV 重要度	MFPV1	MFPV2	MFPV3	MFPV4	MFPV5	MFPV6
	MSPV1							
	MSPV2							
	MSPV3							
	MSPV4							
SUM								

对关系矩阵中行和列中的每一项，研究小组都要先评判各项之间是否有关系。每个 MFPV 对满足各个 MSPV 有多大的贡献和影响，一般作如下划分：强相关给 9 分，一般相关给 3 分，可理解成为了满足某种市场顾客需求可以采用不同的工程特征与之对应；弱相关给 1 分，表示两项之间的关联关系很弱。利用关系矩阵可以明确工程特征与市场顾客需求间的对应关系。

行列一对 MSPV-MFPV 之间的关系可以定量地给以分值来表示，为了更好地辨别，这里用符号来定量表示。例如，我们可以用◎代表强关系，分值为 9，可理解成为了满足该 MSPV 必须具备的某种 MFPV；○代表中等关系，分值为 3，可理解成为了满足该 MSPV 可以采用不同的 MFPV 与之对应；△代表弱关系，分值为 1，表示两项之间的关联关系很弱；空格代表无关系，分值为 0。利用关系映射矩阵可以明确产品各功能特征 MFPV 与市场用户主要价值需求 MSPV 间的对应关系。

实例：对蜡烛的改进。

将 Step1 中确定的 MSPV 与 Step2 中确定的 MFPV 置入关系映射矩阵中，找到各项 MSPV 与 MFPV 的对应关系，得到的矩阵关系如图 9-3 所示。

关系矩阵 ◎强 9 ○中 3 △弱 1	蜡的黏度	蜡的熔点	蜡体的直径	蜡体的形状	蜡芯的根数	蜡芯的处理方式	芳香烃的浓度	染料的浓度	染料的颜色	香料的成分	香料的挥发性
外形吸引人			△	◎	△	△	△	◎	○	△	
有香味										◎	◎
火焰大	○		○		◎	△	△				
无烟	△				◎	◎					
不滴蜡	○	○	◎		◎		◎				
燃烧时间	○	◎	◎	◎	◎	◎	◎				

图 9-3 MSPV-MFPV 对应得分表

Step4：各 MFPV 的重要度排序。

通过计算各 MFPV 的得分来得出 MFPV 的重要度排序。将某 MFPV 关联度得分（1、3 或 9）与对应的各 MSPV 重要度得分相乘的总和，即该 MFPV 的总得分。

实例：对蜡烛的改进。

MFPV“蜡的黏度”对 MSPV“火焰大”的得分为 3×9＝27。同样可得其他 MFPV 的各项得分。最后的 MFPV“蜡的黏度”总得分是该列上的所有得分之和，即 54，这个得分代表了“蜡的黏度”该 MFPV 的重要性。

通过 MFPV 重要度排序（图 9-4），发现“蜡芯的根数”、“蜡芯的处理方式”、“蜡体的形状”三个 MFPV 是最重要的，下一步，研究小组应聚焦在这三个参数上去进行该产品的具体设计改进工作。

关系矩阵 ◎强 9 ○中 3 △弱 1	蜡的黏度	蜡的熔点	蜡体的直径	蜡体的形状	蜡芯的根数	蜡芯的处理方式	芳香烃的浓度	染料的浓度	染料的颜色	香料的成分	香料的挥发性	
外形吸引人			△	◎	△	△	△	◎	○	△		9
有香味										◎	◎	1
火焰大	○		○		◎	△	△					9
无烟	△				◎	◎						9
不滴蜡	○	○	◎		◎		◎					3
燃烧时间	○	◎	◎	◎	◎	◎	◎					3
	54	36	90	108	225	126	72	81	27	18	9	

图 9-4 MFPV 重要度排序计算

第三节 本章小结

MPV 在 DAOV 项目中贯穿始终，以 D 阶段的初始——从市场获取，VOC 到 MPV 的转换，到最终 V 阶段——验证项目目标的达成，其主要步骤可以归纳为下述八步（表 9-2）。

表 9-2 MPV 在 DAOV 项目中的逻辑步骤

步骤	注释
1	识别产品价值链上的不同消费者
2	从主要消费者处获取该产品的价值参数 SPV
3	通过重要度排序，选择需改进的、最重要的一系列 MSPV
4	定义对这些 MSPV 有影响的根本的系统技术和物理参数 MFPV
5	选择会对 MSPV 的改进影响最大的几个 MFPV
6	基于这几个 MFPV 提供的改进方向描述一系列的问题
7	用 A 阶段的方法和工具解决这一系列的问题
8	V 阶段验证得到技术方案是否能达到预期的商业目标，即达到项目的成功标准

对于不同层级的企业人员来说，MPV 的作用也不相同。工程师可以将 MPV 分析方法作为一种整理数据并将数据转化成信息的方法；市场营销人员也可从 MPV 分析中看到呼声最高、最重要的顾客需求；高层管理人员可以利用 MPV 分析来寻找企业的战略机会。使用 MPV 分析可以强化企业中横向和纵向的交流，帮助我们发现需要改进的产品特性。

第十章　项目管理

第一节　项目的管理过程

因为项目都是些具有唯一性的工作，因此它们包含一定程度的不确定性，组织在实施项目时通常会将每个项目分解为几个项目阶段，以便更好地管理和控制，并且将执行组织正进行的工程与整个项目更好地连接起来。总的来看，项目的各个阶段构成项目的整个生命周期。项目管理（project management，PM）是通过应用和综合诸如启动、规划、实施、监控和收尾等项目管理过程来进行的。项目管理过程可被分成五个过程组，每个过程组有一个或多个管理过程，如图 10-1 所示。

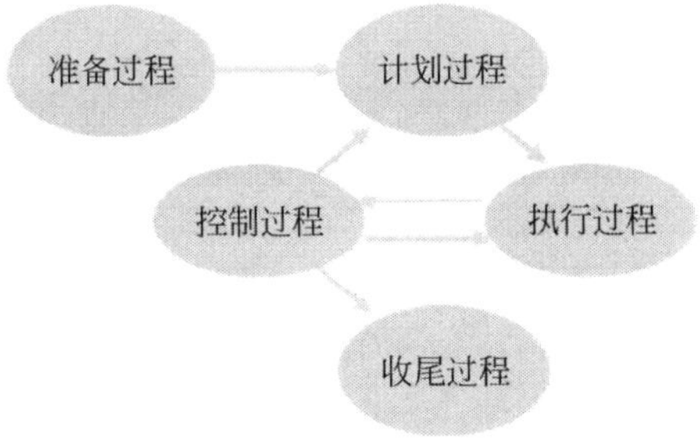

图 10-1　一个项目中的过程组

1）准备过程：识别一个项目或阶段应当开始并提交去完成。

2）计划过程：设计和维护一个可以工作的规划方案去实现项目所要达到的商务目标。

3）执行过程：协调人员和其他资源完成计划。

4）控制过程：通过监督和测量进展，并在必要时采取正确的动作保障项目目标的实现。

5）收尾过程：定型为认可形式，并清晰地结束该阶段。

以上各个过程之间是有相互联系的，一个过程的结果或输出是另一个过程的输入。并且，以上过程不是相互分立的、一次性的事件；在整个项目的每一个阶段它们都会不同程度地相互交叠，见图 10-2。

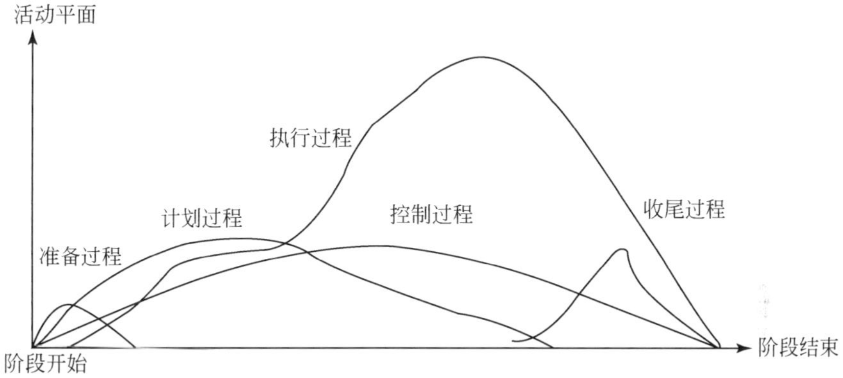

图 10-2　一个项目中的过程交叠

在每个过程组中，各个过程通过它们的输入和输出进行联系。可用下列术语描述每一个过程：

1）输入——将要执行的文档或可文档化的项目。

2）工具和技术——由输入产生输出的途径（各种方法）。

3）输出——某一过程的结束，可以是文档或可文档化的项目。

项目管理进行到后期时，各个过程的相互作用也会跨越阶段，一个阶段的结束作为下一个阶段的开始输入。

在每一个阶段开始时重复起始程序，确保项目不会偏离既定的商业要求，也帮助确保当商业要求已不存在，或项目已不可能满足这种要求时中止这一项目。

第二节　现代项目管理知识体系的构成

1. 项目整体管理

项目整体管理涵盖了项目管理各种不同要素综合为整体的过程和活动，这些过程和活动在项目管理过程组的范围内识别、定义、组合、统一并协调。项目整体管理由下列项目管理过程组成：制定项目章程、制定项目初步范围说明书、制订项目管理计划、指导与管理项目执行、监控项目工作、整体变更控制和项目收尾。

2. 项目范围管理

项目应该包括成功地完成项目所需的全部工作，但又只包括完成项目所必需的工作。它由以下项目管理过程组成：范围规划、范围定义、制作工作分解结构、范围核实和范围控制。

3. 项目时间管理

项目时间管理指确保项目按时完成所需的各项过程，包括活动定义、活动排序、活动资源估算、活动持续时间估算、制定进度表及进度控制。

4. 项目成本管理

项目成本管理指确保项目按照规定预算完成需进行的成本规划、估算、预算的各项过程。项目成本管理由如下项目管理过程组成：成本估算、成本预算和成本控制。

5. 项目质量管理

项目质量管理指确保项目达到其既定质量要求所需实施的各项过程。项目质量管理由如下项目管理过程组成：质量规划、实施质量保证和实施质量控制。

6. 项目人力资源管理

项目人力资源管理包括组织和管理项目团队的各个过程。项目人力资源管理由如下项目管理过程组成：人力资源规划、项目团队组建、项目团队建设和项目团队管理。

7. 项目沟通管理

项目沟通管理是为确保项目信息及时而恰当地提取、收集、传输、存储和最终处置而需要实施的一系列过程。项目沟通管理由如下项目管理过程组成：沟通规划、信息发布、绩效报告和利害关系者管理。

8. 项目风险管理

项目风险管理指与项目风险管理有关的过程。项目风险管理由如下项目管理过程组成：风险管理规划、风险识别、定性风险分析、定量风险分析、风险应对规划以及风险监控。

9. 项目采购管理

项目采购管理指采办或取得产品、服务或成果，以及合同管理所需的各过程。项目采购管理由如下项目管理过程组成：采购规划、发包规划、询价、卖方选择、合同管理及合同收尾。

第三节 本章小结

项目管理是美国最早的曼哈顿计划开始的名称，后由华罗庚教授于20世纪50年代引进中国（由于历史因素叫统筹法和优选法）。台湾地区叫项目专案。

项目管理是“管理科学与工程”学科的一个分支，是介于自然科学和社会科学之间的一门边缘学科。

项目管理的定义是：项目管理是基于被接受的管理原则的一套技术方法，这些技术或方法用于计划、评估、控制工作活动，以按时、按预算、依据规范达到理想的最终效果。

项目管理主要分为九个知识领域：项目整体管理、项目范围管理、项目时间管理、项目成本管理、项目质量管理、项目人力资源管理、项目沟通管理、项目风险管理、项目采购管理。

第十一章　分析阶段简介

A 阶段——分析阶段是 DAOV 流程中的第二个阶段。在 D 阶段中我们已经明确了项目背景、项目需要解决的问题及项目实现后需达到的技术目标。而在分析阶段就是要具体地对项目中存在的工程/技术问题进行分析和求解。该阶段的任务有五个：

1）对技术系统进行功能分析找出系统中存在问题的区域。

2）分析问题产生的根本原因。

3）设定问题解决的 IFR。

4）列出解决问题可利用的各类资源。

5）定义问题模型，基于 TRIZ 的各类工具得到解决问题的不同概念方案。

分析阶段的最终目标是针对技术系统存在的具体问题，得到多个备选概念方案，该阶段包括四个步骤：功能成本分析、三轴分析、问题求解、知识库分析，其路线图如图 11-1 所示。

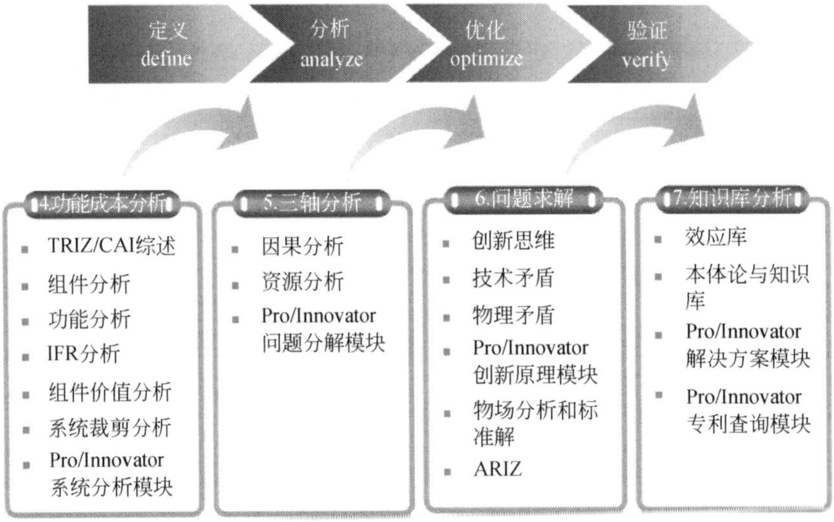

图 11-1　分析阶段路线图

第一节　功能成本分析

功能成本分析从定义技术系统的各类功能关系开始，通过分析构建系统组件模型（即系统组件及其相互作用关系）来聚焦系统问题所在，找到系统中价值最低的组件，进行裁剪及功能转移，最终实现对产品的改进。

在本步骤中可以采用的工具有系统功能分析、公理化设计、IFR 分析、组件价值分析、裁剪法和 Pro/Innovator 系统分析模块等。

一、系统功能分析

系统功能分析通过分析技术系统的组件、组件之间的作用关系（图 11-2），建立起系统的组件模型。帮助工程师更好地理解系统是如何通过组件间的相互作用最终实现功能、明确系统中存在的需要去除的有害作用、需要改进的不足作用和过度作用等。

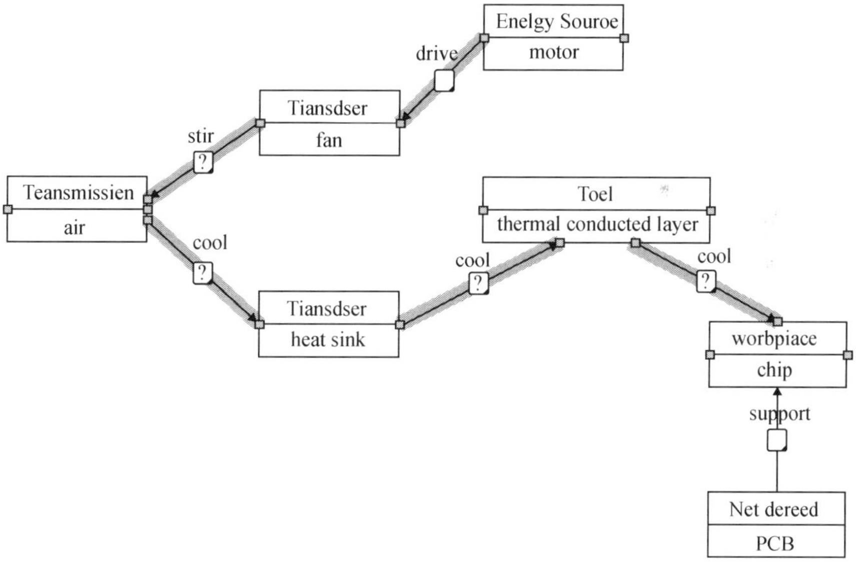

图 11-2　组件模型图

二、公理化设计

公理化设计理论帮助工程师实现“我们要达到什么”和“我们要如何达到”之间的互动，在这个互动过程中，根据活动内容的不同，可以划分四种类型的设计活动，这是公理化设计存在的基石，即把设计活动分为用户域（customer domain）、功能域（functional domain）、物理域（physical domain）和过程域（process domain）。用户域代表用户关心的目标，用客户需求（customer needs）来表示，即我们在D阶段MPV分析中所提到的SPV。功能域代表设计方案功能需求，用功能需求（functional requirements）来表示，即我们在D阶段MPV分析中所提到的FPV，功能需求要满足可能的约束（constraints）。物理域描述设计方案的设计参数（design parameters）。过程域表达用于实现设计参数的过程变量（process variables）。

公理化设计的主要目的是建立设计的科学基础，为设计者进行设计和改进设计提供理论依据，使设计者更能发挥其创造力，同时能根据项目要求决定最好的概念设计方案。

三、IFR分析

IFR即最终理想结果，英文全称为ideal find result。IFR分析的原则是：在解决问题之初，首先抛开各种客观限制条件，通过理想化来定义问题的IFR，以明确理想结果所在的方向和位置，保证在问题解决过程中沿着此目标前进并获得最终理想结果，从而避免了传统创新设计方法中缺乏目标的弊端，提升了创新设计的效率。

如果将创造性解决问题的方法比做通向胜利的桥梁，那么IFR就是这座桥梁的桥墩。IFR有四个特点：

1）保持了原系统的优点。

2）消除了原系统的不足。

3）没有使系统变得更复杂。

4）没有引入新的缺陷等。

“以终为始”，在解决问题之初，先设立一个理想的目标，剩下的工作就是向着既定目标前进，力争达到目标。这是TRIZ方法解决问题的基本之道。

四、组件价值分析

一旦系统的组件模型就绪，且已经找到了系统存在的一系列问题，那么评价技术系统运行的可能方式之一是组件价值分析方法。通过考虑系统中每个组件的理想度指标，我们可以从整体上了解技术系统的价值。

组件的理想度指标越高，其对整个系统的价值越高。组件的理想度指标越低，其对系统而言越不可靠。对理想度指标较低的组件需要被进行较为深入的检查，并采取一些必要步骤将此组件从系统中移除，同时将其功能转移至一个邻近组件，以增强整个技术系统的功能性，或使其成本最小化。

总之，组件价值分析的目标就是要找到系统中价值最低的一个或几个组件。

五、裁剪法

裁剪法的思想是：通过组件价值分析，找到系统中价值最低的组件后，不是对该组件进行改进，而是直接将该组件从系统中去除，即裁剪掉。而裁剪后，该组件的有用功能需要转移到其他组件上。

第二节　三轴分析

三轴分析是亿维讯拥有自主知识产权的分析方法，它以因果层次、系统级别层次以及操作流程次序为三轴，对产生问题的过程进行分析，最终定位问题的根本原因，如图 11-3 所示。三轴分析的结果将确定问题的边界，并把系统跟环境资源之间的冲突作为根本原因。

一、因果分析

因果分析鼓励工程技术人员剖析根本原因，并从根本上解决问题，而不是驻足于表面症状。各因果关系通过线性因果图表现出来，可以先列出几个重点考虑的方面，然后通过头脑风暴法，作整体分析，把所有提出的问题产生的原因，根据因果关系排列在一张图即因果图上。用图反映的因果关系更为直观、醒目、条理分明，在圈定下一步解决的根本原因时应用起来比较方便。

需要注意的是，在理顺各个原因的因果关系时，需要首先确认其具有因果关

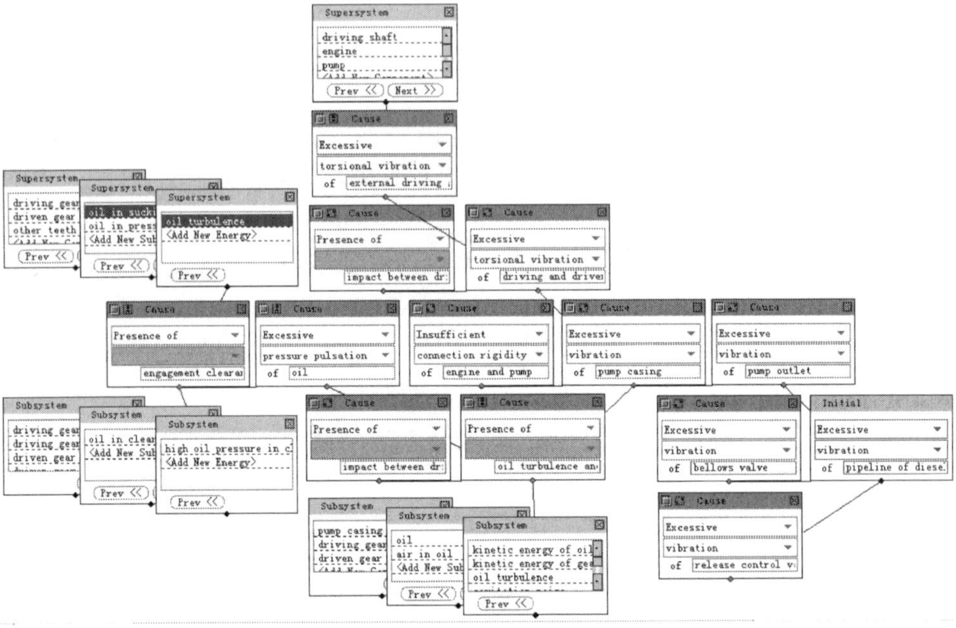

图 11-3　三轴分析图

系，此时可以采用统计分析来确定根本原因，如假设检验、方差分析以及线性回归等。其目的都是更准确地确定问题产生的根本原因，找到问题解决的出发点。

1. 假设检验

通过因果分析，我们得出了一个或几个原因，这些经过逻辑分析的原因是否是真的根本原因，需要用数据或事实检验，即用统计推断来确认。“假设检验”（hypothesis testing）是一种推断的方法，目标是通过试验的方式作出判断，判断所列原因的真假。用事实验证人为的判断，避免人为判断造成的不准确。

2. 方差分析

假设检验方法用于检测一个样本与总体的均值，或者两个样本的均值是否有显著的差异。而并不适用于多个样本（超过两个样本）需要检测均值是否有显著差异的情况，这时可采用方差分析的方法：在检测多个样本时，比较组内差异与组间差异是否有显著的区别，作为进一步假设检验的方法。

3. 线性回归

线性回归是将许多收集的数据，浓缩为某一线性关系来获得其规律性的统计分析方法。该方法可以用于在问题分析的阶段，分析问题发生时的条件和工况。

二、资源分析

资源分析是为了尽可能地找到系统当中存在的资源，可基于 TRIZ 多屏幕系统思维方法，采用启发式提问形式帮助工程技术人员理清问题区域附近在时间维度和空间维度上，所有可用的物质、场、信息等资源，为解决已识别出的根本原因作好准备。

第三节 问题求解

本步骤的任务是：针对上一步确定的一个或几个导致问题产生的根本原因给出具体的备选解决方案。

本阶段可以采用的分析方法有多种 TRIZ 的工具和方法，包括克服思维惯性的方法，技术矛盾和 40 个创新原理、物理矛盾和分离方法、物场分析法及 ARIZ（发明问题解决算法）等。

这些方法的基本应用模式是：将问题定义或描述为其中任意一种问题模型，然后应用相应的工具进行解决，得到解决方案的模型，最终和实际问题相结合，得到问题的备选方案，如图 11-4 所示。

问题模型	工具	解决方案模型
技术矛盾	矛盾矩阵	创新原理
物理矛盾	分离方法 知识库	创新原理 知识库中的方案
HOW TO模型	知识库	知识库中的方案
物场模型	标准解法系统	标准解法

图 11-4 TRIZ 解决问题的思维模式图

第四节　知识库分析

知识库分析作为问题求解步骤中各项工具的补充，一方面可帮助工程师得到更多的备选方案；另一方面能更明确地确定上一步得到的备选方案的实施方法。

在本步骤中主要采用效应库和知识库两种工具。

效应库和知识库均是对前人知识和经验的总结，知识库中的方案均来自专利，其中的每一条都是人们利用科学效应或某种方法解决某实际问题的方案。Pro/Innovator 的知识库中包含上万条精选发明问题的解决方案，在方案检索与应用时可基于知识库中本体的知识组织方法保证知识搜索的准确性。

第五节　本 章 小 结

分析阶段的主要任务是完成课题分析和问题解决的主要技术任务，它的输入是定义阶段定义的问题情境，输出是解决问题的构思或者概念方案。它的整体思路是：

1）找对问题。我们看到的问题是技术系统的主要问题，还是枝节问题？

2）找对解决的时机。我们准备着手消除的是蔓延的后果，还是问题的根源？

3）准备好解决问题的可用资源。

4）得到尽可能多的创意和构思。

在这个阶段，集中地对问题发起进攻，方法、工具最为繁多，但是需要谨记以下四点：

1）思维的条理性。首先，确定“做正确的事”，采用系统思考的方式反思问题，从空间（结构、功能关系）、时间（因果关系）两方面确认。然后，确定“正确地做事”，采用 TRIZ 确定思考的方向，有方向性地创新思维。最后，在实施过程中不断挑战自我，寻找尽可能多的、省资源的构思。

2）思维的可控性。在分析时思路要多收敛，以便聚焦。在寻找构思时思路要多发散，但是要有方向性指导，这是与传统创新思维方法的本质区别。

3）工具的适用性。工具的适用性包括两种因素：每种工具的特点和适用场景，使用者的个人偏好。以上两种因素会发生化学反应。

4）最终目标：思维的自由世界。各种思路、方法的无缝切换，甚至包括 DAOV 以外的方法，只要有助于目标达成，均可以寻找合适的使用方式。

本阶段常用的一些工具模板，如表 11-1 ~ 表 11-5 所示。

表 11-1　IFR 定义

目的：从理想化的角度确定完善技术系统的目标和方向。

技术系统名称		
现有问题描述		
定义 IFR	保留有用功能	
	有害功能自我消除	
资源分析	物质资源	
	能量资源	
	其他资源	
构思		

表 11-2　矛盾分析表

目的：按照技术矛盾、物理矛盾的问题模型定义问题，并寻找构思。

技术系统名称	
主要功能	
问题描述	
一、定义技术矛盾	
1. 当前问题	
2. 现有解决方案	
3. 这些方案的缺点	
4. 改善的参数	
5. 恶化的参数	
6. 创新原理	
7. 构思	
二、定义物理矛盾	
1. 提取物理矛盾	
2. 定义理想状态	
3. 应用分离原理	
4. 构思	

表 11-3　物场分析表

目的：按照物场模型的问题模型定义问题，并寻找构思。

技术系统名称	
主要功能	
问题描述	
问题的物场模型	
初始状态	
约束条件	
可用的标准解	
构思	

表 11-4　知识库查询表

目的：利用信息库，得到尽量多的构思。

问题描述			
查询式模式	Verb	Object	Parameter
查询式			
类比方案 1			
类比方案 2			
类比方案 3			
查询专利 1			
查询专利 2			

表 11-5　构思表

目的：对 A 阶段的分析成果进行总结，列出所有构思。

构思序号	构思描述
1	
2	
3	
4	
5	
6	
7	
8	
9	

第十二章 TRIZ/CAI 综述

第一节 TRIZ 的工具和方法

TRIZ 是由原苏联发明家根里奇·阿奇舒勒为首的研究团队，通过对 250 万件高水平发明专利进行分析和提炼，总结出来的指导人们进行发明创新、解决工程问题的系统化的方法学体系。

TRIZ 以辩证法、系统论和认识论为哲学指导，以自然科学、系统科学和思维科学的研究成果为根基和支柱，以技术系统进化法则为理论基础，包括技术系统和技术过程、矛盾（技术系统进化过程中产生的）、资源（解决矛盾所用的）、理想化（技术系统的进化方向）等基本概念。

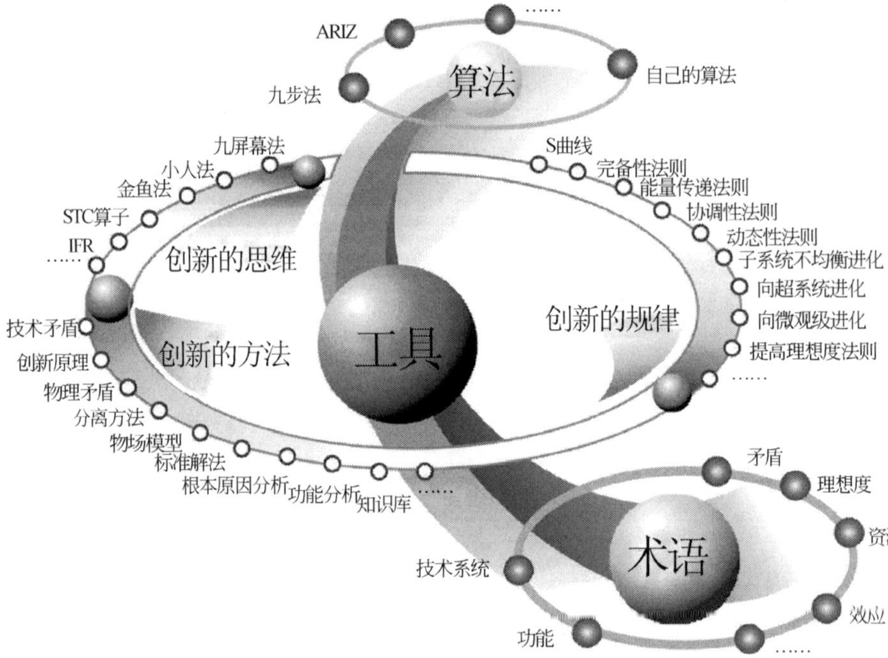

图 12-1 TRIZ 的理论体系

TRIZ 理论提供了分析工程问题所需的方法，包括矛盾分析、功能分析、资源分析和物场分析等，同时还提供了相应的问题求解工具，包括解决技术矛盾的创新原理、解决物理矛盾的分离原理、科学原理知识库和发明问题标准解法等。TRIZ 针对复杂问题的求解提供了发明问题解决算法（ARIZ），同时，TRIZ 还包括了一些创新思维的方法，如九屏幕法、智能小人法、金鱼法等。图 12-1 是 TRIZ 的体系结构。

第二节　本　体　论

本体论（ontology）起源于哲学。古希腊哲学家亚里士多德创立了形而上学理论，主要研究现实的本质，包括意识和物质、物质和属性、事实和价值之间的关系。本体论是其中的一个分支，研究客观事物存在的本质。本体论与认识论相对，认识论研究人类知识的本质和来源，也就是主观认知，而本体论研究的是客观存在。

20 世纪 80 年代末，随着人工智能的发展，本体论被人工智能界赋予了全新的定义。在人工智能领域，本体论是研究客观事物间相互联系的学科，本体（ontology）是共享概念模型的明确的形式化规范说明，包括以下四层含义：

1）概念模型（conceptualization）。通过抽象出客观世界中一些现象的相关概念及其关系而得到的模型，其表示的含义独立于具体的环境状态。

2）明确（explicit）。所使用的概念及使用这些概念的约束和关系都有明确的定义。

3）形式化（formal）。精确的数学描述，计算机可读。

4）共享（share）。本体体现的是共同认可的知识，反映的是相关领域中公认的概念集，它所针对的是团体而不是个体。

本体论的目标是捕获相关领域的知识，提供对该领域知识的共同理解，确定该领域内共同认可的词汇，并从不同层次的形式化模式上给出这些词汇（术语）和词汇之间相互关系的明确定义。之所以采用本体论作为组织知识的理论，是因为进入知识经济时代以来，企业对跨领域知识分享的需求增加很快，但是由于不同系统使用不同的概念和术语来描述同一领域，它们很难从一个系统中提取知识并运用到另一个系统中，而本体论则可以有效地解决知识共享方面的问题。图 12-2 显示的是 aircraft（飞机）的本体论描述片段。

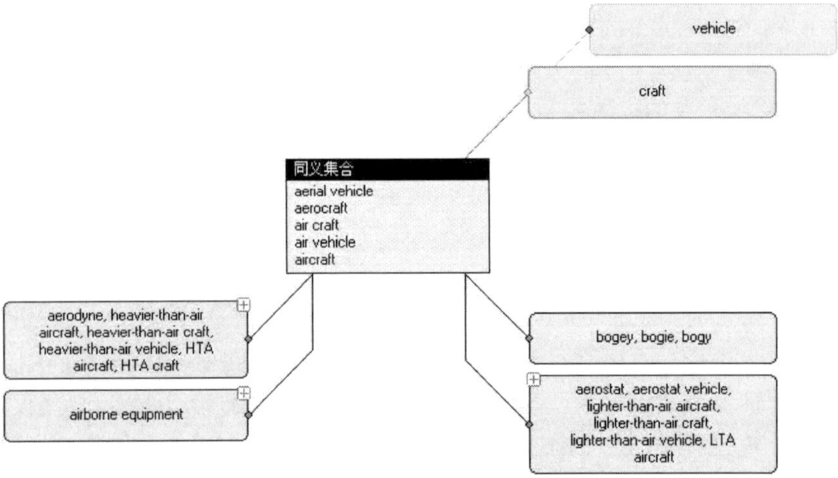

图 12-2　飞机的本体论描述片段

第三节　计算机辅助创新

仅有 TRIZ 这样好的创新理论还远远不够，还必须要有适用的工具，尤其是在信息化、网络化程度很高的中国，还需要有功能完善的计算机软件来帮助我们进行创新。

计算机辅助创新是以发明问题解决理论 TRIZ 和本体论为基础，结合现代设计方法学、计算机人工智能技术和多学科原理，快速为我们在概念设计或者方案设计阶段提供高质量的创新解决方案的理论体系。它以分析解决产品创新和工艺创新中遇到的各种矛盾为出发点，基于问题求解理论和已有的知识总结，辅助我们在产品设计和工艺设计中进行功能创新和原理创新，能极大地提高我们的创新能力和效率。Pro/Innovator 是计算机辅助创新设计软件中的领先者。

计算机辅助创新设计软件 Pro/Innovator 可以帮助我们打破思维定式，激发创新意识，正确地分析所面对的具体问题，找到具有创新性的解决方案，同时有效地消除不同学科、工程领域和创造性训练之间的界限，使问题得到创新性的解决。

Pro/Innovator 通过强大的功能和友好的人机界面提高了我们的学习兴趣和信心，大大降低了创新的门槛，为培养创新能力、激发创新思维提供了先进的培训工具，是我们实施技术创新的有力武器。

Pro/Innovator 是基于知识的平台。通过整合 TRIZ、基于本体的知识表达和重用及来自高水平发明专利的知识库，可以有效地辅助科研人员构造创新方案并帮助科研院所实现系统化的创新知识管理。

Pro/Innovator 还是基于方法的平台。通过集成 TRIZ 和现代设计方法学，可以引导企业解决问题、实现产品创新的全过程，从问题定义、方案生成、方案评价，到专利生成和知识管理。

Pro/Innovator 包括项目导航、系统分析、问题分解、解决方案、创新原理、专利检索、专利生成、方案评价、报告生成和知识库编辑器等十大功能组件和平台，其系统化的工作流程支持科研人员的日常工作，具体如图 12-3 所示。

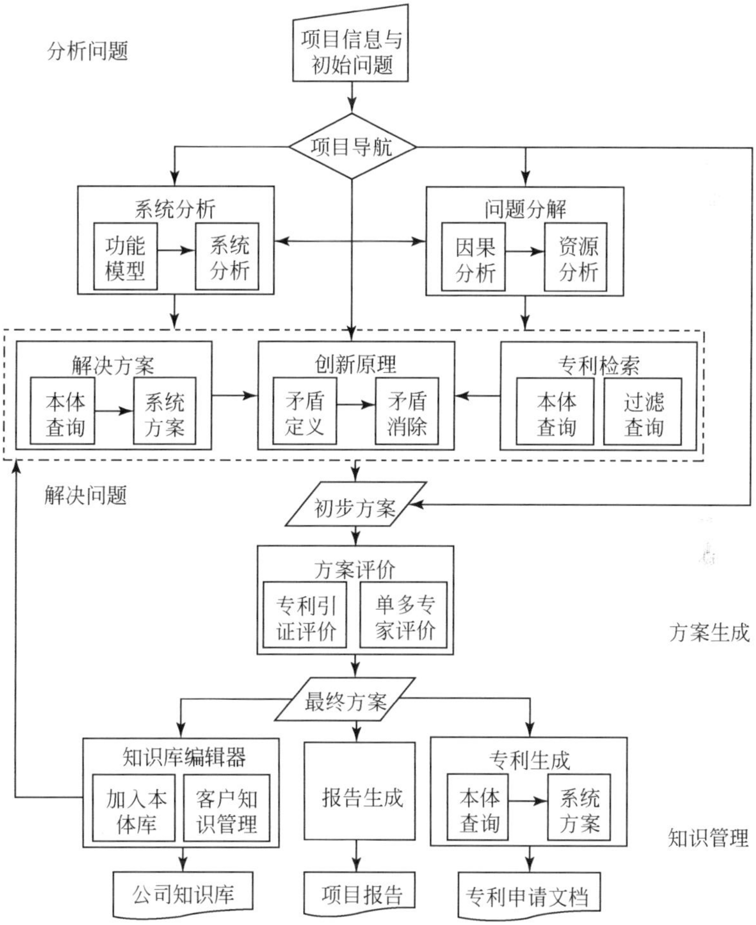

图 12-3　Pro/Innovator 的工作流程

第四节　本章小结

TRIZ 的理论和方法加上计算机辅助创新已经发展成为一套解决新产品开发实际问题的成熟理论和方法体系，如今已在全世界广泛应用。TRIZ 可以轻易地解决那些“看似不可能解决的问题”并形成专利，提升企业的核心竞争力，使企业从“跟随者”快速成为行业技术的“领跑者”。以 TRIZ 理论为核心的 CAI 技术，融合多种现代设计方法、计算机技术和多领域科学知识为一体，为产品创新提供了科学、有效的工具，应用计算机辅助创新技术，能极大地提升企业的创新能力。

第十三章　系统分析

系统分析是从技术系统抽象的“功能”角度来分析系统的，它分析系统执行或完成其功能的状况。目前有两种工程设计过程涉及的功能分析，一种是在开发新技术系统时，首先需确定系统完成或实现的主要功能，然后将主要功能分解为子功能，即功能分解。另外一种是在改进已有技术系统时，理清技术系统的主要功能及其辅助功能，以便理解系统，找出系统的问题所在，即组件分析。

组件分析是一个对系统功能建模的过程，分析的结果是建立组件模型，我们通常用矩形框表示系统组件，用箭头表示组件之间的作用关系，如图 13-1 所示。

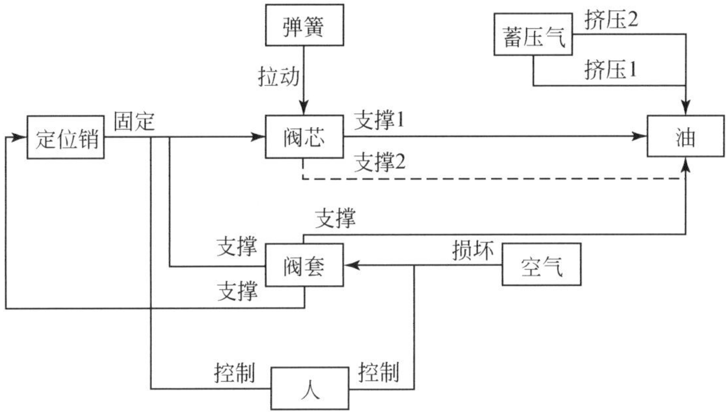

图 13-1　组件分析图

实践证明，组件分析是非常有效的分析方法。组件分析的目的是优化技术系统功能并减少实现功能的消耗，使技术系统以很小的代价获得更大的价值，从而提高系统的理想度。组件分析有两点主要假设：一是技术系统或其组件的价值是由其功能所体现的；二是客户需要的是功能，而不是提供功能的系统或者产品。

第一节　组件分析的步骤

组件分析可以分为以下三步进行：

第一步，建立组件列表，描述系统组成及各组件的层次。

第二步，进行作用分析，描述组件之间的相互作用关系。

第三步，建立组件模型，用规范化的功能描述，揭示整个技术系统所有组件之间的相互作用关系，以及如何实现系统功能。

一、建立组件列表

本步骤主要描述技术系统的组成和各系统组件的层次，回答了技术系统是由哪些组件组成的，包括系统作用对象、技术系统组件、子系统组件，以及和系统组件发生相互作用的超系统组件。建议将技术系统分为至少两个组件级别：系统级别和子系统级别，如图 13-2 所示。

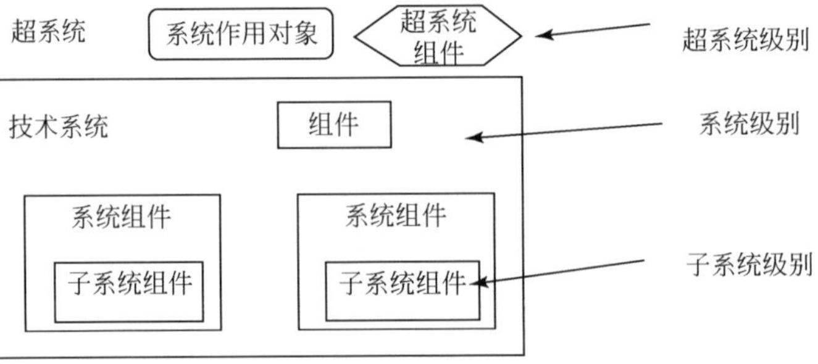

图 13-2　建立组件列表

建立组件列表应遵循以下几点原则：

1）在特定的条件下分析具体的技术系统。

2）根据技术系统组件的层次建立组件模型。

3）根据层次等级建立初始的组件模型，然后进一步分析完善组件模型。

4）组件模型包含了超系统的某些组件，该组件需与系统组件有相互作用关系。

5）技术系统生命周期的不同阶段具有不同的超系统，针对技术系统的各个生命周期阶段，可建立独立的不同的组件模型。

典型的超系统组件包括以下内容：

1）生产阶段：设备、原料、生产场地等。

2）使用阶段：功能对象（产品）、消费者、能量源、与对象相互作用的其他系统。

3）储存和运输阶段：交通手段、包装、仓库、储存手段等。

4）与技术系统相互作用的外界环境：空气、水、灰尘、热场、重力场等。

推荐采用组件列表模板，如图 13-3 所示。

图 13-3　组件列表模板

二、进行作用分析

作用分析基于组件列表，本步骤分析组件列表中各组件之间的相互作用关系。作用分析模板包括结构矩阵和结构表格，其中矩阵用来检查每对组件之间是否具有关系，表格用来详细描述这对组件之间的相互作用关系。

进行作用分析应遵循以下几点原则：

1）基于组件列表画出系统组件之间、组件与超系统组件之间的相互关系，进而进行作用分析。

2）作用分析用矩阵和表格依次建立，基于组件列表标明组件间的相互关系。

3）在技术系统生命周期的各个阶段，都可建立独立的、不同的组件列表，进行独立的、不同的作用分析。

4）在技术系统发展的整个生命周期中，通过分析系统组件之间、组件与超系统组件之间的相互作用，发现技术系统的新功能。

5）填写结构列表时，需对组件之间的相互作用作出评价，判断其是有用作用、有害作用还是中性作用。

6）作用分析中组件间的作用可以有多个。

7）进行作用分析时，若某个组件只与一个组件有直接联系，要从结构列表中将该组件去掉，可把它作为与其有关系的组件的子系统。

8）若初始的组件列表中存在的某些组件与系统中其他任何一个组件都没有关系，则应该从结构列表中将该组件去掉。

推荐采用作用分析模板，如图 13-4 和图 13-5 所示。

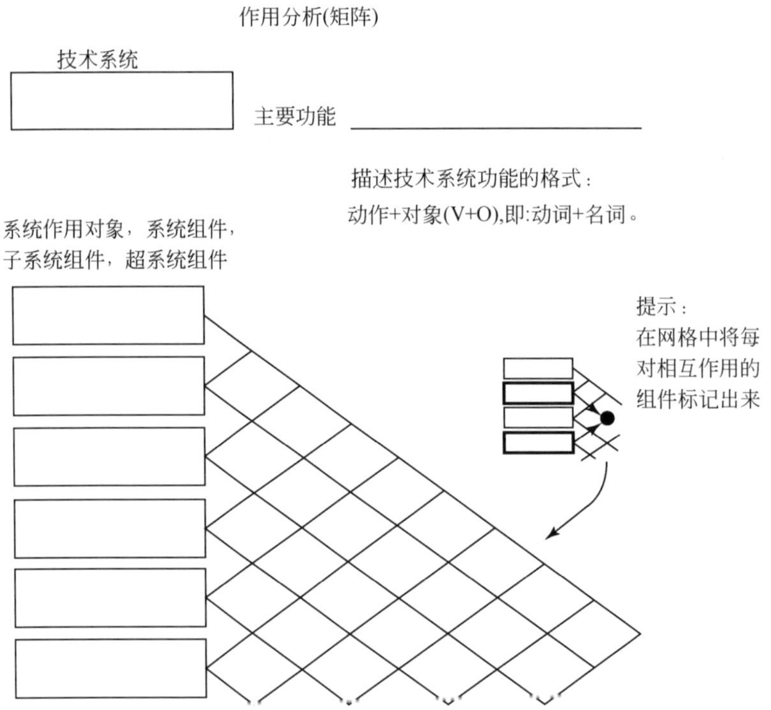

图 13-4　作用分析模板（矩阵）

作用分析(表)

技术系统 [   ]　　主要功能 ________________

存在相互关系的组件对			功能描述					
名称		图片	功能		功能属性			
					充分	不足	过度	有害
例	散热片 A↓ ↑B CPU		A	降低温度		√		
			B	支撑		√		
1	A↓ ↑B		A					
			B					

图 13-5　作用分析模板（表）

三、建立组件模型

组件模型基于组件列表和作用分析，采用规范化的功能描述方式表述组件之间的相互作用关系，最后将各组件间的所有功能关系全部展示出来，形成系统功能模型图。通常用图 13-6 表示各功能的类型。

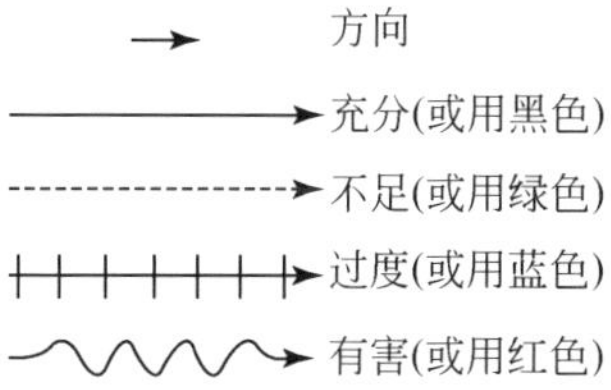

图 13-6　功能类型图示

建立组件模型应遵循以下几点原则：

1）针对特定条件下的具体技术系统进行功能陈述。

2）只有在作用中才能体现功能，所以在功能描述中必须有动词反映该功能。不能采用不体现作用的动词，也不能采用否定动词。

3）功能存在的条件是作用改变了功能受体的参数。

4）功能陈述包括作用与功能受体，体现作用的动词能表明功能载体要做什么，功能受体是物质，不能是参数。

5）在陈述功能时可以增添补充部分，指明功能的作用区域、作用时间、作用方向等。

推荐采用组件模型模板，如图 13-7 所示。

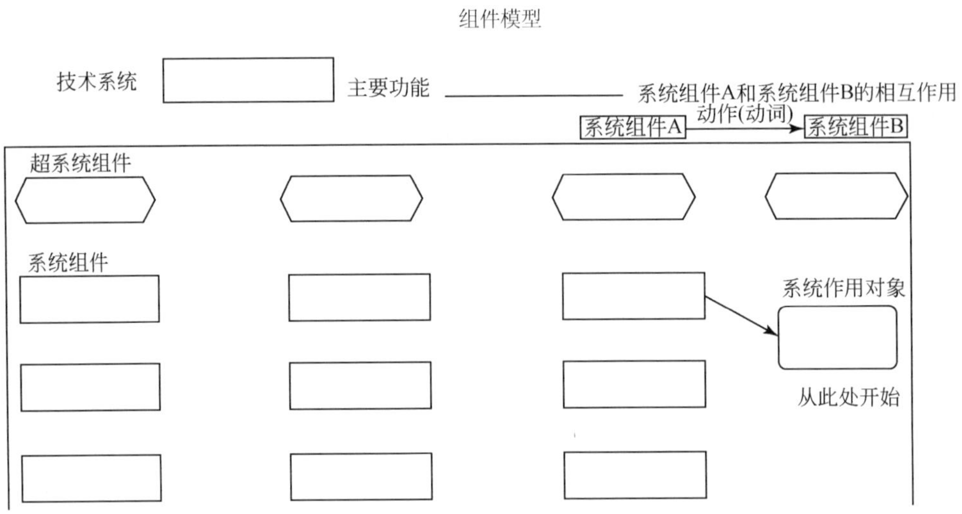

图 13-7　组件模型模板

第二节　功能的级别

功能可以分为下列三个级别：

1）主要功能。反映系统的主要有用功能（系统功能），是系统创建或设计的目的和目标，功能载体是技术系统本身。

2）基本功能。保障完成主要功能的组件功能，技术系统组件的功能级别最高为基本功能，功能载体是直接作用于系统作用对象的系统组件。

3）辅助功能。保障完成基本功能的组件功能，功能载体是系统或超系统中的组件。

功能的级别可以用图 13-8 表示。

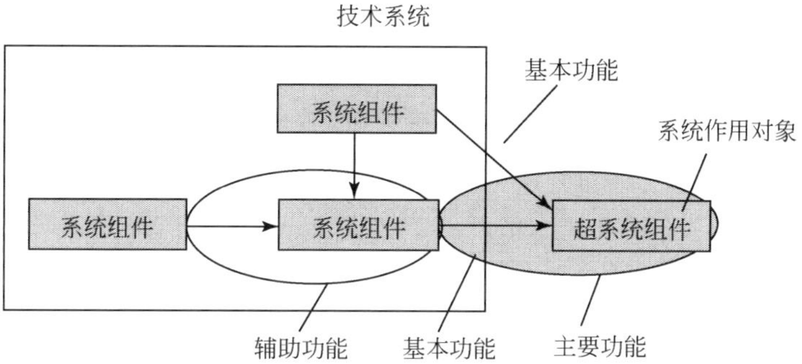

图 13-8　功能的级别

以眼镜为例，其功能的级别可以用图 13-9 表示。

图 13-9　眼镜的功能级别

第三节　综合实例

一、组件列表分析实例：近视眼镜

按照前述的原则进行分析，最终结果如图 13-10 所示。

通常我们用矩形框标志系统组件，用六边形标志超系统组件，用圆角矩形标志系统作用对象，按照这个规则，近视眼镜系统的组件可以用图 13-11 表示。

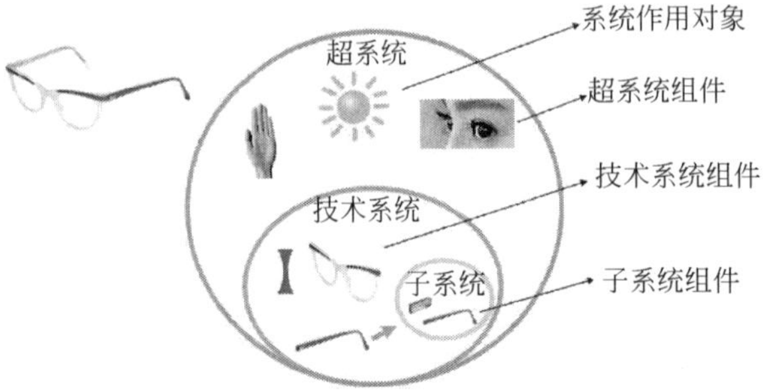

图 13-10　近视眼镜系统分析图

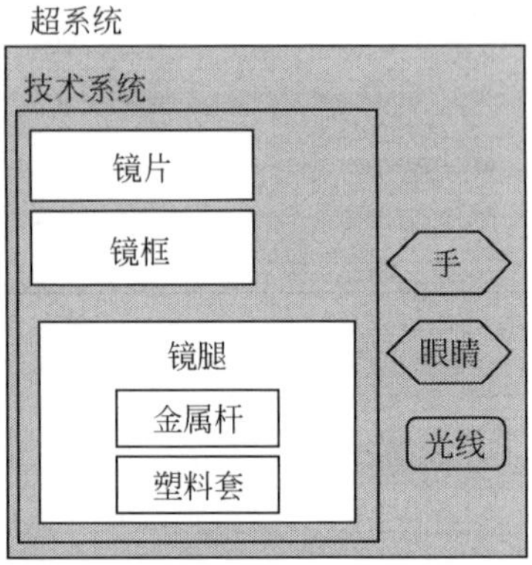

图 13-11　近视眼镜系统分析框图

二、组件分析实例：桌子上的可口可乐瓶

如图 13-12 左侧的场景，放在桌上的可乐瓶是密封的，内有可乐，那么瓶子在此刻的主要功能是封装可乐。因此，组件分析的结果如图 13-13 所示。

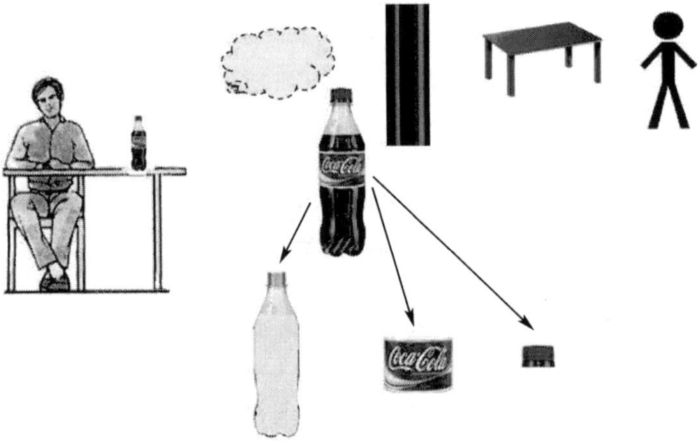

图 13-12　可乐瓶

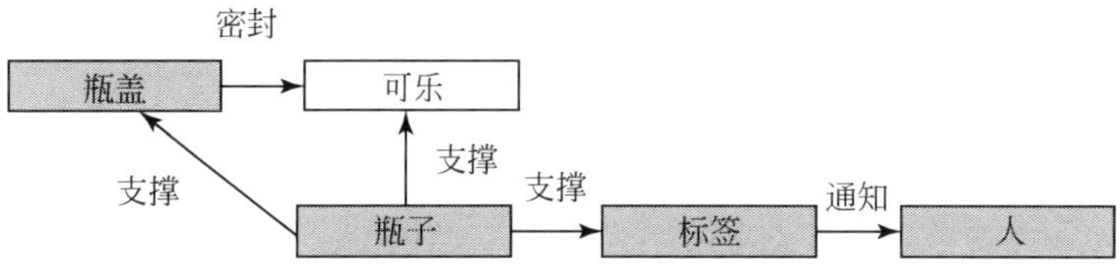

图 13-13　组件模型图

第四节　本章小结

组件分析是一种非常有效的分析方法。它的目的是优化技术系统功能并减少实现功能的消耗，使技术系统以很小的代价获得更大的价值，从而提高系统的理想度。

组件分析分为三大步骤：

1）组件列表：系统及超系统包含哪些组件。

2）作用分析：组件之间的作用关系。

3）组件模型：用规范化的语言描述系统所有组件之间的作用关系。

第十四章 系统裁剪分析

第一节 裁剪法的思想

对技术系统进行功能分析后，需对系统中各组件进行价值分析，即通过其成本、实现的有用功能、带来的有害功能等计算各组成部件的价值，找到最低价值的部件。

通常，在对某个技术系统进行改进的时候，采用的方法是对组件价值最低的部件进行改进，如果成本太高，则要考虑如何降低其成本；如果有用功能不足，则要考虑如何提高其功能的实现效能；如果是带来了有害功能，则要考虑采取什么措施将有害功能消除或避免其出现。

而裁剪法的思想和传统的系统改进方法恰恰相反，其采取的方法是：当找到系统中价值最低的组件时，将该组件直接裁剪掉，同时把它的有用功能提取出来，让系统中存在的其他部件去完成这个功能。这样，既消除了该部件产生的有害功能，又降低了成本，同时它所执行的有用功能依旧存在，如图 14-1 所示。

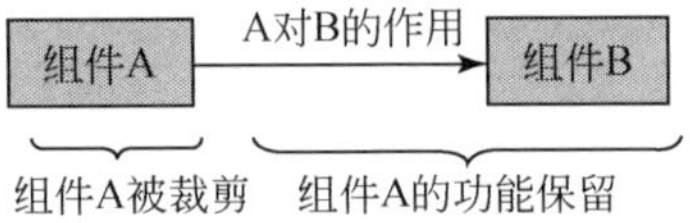

图 14-1 裁剪法思想的图示

裁剪一般在建立功能模型后进行，这时对部件的裁剪相对容易和准确。如果不建立功能模型就进行裁剪是非常危险的，因为你可能会在没意识到某个部件有什么有用功能时就把它裁剪掉了，而使系统丢掉了一些功能，降低了整个系统的有效功能。

裁剪法实施的前提是能够将被裁剪组件的有用功能重新分配至其他组件。

第二节 裁剪法的原则

在对系统组件进行裁剪之前，我们必须考虑以下五个问题：

1）我们需要这个组件所提供的功能吗？

2）在系统内部或系统周边，有没有其他的组件可以实现该功能？

3）现有的资源能不能实现该功能？

4）能不能用更便宜的方法来实现该功能？

5）相对于其他组件而言，该组件与其他组件是不是存在必要的装配或运动关系？

在裁剪之前，一一回答上述五个问题，确保在组件被裁剪后，它的功能能够继续实现，并且不对系统中的其他组件功能的实现产生影响。

运用裁剪法时的指导原则如下，该原则告诉我们应裁剪掉哪个组件。

1）如果分析该系统的专家有足够的经验，可以通过对具体问题的具体分析选择出需要裁剪掉的组件。

2）提供辅助功能组件的价值小于提供基本功能组件的价值。

3）如果希望降低技术系统的成本，就可以考虑裁剪系统中成本最高的组件；如果是希望降低系统的复杂度，则可以考虑裁剪系统中复杂度最高的组件。

第三节 裁剪法的实施策略

找到希望裁剪的组件 A 后，在裁剪实施时可采取下列策略依顺序判断，找到适合该系统的裁剪方式和方法。

1）若组件 B 不存在了，组件 B 也就不需要组件 A 的作用，那么组件 A 可以被裁剪掉（图 14-2）。

2）若组件 B 能自我完成组件 A 的功能，那么组件 A 可以被裁剪掉，其功能由组件 B 自行完成（图 14-3）。

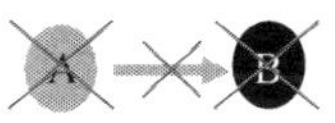

图 14-2 裁剪实施策略一

注：如果组件 B 是该系统的作用对象，那么此条不适用，进入第二条实施策略。

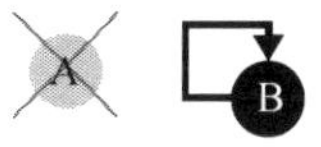

图 14-3 裁剪实施策略二

3）若该技术系统或超系统中其他的组件可以完成组件 A 的功能，那么组件 A 可以被裁剪掉，其功能由其他组件 C 完成（图 14-4）。

4）若技术系统的新添组件可以完成组件 A 的功能，那么组件 A 可以被裁剪掉，其功能由新添组件 C 完成（图 14-5）。

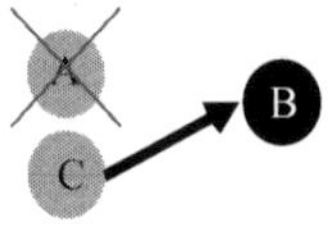

图 14-4　裁剪实施策略三

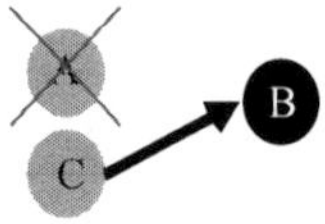

图 14-5　裁剪实施策略四

以上裁剪方式的优先级为 1→2→3→4。可以选择多种裁剪方式得到不同的解决方案。

第四节　裁剪法的应用实例

实例：近视眼镜的裁剪。

近视眼镜是为矫正视力而制作的简单光学器件，该系统的主要部件包括镜片和镜架，镜架又可分为镜框和镜腿。从镜片的功能上讲，它具有调节进入眼睛之光量和方向、改善人们视力的功能，所以该系统的作用对象为光线。而眼镜架的功能，主要是与镜片配套构成眼镜戴在人的眼睛上起到支架作用。

因此，构建眼镜这一技术系统的功能模型，如图 14-6 所示。

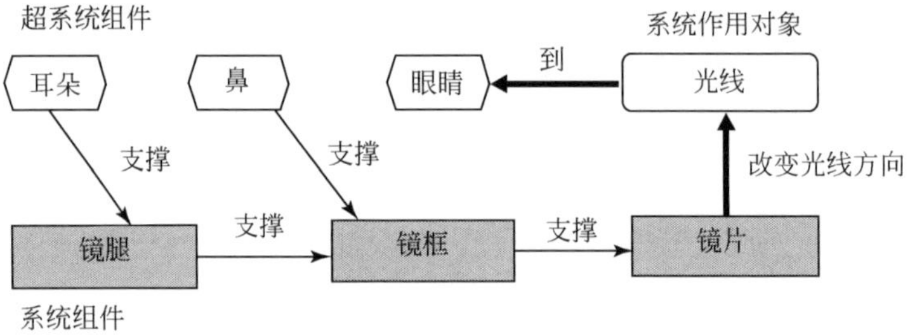

图 14-6　近视眼镜的功能模型图

根据裁剪法实施的指导原则，系统中提供最低价值辅助功能的组件是镜腿，因此从镜腿开始裁剪。

镜腿的功能为支撑镜框。根据裁剪法的实施策略，逐一寻求裁剪镜腿的解决方案，即若符合以下条件，镜腿可被裁剪。

1）实施策略一：没有镜框（因此镜框不需要支撑功能）。

2）实施策略二：镜框自我完成支撑功能。

3）实施策略三：①技术系统中有其他组件完成支撑镜框功能，如镜片；②或由超系统组件完成支撑镜框功能（手、眼睛等）。

选择实施策略三，用超系统组件——手来完成支撑镜框的功能，裁剪后系统的功能模型如图 14-7 所示。

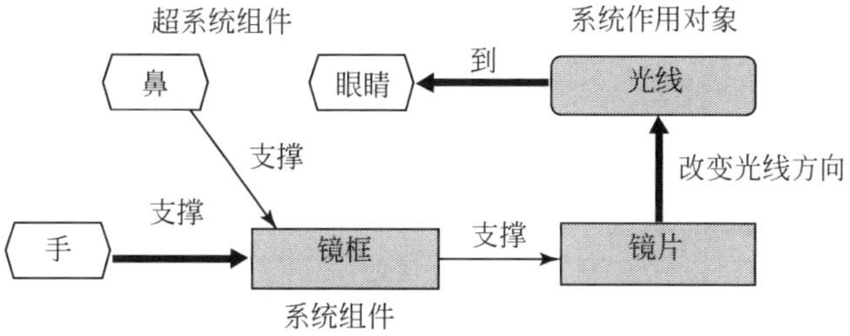

图 14-7　近视眼镜裁剪镜架后的功能模型图

很早的时候就存在这种没有镜腿的眼镜了（图 14-8），使用时用手来支撑。

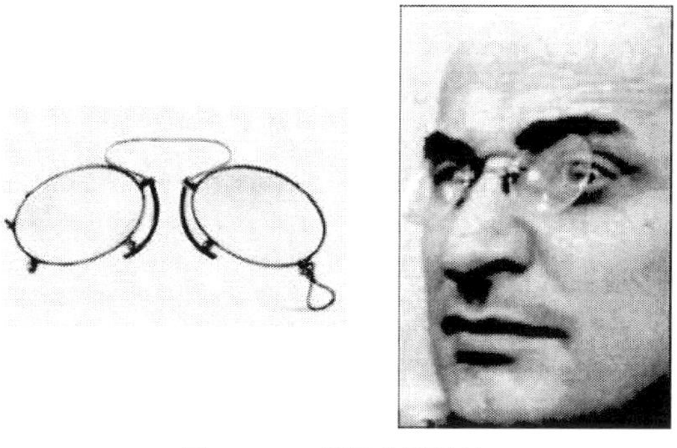

图 14-8　无腿近视眼镜

继续进行眼镜这一系统的裁剪，眼镜系统中剩余的组件中，镜框和镜片相对比，镜框的功能是辅助功能，相对镜片而言价值较低，因此下一步对镜框进行裁剪。

镜框的功能为支撑镜片。根据裁剪法的实施策略，逐一寻求裁剪镜框的解决方案，即若符合以下条件，镜框可被裁剪。

1）实施策略一：没有镜片（因此镜片不需要支撑功能）。

2）实施策略二：镜片自我完成支撑功能。

3）实施策略三：①技术系统中有其他组件完成支撑镜片功能（无）；②或由超系统组件完成支撑镜片功能（眼睛、鼻子等）。

选择实施策略三，用超系统组件——眼睛来完成支撑镜片的功能，裁剪后系统的功能模型如图 14-9 所示。

很容易想到，这种眼镜就是我们现在已经比较常见的隐形眼镜（图 14-10）。隐形眼镜是一种戴在眼球角膜上，用以矫正视力的镜片。这种眼镜不仅从外观上和方便性方面给近视患者带来了很大的改善，而且视野宽阔、视物逼真。

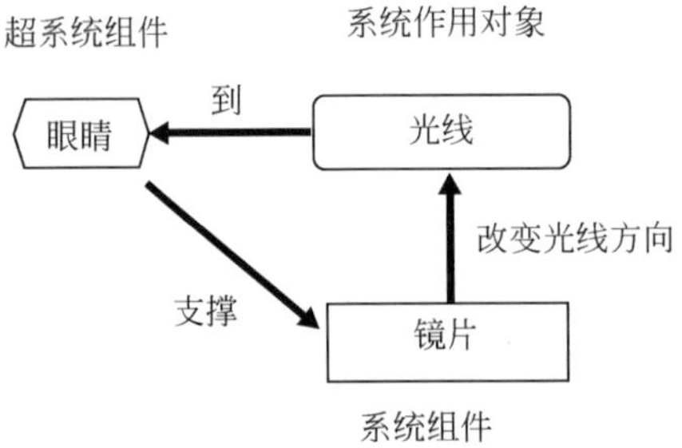

图 14-9　近视眼镜裁剪镜框后的功能模型图

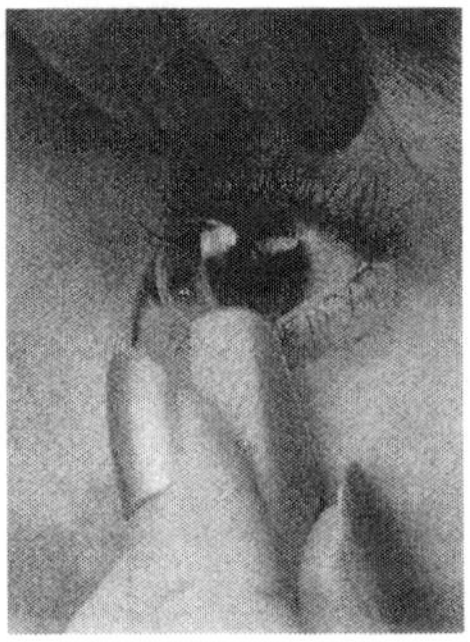
图 14-10　隐形眼镜

早在 1508 年，达·芬奇就提出了把镜片直接戴在眼睛上的想法，首先描述将玻璃罐盛满水置于角膜前，以玻璃的表面替代角膜的光学功能。

隐形眼镜相比框架眼镜有不少优点，它没有镜框的阻碍，没有重量，对佩戴者的外观并无影响，对爱美人士尤其是女性来说甚为适合。

但是隐形眼镜亦有一些缺点，由于隐形眼镜是直接戴在角膜上的，假如镜片或双手清洗不干净，佩戴隐形眼镜便较容易引起角膜发炎等病症。

那么我们再来思考一下，对眼镜的裁剪是否可以继续下去。系统中还剩下一个组件，即镜片，那么镜片可以被裁剪掉吗？

镜片的功能为——改变光线的方向。根据裁剪法的实施策略，逐一寻求裁剪镜片的解决方案，即如果符合以下条件，镜片可被裁剪。

1）实施策略一：没有光线（光线为系统作用对象，因此实施策略一不可用）。

2）实施策略二：光线自我完成改变方向的功能。

3）实施策略三：①技术系统中有其他组件完成改变光线方向的功能（无）；②或由超系统组件完成改变光线方向的功能（眼睛）。

选择实施策略三，用超系统组件——眼睛来完成改变光线方向的功能，裁剪后系统的功能模型如图 14-11 所示。

这时，整个眼镜系统已被裁剪，眼镜不存在了。通过眼睛自身来改变光线的方向，完成调整视力的功能。这就是现在的近视医疗技术——近视眼手术（图 14-12）。

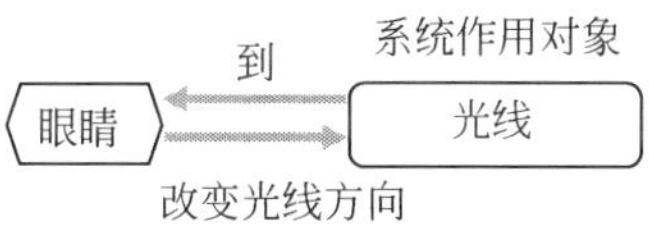

图 14-11　近视眼镜裁剪镜片后的功能模型图

图 14-12　近视眼手术模拟图

如果患者因工作上、生活上或生理上的原因不适合戴眼镜或隐形眼镜，则可考虑接受手术治疗。早期手术方式是以钻石刀做放射状角膜切割手术，但其术后的度数较难预测且较不稳定，眼球若受外力撞击较易破裂。准分子激光屈光手术是在 1986 年研发出来的手术方式，利用准分子激光之光切作用，快速精确地削切角膜组织，达到减轻或去除近视度数的目的，使患者减少或免除对眼镜或隐形眼镜的依赖。

第五节　本章小结

裁剪法是 TRIZ 中提高系统理想度的一种很好的方法，在使用时遵从裁剪法的实施策略，一步步地对系统功能模型进行分析，通常会得到出乎意料的、高质量的系统改进方案。

第十五章 因果分析

第一节 引 言

当工程师面对一个技术问题的时候，往往牵涉众多的因素，有时可谓是一团乱麻，陷入“剪不断，理还乱”的困境。这时，关键是理顺问题产生的原因，并充分挖掘技术系统内/外部资源，以找到最有效的解决问题的方案。

三轴分析法（图 15-1）是按照因果关系、时序顺序、系统层次三个方面来全面考察技术系统当前的问题。三轴分析法可以帮助我们发现问题产生的根本原因，寻找解决问题的“薄弱点”，分析解题资源，降低解决问题的成本。

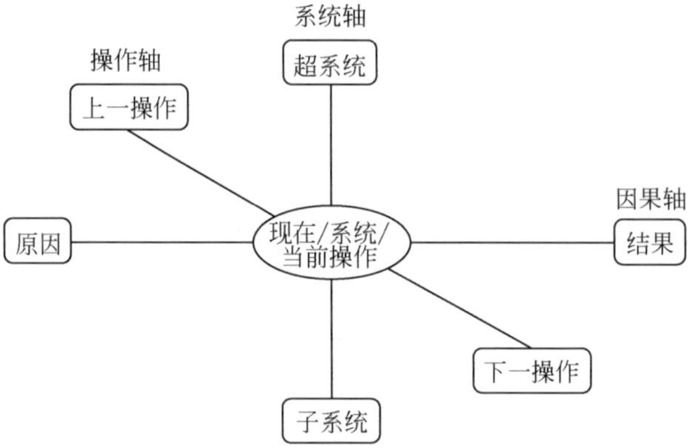

图 15-1 三轴分析法示意图

1）因果轴反映一些事件之间的因果联系，这些事件的发生先于或后于初始问题的出现。此轴可用来揭示问题的根本原因。

2）操作轴反映一些动作（操作）的顺序，这些动作（操作），是问题的对象经历的全部动作（操作）。

3）系统轴所反映的是一个子/超系统怎样与考虑中的技术系统相互作用。

操作轴以及系统轴分析，实质上是在进行系统资源分析，充分挖掘可以用于构造解决方案的技术系统内/外资源，这一部分内容我们将在下一章详细讨论，本章我们着重介绍因果轴分析方法。

第二节　常见的因果分析方法

一、五个“为什么”

在丰田公司的改善流程中，有一个著名的“五个为什么”分析。要解决问题必须找出问题的根本原因，而不是问题本身，根本原因隐藏在问题的背后。举例来说，你可能会发现一个问题的源头是某个供应商或某个机械中心，亦即问题发生在哪儿，但是，问题的根本原因是什么呢？答案必须靠更深入挖掘并询问问题何以发生才能得到。先问第一个“为什么”，获得答案后，再问为何会发生，依此类推，问五次“为什么”。

丰田公司的成功秘诀之一，就是把每次错误视为学习的机会，不断反思和持续改善，精益求精。通过识别因果关系链进行诊断。这个方法的使用前提是对问题信息充分了解。

一个有趣的问题是，为什么是“五个”而不是“六个”呢？

丰田公司前副社长大野耐一先生，曾举了一个例子来找出停机的真正原因。

有一次，大野耐一发现生产线上的机器总是停转，虽然修过多次但仍不见好转。于是，大野耐一与工人进行了以下的问答。

一问：“为什么机器停了？”

答：“因为超过了负荷，保险丝就断了。”

二问：“为什么超负荷呢？”

答：“因为轴承的润滑不够。”

三问：“为什么润滑不够？”

答：“因为润滑泵吸不上油来。”

四问：“为什么吸不上油来？”

答：“因为油泵轴磨损、松动了。”

五问：“为什么磨损了呢？”

答：“因为没有安装过滤器，混进了铁屑等杂质。”

经过连续五次不停地问“为什么”，才找到问题的真正原因和解决方法：在油泵轴上安装过滤器。如果我们没有这种追根究底的精神来发掘问题，我们很可能只是换根保险丝草草了事，真正的问题还是没有得到解决。

二、故障树

故障树分析技术（FTA），是美国贝尔电报公司的电话实验室于1962年开发的，它采用逻辑的方法，形象地进行危险分析工作，特点是直观、明了，思路清晰，逻辑性强，可以用来作定性分析，也可以作定量分析。

故障树（图15-2）是一种特殊的倒立树状逻辑因果关系图，它用事件符号、逻辑门符号和转移符号描述系统中各种事件之间的因果关系。故障树的建立可以按照以下步骤执行：

1）自上而下按层分析直接原因。

2）列出每个事件的故障内容及发生条件。

3）分析事件之间的关系，用与或门表示。

4）按照事件结构和发生概率，确定导致故障发生的重要事件，按照轻重缓急采取对策。

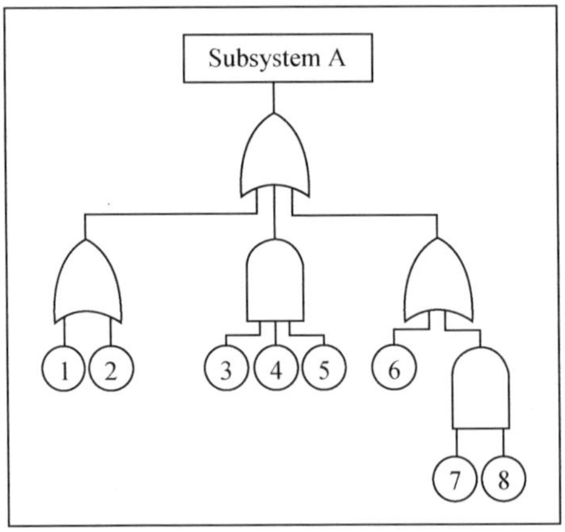

图15-2　故障树示意图

三、鱼骨图分析

鱼骨图（cause & effect/fishbone diagram）是由日本管理大师石川馨先生发展

出来的，故又名石川图。鱼骨图是一种发现问题“根本原因”的方法，它也被称为“因果图”。鱼骨图分析法把问题以及原因，采用类似鱼骨的图样串联起来，鱼头是问题点，鱼骨则是原因，而鱼骨又可分为大鱼骨、小鱼骨、细鱼骨，小鱼骨是大鱼骨的支骨，细鱼骨又是小鱼骨的支骨，必要时，还可以再细分下去。大鱼骨是大方向，小鱼骨是大方向的子因，而细鱼骨则是子因的子因。鱼骨图分析法与头脑风暴法结合，是比较有效的寻找问题原因的方法之一。

四、因果矩阵分析

矩阵图法就是从多维问题的事件中，找出成对的因素，排列成矩阵图，然后根据矩阵图来分析问题，确定关键点。它适用于分析多个结果与不同的原因之间的影响关系，是一种通过多因素综合思考探索问题的方法（图15-3）。

因果矩阵

顾客重要度																		
			1	2	3	4	5	6	7	8	9	10	11	12	13	14	15	
			Y1	Y2	Y3	Y4	Y5											累计值
	过程步骤	过程输入																
1																		0
2																		0
3																		0
4																		0
5																		0
6																		0
7																		0
8																		0
9																		0

图15-3 因果矩阵样式

五、失效模式与后果分析

失效模式与后果分析（failure mode and effect analysis，FMEA）是一种用来

确定潜在失效模式及其原因的分析方法。具体来说，通过实行 FMEA，可在产品设计或生产工艺真正实现之前发现产品的弱点，可在原形样机阶段或在大批量生产之前确定产品缺陷。

FMEA 是 20 世纪 50 年代由美国格鲁曼公司开发的，用于飞机制造业的发动机故障防范。20 世纪 60 年代美国航空航天局（NASA）实施阿波罗登月计划时，在合同中明确要求实施 FMEA。

FMEA 主要有四种类型。

1）系统失效模式与后果分析（SFMEA）：应用于早期概念设计阶段的系统和子系统分析。

2）设计失效模式与后果分析（DFMEA）：应用于产品试制之前的产品设计分析。

3）过程失效模式与后果分析（PFMEA）：应用于生产制造和管理流程的分析。

4）服务失效模式与后果分析（FMEA）：应用于服务流程的分析。

上述四种类型中，DFMEA 和 PFMEA 最为常用。

第三节　因果轴分析

一、原因轴与结果轴分析

“无风不起浪”，凡是结果必然有其原因。通常，为了解决某个实际上已经发生的问题，或者是防止某种不太严重的问题升级到无法接受的程度，我们不断寻找问题发生的原因，并发掘整个原因链，分析原因之间的关系，找到根本原因或容易解决的原因，直接或间接地提出解决方案。

我们可以通过上述介绍的五种方法来进行原因轴分析。从逻辑上说主要用到的是“五个为什么”方法，还可以参考“故障树”的结构来分析原因之间的关系，而“鱼骨图”、“因果矩阵”、“FMEA”可以帮助我们结构化地思考原因，避免漏掉一些原因。值得一提的是，在发掘整个因果链的时候，需要注意原因轴的结束条件，防止过度发掘带来巨大的成本以及效率的降低。一般在以下三种情况时，原因轴分析即可终止：

1）当不能继续找到下一层的原因时。

2）当达到自然现象时。

3）当达到制度、法规、权利、成本等极限时。

另外，对因果轴的分析，除了原因轴之外，还需要对结果轴进行分析。结果轴是不断推测问题蔓延的结果，用于了解可能造成的影响，寻找可以控制原因发生和蔓延的时机和手段。结果轴对防止某种不太严重的问题升级到无法接受的程度有着突出的意义，它主要是通过“失效模式与后果分析（FMEA）”方法进行分析。另外，还有变更影响分析，都是在考虑原因可能造成的后果，对客户产生的影响，以及如何从现在就开始预防。同样值得一提的是，结果轴在遇到以下几种情况时也可以结束：

1）当不能继续找到下一层的结果时。

2）当遇到重大人员、经济、环境损失时。

3）当达到技术系统的可控极限时。

关于结果轴，有两点需要注意：

1）有时，我们从一个实际问题开始因果轴分析，其严重后果已经显而易见，就不需要继续分析结果轴。

2）当一个系统中存在多个问题时，可以通过结果轴分析来判断首先需要关注的问题。

二、因果轴描述

因果轴分析的两个方面——原因轴和结果轴分析，可以发现问题产生的根本原因，并从发现问题产生和发展链中的“薄弱点”里，为解决问题寻找入手点。对原因和结果的描述应该与功能描述对应起来，需要对应到参数。而功能主要通过相互作用来体现。为了规范对原因和结果类型的描述，一般我们有以下四个定义：

1）缺乏，指应该有的作用，但是没有。

2）存在，指在提供有用作用的同时，伴随产生了有害作用。

3）有害，指应该完全没有的作用，却出现了。

4）有用，应该有作用，但是效果不令人满意，这里又可细分出四小类。①过度，有用的作用超过了上阈值，从而产生有害影响。②不足，有用的作用低于下阈值，因而效果不足。③不可控，有用的作用，但是无法控制。④不稳定，有用的作用，但是不够稳定，带来了有害影响。

上述所有类型中，有用作用都是需要参数的，其他不需要参数。

我们可以用图形化的方式（图 15-4）来对因果轴展开分析。可以对每个原因、结果的对象，参数以及描述三个方面进行结构化的表达，如图 15-4（a）所示。图 15-4（b）是对“电线燃烧”这个例子进行的图形化的规范描述。

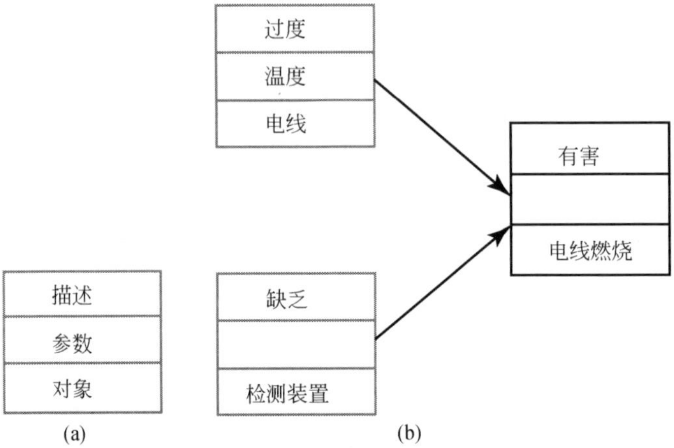

图 15-4　因果轴分析

三、因果分析实例

某公司主要制造多系列电力机车以及多系列柴油机等产品，在试制新型发动机的过程中，遇到了多项技术问题，其中最严重的问题之一是润滑油管路振动超标。当柴油机运转的时候，润滑管路系统会产生高频振动，影响了产品的性能。表 15-1 是几个主要振动测量部位的测量值和期望值。

表 15-1　润滑油管路振动测量值和期望值

位置	测量的振动速率/(毫米/秒)	期望的振动速率/(毫米/秒)
油泵出口	30～40	25
溢流阀	50～60	40
波纹管阀	35～50	30

图 15-5 是油泵的结构图。

从振动测量结果和结构图可以看出，柴油机管路的振动主要包括三个方面：

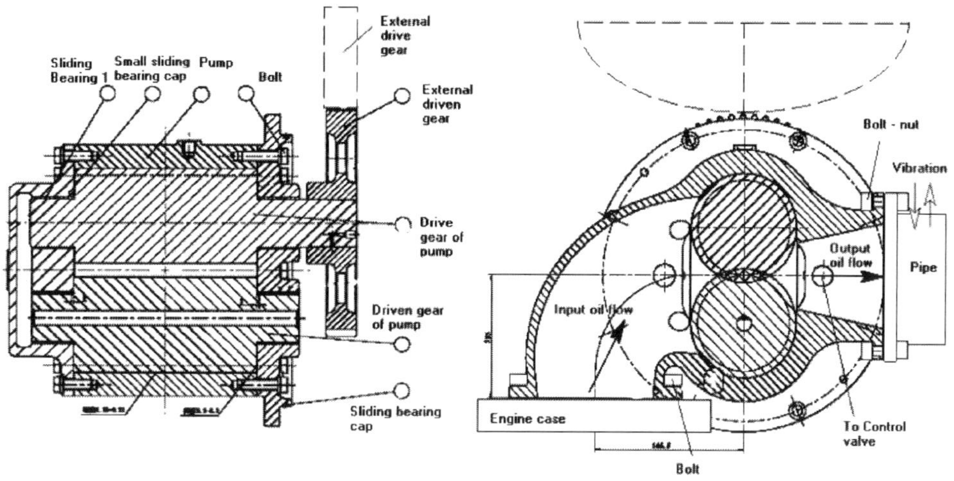

图 15-5　油泵结构图

①波纹管振动；②溢流阀连接处的振动；③油泵出口振动。

而对“油泵出口振动”，我们采用前述提到的各种因果分析方法，可进一步分析其产生的原因，并把这些原因运用因果轴分析的形式表达出来，如图 15-6（a）所示，图 15-6（b）是采用图形化的规范描述后的示例。

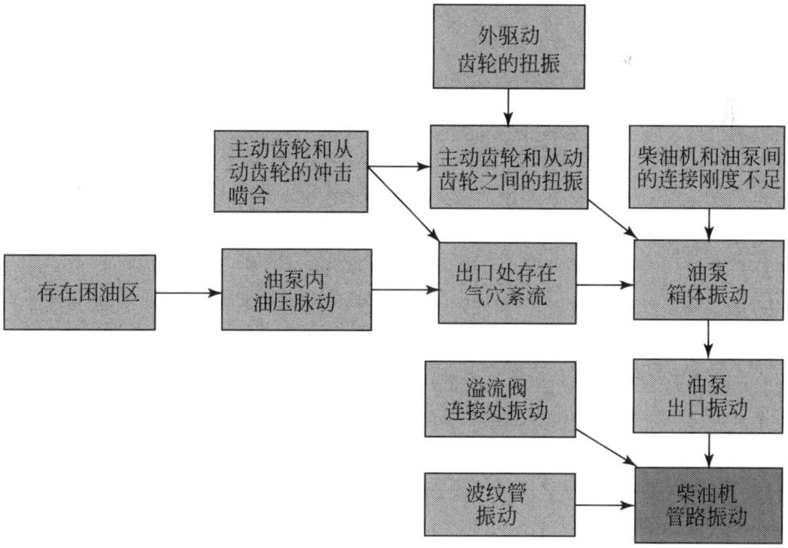

(a)

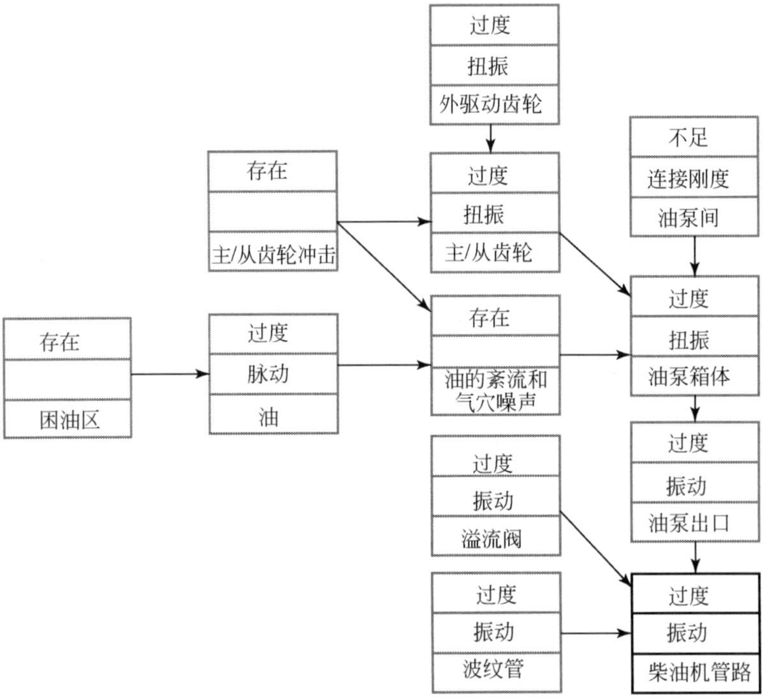

(b)

图 15-6　油泵振动因果轴分析

第四节　本 章 小 结

用“三轴分析法”，沿流程时序轴、系统层次轴和因果关系轴对初始问题进行分析与重定义，将复杂的工程问题分解成为多个子问题，帮助用户发现隐藏在表层问题背后的真正问题，以及充分利用系统资源的途径。

在因果轴分析时，可采用以下五种方法来分析技术系统中问题的原因和结果：

1）五个“为什么”方法。

2）故障树法。

3）鱼骨图分析法。

4）因果矩阵分析。

5）失效模式与后果分析。

在三轴分析法的因果轴描述中，规范的原因描述有四大类，包括缺乏、存在、有害、有用。其中有用作用又可细分出四小类：过度、不足、不可控、不稳定。

通过三轴分析方法中的因果分析，以及规范的图形化的表示过程，就是工程师对工程问题进行深入分析的过程，这使工程师充分而全面地考虑问题产生的根本原因，从而为下一步解决问题奠定基础。

第十六章　资源分析

“资源”最先是与自然资源相联系的。人类的进步伴随着可用资源的消耗，但同时人们也担心资源被消耗殆尽带来的巨大灾难。同时，我们也看到另一方面，人类不断地发现和创造出新的资源，像发明了太阳能蓄电池、风力发电机、超级杂交水稻、基因技术等。这些创新都是对各种资源的创造性应用。然而，长久以来，人们在进行发明创造、解决工程难题的过程中，并没有有效的、可靠的方法使对“资源”的认识系统化，并用来指导人们对资源进行创造性的应用。

TRIZ 在其不断发展的过程中，提出了对技术系统中“资源”这一概念系统化的认识，并将其应用到对问题应用求解的过程中。TRIZ 认为，对技术系统中可用资源的创造性应用增加系统理想度，是发明问题解决的基石。

本章主要介绍了 TRIZ 中“资源”的基本概念及其分类，并结合简单实例进行说明。

第一节　TRIZ 资源概述

资源指个人和国家拥有或可以使用的财富、货源、原材料等（《牛津高阶英汉双解词典》）；资源指备用或可用于支助的东西（《韦氏新世界字典》）。

在 TRIZ 理论中，资源通常指方案的某一组成部分，该部分使方案的实施成本更低。我们也可以将资源定义为提供某一功能的方法或手段，它比能够提供相同功能的其他方法或手段更廉价。因此，只有与性质类似但对当前问题情境无法作出改善的另一种系统组件（方法或手段）相比较时，某一系统组件（方法或手段）才能够被当做资源考虑。

“资源”这个概念是阿奇舒勒于 1985 年提出 ARIZ 算法（algorithm for inventive problem solving）时，形成的“物场资源”概念。后来，这个概念被扩充成为包含各种类型资源的概念，如空间、时间、信息等。

第二节 资源分类

在了解了 TRIZ 中资源的基本概念之后，对于技术系统来说，各种各样的资源非常庞杂。我们必须了解资源的分类。

一般而言，系统资源有很多不同的分类方式。从资源与 TRIZ 中其他概念结合的角度来分类，可以将资源分为发明资源（inventive resources）、进化资源（evolution resources）、效应资源（effect resources）。这部分内容，可以参考本书其他相关章节内容。

TRIZ 认为，任何技术都是超系统或自然的一部分，都有自己的空间和时间，通过对物质、场的组织和应用来实现功能。因此，资源也通常从时间、空间、能量、物质等角度来分类。

下面以这种典型的分类方式来详细地讨论 TRIZ 中资源的类型及其含义。

资源可以分为两大类，即系统资源，以及由系统资源派生的资源。系统资源可以从物质、能量、时间、空间、结构、功能、信息等角度来进一步细分。

这里我们给出各个类型的简介及其子类的划分。

第一，可用材料或物质（物质资源）：系统或环境中任何种类的材料或物质都可看做是可用物质资源，例如：

1）废弃物。

2）原材料/产品。

3）系统组件-功能单元。

4）廉价物质。

5）水。

第二，过剩能量（能量资源）：系统中或周围可用于其他用途的任何可用能量，都可看做是一种资源，例如：

1）机械资源（旋转、压强、气压、水压等）。

2）热力资源（蒸汽能、加热、冷却等）。

3）化学资源（化学反应）。

4）电力资源。

5）磁力资源。

6）电磁资源。

第三，空闲时刻或时间周期（时间资源）：部分或全部未使用的各种停顿和空闲，运行之前、之中或之后的时间，例如：

1）利用作用之间的停顿时间。

2）同时进行两种或多种作用。

3）利用预先作用。

4）为达到附加目的，利用作用之后的时间。

第四，作用之间的停顿时间（时间资源）。停顿时间可用作：

1）清洁。利用停顿时间进行清洁，从而在作用期间保持对象的整洁。

2）改造。尽管很难或不可能保持对象足够的稳定，然而利用动作之间的停顿时间进行改造，可以保证其不致被损坏。

3）测量。通常很难或不可能在对象的操作过程中进行参数测量。在这种情况下，你可以利用动作之间的停顿时间获得必要的信息。

第五，同时作用（时间资源）：找机会同时进行不同的动作。

1）利用运输过程进行机械加工。通常运输的是产品或是原始材料或是最终产品。然而，有时可以有效地利用运输时间来完成部分生产过程。

2）利用制造过程进行精加工。如果制造过程不够精准，必须在制造流程中进行精加工，这就增加了额外的工作和时间等。为了避免这一现象，可设法在制造过程中同时进行精加工。

3）利用制造动作，防止破坏。有时候制造过程会产生撞击，可能破坏物体（工具或产品），那么设法将制造动作与保护措施结合起来。

4）同时应用两种或多种张力。一些制造过程会对产品或工具造成撞击危险。如果除一种力外，还施加了另一种力，那么在不破坏加工对象的情况下，就可以获得同样的结果。

5）利用预作业时间做下一步工作。在制造过程中进行连续操作很费时间，设法将两步动作结合成一步完成。

6）同时执行几种相似的作用。有时候必须多次重复类似作用，那么请设法同时完成它们。

7）结合两种方向作用。有时候，很难精确地完成某些操作。为了达到需要的精确度，设法将两个反向作用结合在一起。

8）同时应用不同的操作。设法找到能在“同一作用”中获得必要结果的方法，而不是分别进行几种连续操作。

9）利用“开发时间”进行冷却。如果在开发期间对物体进行加热，且又不想浪费时间来对其进行冷却，此时可以设法在其工作的同时进行冷却。建议利用物体的加工运动。

10）利用“开发时间”进行维修。进行物体维修要花费很多时间，如果你不想在维修上浪费太多时间，你可以利用其加工运动，在开发期间进行维修。

11）采用同时测量。通常一次测量的精确度是有限的，为了增加其精确度，可进行两次不同的测量，并比较测量结果。

12）采用检查过程进行处理。通常是在处理前进行检查，但是如果检查程序很复杂的话，就设法在检查过程中处理有问题的地方。

第六，预先作用（时间资源）。

事先采取行动可以轻易地解决很多问题。采取预先作用可以达到以下目的：

1）产生预张力。如果必须加强某一物体，方法之一就是产生与工作张力相反的定向预张力，最好的方法是利用作用之前的时间来创造预张力。

2）在安全区域进行缓冲。如果你发现某一物体可能损坏，那么请将损坏限定在安全区域中。只损坏局部的方法之一，就是沿安全区域的边缘为加工对象提供缓冲。

3）预加固。如果必须进行物体加固，最好是在作用之前进行。

4）引入保护层。如果要防止表面磨损，就得设法在该表面上设置保护层，并且最好在作用前进行。

5）引入附加功能单元。如果你将利用某一物体，而又没有适当的工具去利用它的时候，你可以设法在使用该物体之前利用时间引入必要的工具。

6）引入必要材料。如果你必须在作用期间为你的对象增加某种性质，可以设法在使用前引入该性质的载体。

7）引入一种介质。如果在作用期间必须保护你的对象或环境，设法在作用前引入一种保护介质。

8）产生隔离。如果在作用过程中，必须将物体与环境隔离或反过来将环境与物体隔离，可以设法在作用之前创造出必要的绝缘。

9）作出标记。如果必须找出某一隐藏对象，最好在隐藏前，在对象上做易检测标记。

10）安装传感器。如果在作用中必须测量一个物体的参数，设法在动作之前在物体上安装一个传感器（如在制造该物体的同时）。

11）赋予必要的性质。如果你必须在作用中为你的物体增加某种性质，最好在作用前将这些性质赋予对象。

12）创造一种材料的特殊结构。如果必须拥有某种对象的特定结构，那么你最好在使用对象前创造该结构（如在制造物体过程中）。

13）创造异质性。如果必须在操作中获得某些对象的属性，那么设法利用该物体的异质性，并使其在动作之前产生。

14）创造必要的速度。如果物体在动作中应具有一定的速度，而又很难产生，那么就设法在作用之前创造需要的速度。

15）创造一种作用程序。如果物体应根据一定的程序运行，最好在动作之前创造该程序。

第七，作用之后的时间（时间资源）。

动作自动完成时，似乎太晚了，以致什么都做不成，真是这样吗？人类的经验表明，这种说法通常都是错误的。有很多事情是可以在“事后”做的，如以下几点：

1）拆除模具功能单元。如果你利用模具功能单元进行物体成型，而又不能轻易拆除该功能单元，那么可以设法在成型过程完全结束后将它拆除。

2）排除固定功能单元。如果必须在作用中进行对象的固定，并且在作用后拆除，那么设法使固定功能单元易于拆卸，并能在动作后将其拆除。

3）移除媒介载体。如果必须在作用前使用媒介载体（如作用前保存对象），且该载体在作用过程中和作用后就不再需要，那么通常你可以设法在作用过程中将其排除。但有时候会很困难，在这种情况下，设法在作用结束后拆除该媒介载体。

4）去除耗尽功用的物质。有时必须采用一些物质来完成一些操作，这些物质在作用完成后会阻碍你的操作。设法利用作用完成后的时间来去除这些功用耗尽的物质。

5）进行产品精加工。如果你不能在作用中制造精确的产品（机械加工等），设法在作用结束后通过特殊操作来进行产品精加工。

6）产品的制造。在制造过程中，许多“二级”操作（产品标记）将花费很多时间。那么设法在产品制成后再进行这些操作。

7）接口密封。有时候你设法从一个作用中获得两种结果，而两个结果都不够好。那么，请试着在该作用中获得第一个结果，而在该作用后再获得另一个结果。如在封接口时，设法连接两个部分，并密封其接点。但是在连接之后单独进行密封则更容易。

8）损坏后自修。如果你不能使物体足够坚固，以抵抗某一作用，而使它停止下来，那么请设法利用作用之后的时间对该物体进行维修或自修。

9）产生压强。如果你觉得很难在产品制造过程中产生压强，那么请设法给产品添加一些物质，在制造完成后，通过蒸发就可以产生需要的压强了。

10）测量。有时候很难或不可能在一些作用过程中，或时间段内对具体对象进行测量。如果确实需要测量，就要先制造一个物体的复制品（如照片），以便在动作过程或时间之后进行测量。

第八，未用空间（空间资源）。

为了节省空间或者当空间有限时，任何系统中或周围的空闲空间都可用于放置额外的作用对象。

1）某个表面的反面。通常将作用对象放在某一表面的正面。然而，有时没有空间来放置新的作用对象，或由于其他原因而不能将作用对象放于正面。这时就应设法在反面寻找存放空间。

2）未占据空间。每一个作用对象中都有未被使用的空间，或被无用物质所占的空间。通常，这些空间就是在物体构造内部的内体积，请设法利用该体积放置必要的物体和物质。

3）表面上的未占用部分。表面上常常有很多“习惯上”不使用的空间，有时只是因为没有人试着利用它。如果你没有地方放置作用对象的话，请设法利用这块以前从没被用过的空间。

4）其他对象上面或下面的空间。人们通常将一个作用对象放置到其他作用对象附近。如果你不能这样做的话，请试着将其放置在其他作用对象的上面或下面。

5）其他作用对象之间的空间。通常，作用对象并不是紧紧地放在一起的。有时候，因为某些重要的原因而使它们之间存在一定的空间，但是不会有任何理由而防止将其用于其他目的。

6）作用对象的背面。通常，我们将部件存放在作用对象的正面，而很少放置在其背面。请试着利用背面，你可能获得你要寻找的空间。

7）作用对象外面的空间。通常，在某一作用对象上放置某些元件可能造成很多麻烦，所以请试着将一个或多个元件放置在具体对象外面。

8）作用对象初始位置附近的空间。有时候，作用对象的常规移动可能造成很多麻烦。请试着利用具体对象初始位置附近的空间搬动物体。

9）活动盖下面的空间。如果在某一时间内必须隐藏或储存作用对象，可将其放置在活动盖下面。

10）其他对象各组成部分之间的空间。如果作用对象的外形复杂，那么其各部分之间可能有适当的空间。尽管这种形状是必需的，你也可以利用该真空区放置其他作用对象。

11）另一个作用对象上的空间。如果某一作用对象上不能放置设备时，那么请设法将其放置到另一对象上。

12）另一作用对象内的空间。标准设计惯例规定作用对象需要分开放置。有时候，传统往往会带来很多麻烦，然而在处理该情况时，你最好将一个物体放置在另一个当中。

13）另一作用对象占用的空间。如果你找不到放置作用对象的空间，那么就设法用其代替其他作用对象。然后，你就可以利用原对象所占用的空间。

14）环境中的空间。有时，很难找到放置某一作用对象或进行某项作用的空间。在这种情况下，请尝试在环境中寻找空间：①作用对象结构（结构资源），系统部件的位置及其关系的使用可以得到额外的优势，因此，也可以看做是一种资源。②系统功能（功能资源），物体或其部件能够完成额外功能的特性，可以看做是功能资源。③信息（信息资源），系统中累积的任何信息、知识和技能也可以作为一种有效资源使用。

上面介绍了系统资源的分类方法。而相对于系统资源而言，还有很多容易被我们忽视，或者没有意识到的资源，这些资源通常都是由系统资源派生而来。能充分挖掘出所有的资源，是解决问题的良好保证。

对现有资源巧妙而创造性地改造或者结合都能产生新的派生资源。按照与系统资源类似的划分方法，派生资源一般可分为以下几类。

1. 派生物质

如果系统或附近环境中不存在所需物质，可通过以下方式获得：①物理效应；②化学反应；③物质迁移。

2. 派生能量

如果没有所需能量资源，可通过以下方式获得能量：①能量传递；②能量结合；③物理效应；④化学反应。

3. 派生空间

通过以下方式可以获得所需空间，

1）通过以下方式改变物体定位：①线或轴旁边的空间；②不同于轨道方向的方向；③垂直于线或轴的方向；④垂直于表面的方向。

2）几何效应，包括以下几点：①圆圈代替直线；②柱面或球面代替平坦表面；③莫比乌斯圈代替平坦表面。

4. 派生时间

为了获得所需要的时间：①加快动作/操作；②放慢动作/操作；③中断动作

/操作；④改变操作顺序。

5. 派生结构

从现有结构中导出所需的结构：①将物体分成几部分；②将两个相似物体整合到同一系统中；③将两个物体整合到同一补偿系统中；④将两个功能相反的物体整合在一起；⑤将两个物体整合到同一共生系统中；⑥将几个单独的物体进行整合。

6. 潜在资源

通常，现实问题情境中存在各种资源，但是不易被发现。在 TRIZ 中，我们称这些资源为潜在资源或隐藏资源。

有一个著名的心理学试验，要求完成一项任务，需要用一种尖锐物体，在卡纸板上打一个洞。在第一组进行实验的房间内，桌上有多种物体，包括一根钉子。在第二组进行实验的房间内，也有很多物体放在桌上，但是没有一样尖锐物品，只有墙面上一根突出的钉子。第三组实验的房间与第二组相似，只是墙面上突出的钉子上挂着一幅画。

第一组能 100% 完成任务，而第二组有 80% 能完成任务，第三组有 80% 不能完成任务。实验表明，在发现潜在资源方面，人们还需要有意识地进行训练。

第三节 资源的可用度与理想解

我们求解问题的过程，一般分为两个阶段：资源分析与资源使用。资源分析阶段，是为了尽可能地找到系统当中存在的资源。打个不恰当的比喻，就像我们日常做饭一样，要找到用于做饭的食材、做饭的炊具等。对没有做过的菜，还需要菜谱。而资源的使用，就是创造性地使用好我们所找出来的系统资源，以及各种各样的派生资源，来解决工程问题，做出一顿丰盛的“大餐”。

在解决方案的过程中，最佳利用资源的理念与理想度的概念紧密相关。

$$\text{理想度}=\frac{\sum\text{有用功能成本}}{\sum\text{有害功能}+\text{成本}}\rightarrow\infty$$

事实上，某一解决方案中采用的资源越少，我们求解问题的成本就越小，上式中的分母就会越小，而理想度的指数就越高。这里所说的成本应理解成为广义的成本，而并非采购价格这一具体可见的成本。

关于资源的遴选，表 16-1 和表 16-2 从以下角度评价技术系统的资源，从而找出更加适合问题的解决方案，以及使得技术系统理想度更高的资源。

表 16-1 资源评估表

数量	不足
	充分
	无限
质量	有用的
	中性
	有害的

表 16-2 资源可用度表

可用度	现成的（ready）
	派生的（derivative）
	特定的（differential）
范围	操作区域内（in an operative zone）
	操作时段内（in an operative period）
	技术系统内（in the technique）
	子系统中（in subsystems）
	超系统中（in the super-system）
价格	昂贵（expensive）
	便宜（cheap）
	免费（free）

第四节 本章小结

本章介绍了 TRIZ 中资源分析的有关概念。资源分析实际上有两层含义：发现资源和利用资源。一般我们求解问题的过程，是将所有隐性和显性的资源找出来，然后对其进行创造性的应用。但是由于资源很多，TRIZ 建议将资源的概念放到物场分析方法中。我们针对某一技术系统通过物场分析，提出相应的解决方法，用X-element来表示它。好像我们在数学上，建立方程一样，用某个 X 变量代入到原始问题情境中，通过建立约束条件，确定 X 的性质，从而得到方程的解。而 TRIZ 的物场资源分析，也是将 X-element 引入技术系统中，得到该 X-element的各种性质，此时我们仍无法确切知道 X-element 是什么。这样我们必须通过对技术系统所能提供的资源进行创造性的应用构造出符合要求的 X-element，技术系统中的问题也迎刃而解。

目前，TRIZ 理论对资源的研究集中在资源的分类，以及资源与 TRIZ 中其他概念的联系上，如资源与效应、资源与发明原理、资源与进化法则等。Pro/Innovator 充分发挥软件技术的优势，将资源分析阶段直接结合到问题分析的过程中，深度挖掘技术系统内部各种资源，辅助用户创造性地应用资源，以提高技术系统理想度。

第十七章 思维惯性及创新思维方法

第一节 克服思维惯性与创新思维

“思维定式”是一种倾向，即依赖个人经验，不愿跳出框外思考。如果我们重复面对几乎相同或略有差别的情境，那么思维定式是有利的，但如果我们面对有着本质差别的情境（尽管我们有时甚至不会注意到这种差别），那么思维定式就是有害的。因此，我们需要一些工具来控制思维定式，即帮助揭示和重新考虑通常被“默认”的假设。虽然此种倾向在多数情况下可以解决问题，但在需要创新解决方案时，它却会成为严重的障碍。思维定式通常是“无形的”，因此能够发现并控制它便成为成功发明者的重要特征。

创新思维的超越性其本质就是根据解决问题的需要，在头脑中对原有的知识经验、观念、方法等进行新的组合、加工，特别是对现有的知识结构进行优化与建构，使之形成新的合理的知识结构体系，并充分发挥其结构效能。这其中的关键在于突破阻碍思维创新的因素，即人们头脑中传统的、固有的观念和思维中形成的习惯与定势。因此，要知识结构不断得以优化与创新就必须提高创新思维能力，学会运用各种创新思维的原理和方法，自觉抵制和冲破各种思维障碍的束缚，以实现思维方式与知识结构的创新互动。

TRIZ 理论体系提出了多种创新思维方法，帮助我们克服思维惯性。

1）小人法（modeling smart little creatures）。

2）尺度-时间-成本算子（size-time-cost operator）。

3）金鱼法（golden fish method）。

4）多屏幕方法（multi-screen thinking）。

第二节 小 人 法

一、小人法简介

小人法又叫智能小人法，是一种极好的工具，它可打破技术或专业术语导致的思维定式，并可用于在微观级别上分析系统。

利用智能小人法，我们想象所分析的系统由许多聪明机敏的小人或对象组成，他们可单独或集体制定决策。考虑这样的系统，有助于确保每个人都真正了解系统的工作方式，并且将它们分解为更小、更易了解的部分，我们因此可非常有效地解释复杂情景。

一旦利用智能小人法对问题情境进行了分析，便可思考如何让它们来解决问题，包括将它们视为个体或群组。然后将所得结果转换为物理方案。

二、实例：安全饮料杯

当在行驶的汽车中喝热饮料时，饮料洒出并烫伤乘客是完全有可能的。对装有饮料的杯子的矛盾要求是：一方面杯子必须让液体自由流出以供人饮用；另一方面，在杯子翻倒时，它又要留住液体，不致烫伤人。

是什么使该问题如此难以求解？主要是人们在心理上“默认”杯子是由不能改变的固体材料制成的。

利用智能小人法对这种情境建模，可以帮助我们克服此类思维定式。

在模型中，我们把液体想象成一群黑色的小人，把杯子壁想象成白色的小人，把杯子上方的空气看成是灰色的小人。当杯子翻倒时，黑色小人可移动，比灰色小人强壮，不受白色小人约束，可同时离开“杯子”，如图 17-1 所示。

我们的期望是，可以让黑色小人分小组离开杯子，但不能让它们同时离开。在最理想的情况下，只有黑色、灰色和白色小人参与此类解决方案，它们应该以某种方式重新排列，以防止可移动的黑色小人在杯子翻倒时集体离开，同时可让黑色小人分小组离开杯子。因为黑色和灰色小人都是可移动的，所以它们都不能阻止黑色小人离开。因此，只有白色小人能执行此功能，如图 17-2 所示。应该对它们进行重新排列，以便可让黑色小人分小组（一个一个的）离开，但不允许它们同时离开。看来白色小人应该构成狭窄的“过道”，以便黑色小人可一个一个地通过。

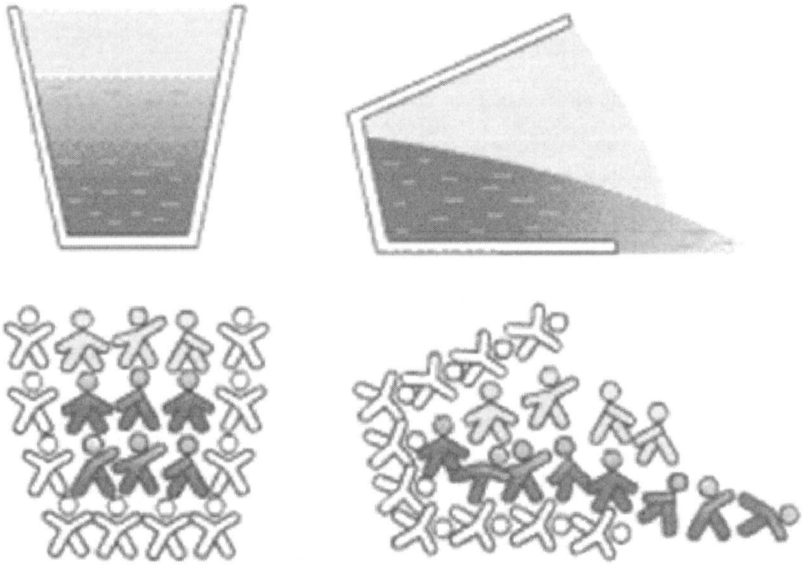

图 17-1　防洒杯的问题模型

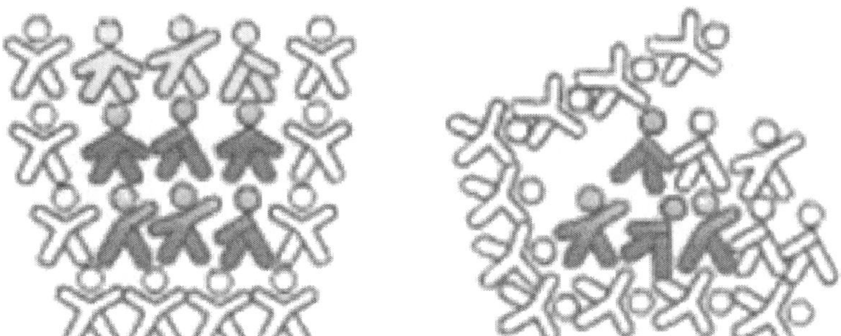

图 17-2　防洒杯的方案模型

再从模型过渡回实物，黑色小人可给我们数种想法。例如，可以在杯子上设置数层环形薄膜，如图 17-3 所示，薄膜在杯子翻倒时会改变自身的倾角。在薄膜上开出小孔，以便让少量的液体流出供人饮用。

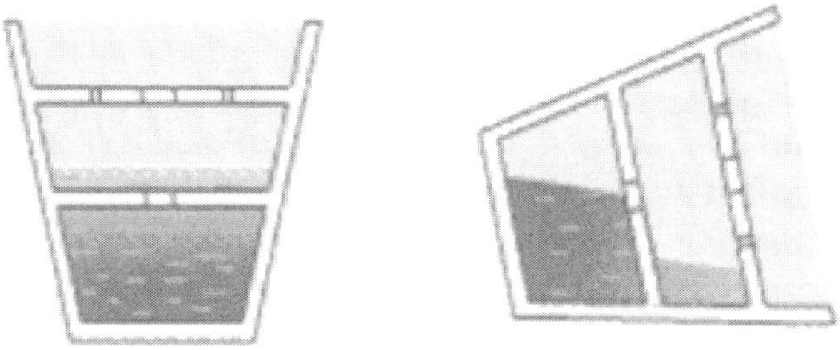

图 17-3　防洒杯的解决方案

第三节　STC 算子

STC 算子即尺度–时间–成本算子（size-time-cost operator）的简称，是一种非常简单的工具，它通过极限方式想象你的系统，从数据上来打破思维定式。

例如，把系统想象为尺寸很小（甚至不存在），思考你如何来建立这样的系统，你会遇到哪些难题，它会带来什么益处；然后在相反的极限上想象系统，即想象系统的尺寸无限大，并思考你如何来建立这样的系统，你会遇到哪些难题，它会带来什么益处。

你还可针对执行功能需要的时间（瞬间发生，或者要花费无限长的时间）和成本（系统免费，或者要花费无限多的资金）来执行此类想象。尽管此工具很简单，但它却可让你真实地看到系统，以及你想从系统中得到的东西，并且非常有效，另外，它还可帮助你排除所有虚假的约束条件。

STC 算子是利用对象的尺度、时间及成本相关特性进行的一系列心理实验。这些心理实验可帮助克服常规认知中的定型观念。

通常，用某一对象的精神意象描绘某些“定型的”对象，它们具有“定型”的特性，尤其是空间、时间和资金方面。此种定型的精神意象会建立心理障碍，从而妨碍我们清楚地认识所探讨的情境。

第四节　金　鱼　法

一、金鱼法简介

金鱼法的名称源于俄国浪漫主义作家普希金的童话诗《渔夫与金鱼的故

事》，它启迪我们，尽管有时候想法看起来不可行甚至不现实，与其说属于真实世界，还不如说属于科学幻想，但是，此种想法的实现却绝对是令人称奇的。如何才能克服对“虚幻”想法的自然排斥心理？金鱼法可帮助我们解决此问题。

此方法的基础，是将非现实部分的想法分为两个部分，现实部分及非现实部分，依此类推，不断分解。最终，余下的非现实部分有时会变得微不足道，而想法看起来越加可行。

二、金鱼法算法

我们可以按照下述步骤（图 17-4）来进行思考。

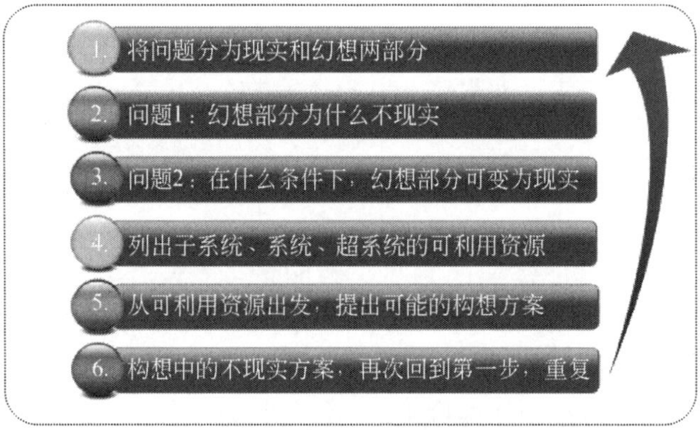

图 17-4　金鱼法实施步骤

1）将不现实的想法分为两个部分——现实部分与非现实部分。精确界定什么样的想法是现实的，什么样的想法看起来是不现实的。

2）解释为什么非现实部分是不可行的。尽力对此进行严密而准确的解释，否则你最后可能又得到一个不可行的想法。

3）找出在哪些条件下想法的非现实部分可变为现实。

4）检查系统、超系统或子系统中的资源能否提供此类条件。

5）如果能，则可定义相关想法，即应怎样对情境加以改变，才能实现想法中看似不可行的部分。将这一新想法与初始想法的可行部分组合为可行的解决方案构想。

6）如果我们无法通过可行途径来利用现有资源为看起来不现实的部分提供

实现条件，则可将这一“看起来不现实的部分”再次分解为现实与非现实部分。然后，重复步骤 1-5，直到得出可行的解决方案构想。

三、实例

问题：如何用空气赚钱?

1）将不现实的想法分为两个部分——现实部分与非现实部分。精确界定什么样的想法是现实的，什么样的想法看起来是不现实的。①现实部分：空气，钱，赚钱；②不现实部分：出售空气。

2）解释为什么非现实部分是不可行的。尽力对此进行严密而准确的解释，否则您最后可能又得到一个不可行的想法。空气为大家共有，它在我们身边取之不尽，因此，它不能卖钱。

3）找出在哪些条件下想法的非现实部分可变为现实。在下列条件下，空气可以卖钱：①空气资源缺乏，即它的供应有限；②它包含某些特殊成分，或者具有某些特殊功能；③它要通过特定手段来输送，而不能直接呼吸；④周围的大气不适合呼吸。

4）检查系统、超系统或子系统中的资源能否提供此类条件。

在超系统中，存在许多这样的情境。①空气供给不充足，如在飞机中、在飞船中、在地下、在高山上、在水下；②需要人工呼吸，如在心脏病发作期间；③需要空气中含有特殊成分，如深潜水中可使用基于氦的混合物，肺病患者可使用桉树芳香化的空气；④空气不适合呼吸，如火灾期间空气中含有高浓度的一氧化碳，等等。

5）如果能，则可定义相关想法，即应怎样对情境加以改变，才能实现想法中看似不可行的部分。将这一新想法与初始想法的可行部分，组合为可行的解决方案构想。

在下列条件下，空气可以卖钱。①在空气有限的场所出售空气（如在水下或地下作业时，在污染严重的大城市中）；②出售有益健康的空气供呼吸使用（如海上或山区的空气）；③出售空气净化装置，或者可制备有益健康空气的装置；④出售芳香化的空气。

6）如果我们无法通过可行途径，来利用现有资源为看起来不现实的部分提供实现条件，则可将这一“看起来不现实的部分”再次分解为现实与非现实部分。然后，重复步骤 1~5，直到得出可行的解决方案构想。

虽然在许多情境下空气确实可以卖钱，但它仍然不能在“正常条件”下出售，即不能在空气充足且新鲜的地方出售。

对这个例子，我们还可以继续进行思考。总结一下这个问题分析的过程，如图 17-5 所示。

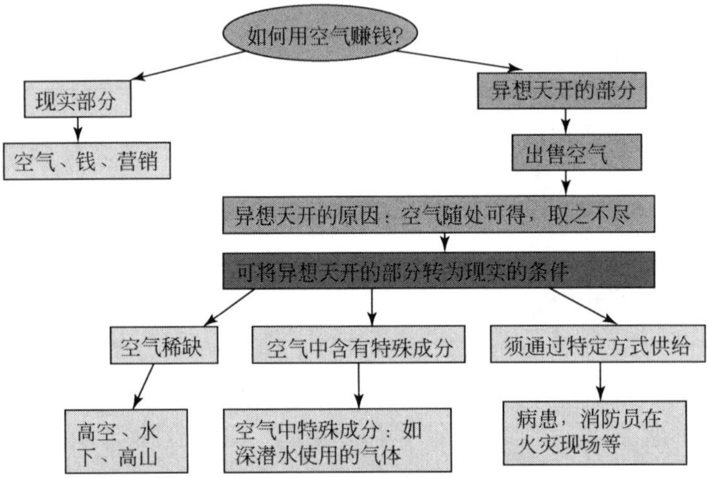

图 17-5　案例的金鱼法分析思路图

第五节　系统思维的多屏幕方法

“系统思维”是指对情境进行整体考虑，即不仅考虑目前的情境和探讨的问题，而且还要考虑它们在层中和时间上的位置和角色。这两条轴线即层和时间，可将发明者的视野从一个“屏幕”扩展到九个“屏幕”（它们给出情境和问题），如图 17-6 所示。

1. 屏幕“过去”

首先，我们考虑“时间”轴。屏幕“过去”可让我们考虑在问题出现前发生于合适层级（包括系统、超系统或子系统）上的事件。通常，这些事件是制造过程中的“先前”操作，或者是系统寿命周期的“先前”阶段。因此，每个屏幕都可代表发生在“过去”的多个事件。从防止问题出现的观点来看，我们应该对这些事件进行考虑，因为它们可能发生改变，这样问题在将来就不会出现。

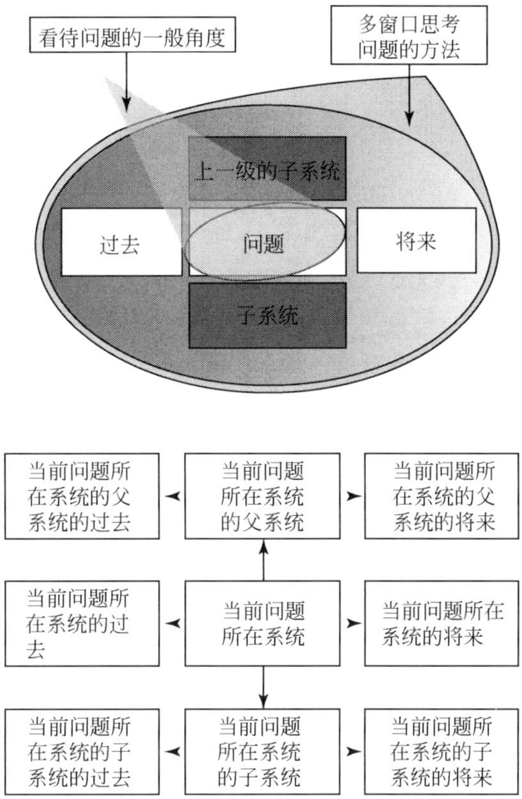

图 17-6 多屏幕法

2. 屏幕“未来”

屏幕“未来”可让我们考虑在问题出现后发生于合适层级（包括系统、超系统或子系统）上的事件。通常，这些事件是制造过程中的“后续”操作，或者是系统寿命周期的“后续”阶段。因此，每个屏幕都可代表发生在“未来”的多个事件。从消除问题不良后果的观点来看，我们应该对这些事件进行考虑，因为它们可能发生改变，这样潜在损害就会得以避免。

3. 屏幕“超系统”

现在，我们考虑“层次”轴线。

屏幕“超系统”可让我们考虑某一高级别系统的单元，该高级别系统在适当的时段（即过去、现在或未来）包含系统。通常，此类超系统或者代表系统所参与的某过程，是系统运行于其中的邻近环境。因此，每个“超系统”屏幕都可包含多个不同的超系统及环境。从提供资源以防止问题出现的观点看，我们应该考虑此类超系统的组件，这样就能抵消所探讨问题的不良作用，或者消除它的不良后果。

4. 屏幕“子系统”

屏幕“子系统”可让我们考虑系统包含的单元，系统在适当的时段（即过去、现在或未来）处于运行状态。通常，此类子系统或者代表系统的某些组件，或者代表系统所消耗的“投入”，或者代表系统所产生的“产出”。“有意”与“无意”的投入都应予以考虑，“有用”（产品）与“有害”（废物、副产品或副作用）的产出也是如此。因此，每个“子系统”屏幕都可包含多个不同的子系统、投入及产出。从提供资源以防止问题出现的观点看，我们应该考虑此类子系统，这样就能抵消所探讨问题的不良作用，或者消除它的不良后果。

5. 结果

此类多屏幕考虑因素，可让你将所探讨的问题视为一组相互关联的问题，这样你便可对其进行更为全面的理解。由于这些新问题中有些存在更易寻找和实施的解决方案，因此这种方法可大大提高求解问题的效率。

另外，思维的多屏幕方法并不一定能保证提示新问题的求解方法，尽管它总是能扩展情况及求解问题的视野。

第六节　本章小结

本章主要介绍了 TRIZ 当中的创新思维方法，包括小人法、STC 算子、金鱼法、多屏幕方法等。这些创新思维方法是整个 TRIZ 以及 DAOV 实施方法论的基础。

第十八章 技术矛盾

第一节 术语介绍

1）矛盾，指内在要素、作用或主张彼此不一致或相反的情境。特别是指“双失”情况，即因为使用常规方法来改进当前问题情境，而产生无法忍受的后果。

2）技术矛盾，指为了改善系统的一个参数，导致了另一个参数的恶化。技术矛盾描述的是两个参数的矛盾。例如，提高了汽车的速度，导致了安全性发生恶化。这个例子涉及的两个参数是速度和安全性。

3）创新原理，用于解决技术矛盾。阿奇舒勒通过对大约20万件高级别的发明专利的总结，发现了常用来解决技术矛盾的40个创新原理。创新原理是用于解决技术矛盾的最行之有效的创造性方法。

第二节 工具/方法介绍

一、创新原理及实例

目前，TRIZ提供的40个创新原理已经在机械、电子、化学、生产过程及其质量管理，甚至生物技术和建筑技术等领域得到广泛应用。下面是对40个创新原理的具体介绍，大部分创新原理包括几种具体的应用方法。本节将对每个创新原理作简单的介绍，并给出相应的应用实例。

1. 分割

1）把一个物体分成相互独立的部分：①将计算机工作站的主机分解成个人

电脑；②将巨型载重汽车分解成卡车及拖车；③大型项目设置子项目。

2）将物体分成容易组装和拆卸的部分：①组合家具；②消防器材中铅管的可快速拆卸连接。

3）提高物体的可分性：活动百叶窗替代整体窗帘。

2. 抽取

1）从物体中抽出产生负影响的部分或属性：①空气压缩机工作，将其产生噪音的部分即压缩机移到室外；②用光纤或光缆分离光源。

2）从物体中抽出必要的部分或属性：用电子狗代替真狗充当警卫，以减少伤人事件的发生和减少环境污染。

3. 局部质量

1）将均匀的物体结构、外部环境或作用改为不均匀：让系统的温度、密度、压力由恒定值改为按一定的斜率增长。

2）让物体的不同部分各具不同功能：①带橡皮的铅笔；②羊角锤（既可起钉子，又可钉钉子）。

3）让物体的各部分处于各自动作的最佳状态：在食盒中设置间隔，在不同的间隔内放置不同的食物，避免相互影响味道。

4. 增加不对称性

1）将对称物体改为非对称：为增强混合功能，在对称容器中用非对称的搅拌装置（水泥搅拌车）。

2）已经是非对称的物体，增强其不对称的程度：为增强防水保温性，建筑上采用多重坡屋顶。

5. 合并

1）在空间上将相同或相近的物体或操作加以组合：①在网络中使用个人电脑；②计算机中成百上千的微处理器；③电路板上的多个电子芯片。

2）在时间上将相关的物体或操作合并：冷热水混合器。

6. 多用性

使物体具有复合功能以替代其他物体的功能：①牙刷的把柄内含牙膏；②可移动的儿童安全椅，既可放在汽车内，拿出汽车外也可单独作为儿童车；③企业中有多种才能的人才。

7. 嵌套

把一个物体嵌入另一物体，然后再嵌入另一物体：①俄罗斯套娃；②可伸缩电视天线；③汽车安全带。

8. 重量补偿

1）将某一物体与另一能提供上升力的物体组合，以补偿其重量：用氢气球悬挂广告牌。

2）通过与环境的相互作用（利用空气动力、流体动力、浮力等）实现重量补偿：①直升机的螺旋桨；②轮船应用阿基米德定律产生可承重千吨的浮力；③赛车安装上阻流板用来增加车身与地面的摩擦力则符合了空气动力学的特征。

9. 预先反作用

1）事先预置反作用，用来消除不利影响：酸碱缓冲溶液。

2）如果一个物体处于或将处于受拉伸状态，预先施加牵引力：在灌注混凝土之前，对钢筋预加应力。

10. 预先作用

1）预置必要的动作、功能：①不干胶黏贴；②手术前将手术器具按所用顺序排列整齐。

2）预先在方便的位置安置相关设备，使其在需要的时候及时发挥作用而不浪费时间：①在停车场安置的预付费系统；②建筑内通道里安置的灭火器。

11. 事先防范

采用事先准备好的应急措施，对系统进行相应的补偿以提高其可靠性：①显影剂可依据胶卷底片上的磁性条来弥补曝光不足；②降落伞的备用伞包；③航天飞机的备用输氧装置。

12. 等势

在势场内避免位置的改变：①工厂中与操作台同高的传送带；②运河的水闸。

13. 反向作用

1）用与原来相反的动作达到相同的目的：将两个套紧的物体分离，将内层物体冷冻。

2）把物体（或者过程）倒过来：通过把杯子倒置从下边喷入水来进行清洗。

3）让物体可动部分不动，不动部分可动：①加工中心中变工具旋转为工件旋转；②健身器材中的跑步机。

14. 曲面化

1）将直线或平面用曲线或曲面替代，将平行六面体或立方体用球形结构替代。两表面间引入圆倒角，减少应力集中。

2）使用滚筒及球状、螺旋状的物体：①千斤顶中螺旋机构可产生很大的升举力；②圆珠笔和钢笔的球形笔尖，使书写流畅。

3）利用离心力，以回转运动替代直线运动：①使用鼠标在计算机上画直线；②洗衣机中的离心甩干机。

15. 动态特性

1）自动调节物体，使其在各动作、阶段的性能最佳：飞机中的自动导航系统。

2）将物体的结构划分成既可变化又可相互配合的若干组成部分：①装卸货物的铲车，通过铰链连接两个半圆形铲斗，可以自由开闭，装卸货物时张开，铲车移动时铲斗闭合；②笔记本电脑。

3）使不动的物体可动或可自适应：①可弯曲的饮用麦管；②在医疗检查中，使用挠性肠镜。

16. 未达到或超过的作用

若所期望的效果难以百分之百实现时，稍微超过或稍微小于期望效果，使问题简化：①印刷时，喷过多的油墨，然后再去掉多余的，使字迹更清晰；②在孔中填充过多的石膏，然后打磨平滑。

17. 空间维数变化

1）将一维线性运动的物体变为二维平面运动，或三维空间运动：①用空间红外线鼠标进行虚拟操作；②螺旋梯可以减少占地面积。

2）单层构造的物体变为多层构造：①三碟 VCD 机；②印刷电路板的双层芯片。

3）将物体倾斜或侧向放置：自动垃圾卸载车。

18. 机械振动

1）振动：电动振动剃须刀。

2）已振动的物体，提高振动的频率：超声波清洗。

3）利用共振现象：超声波碎石机击碎胆结石。

4）用压电振动代替机械振动：高精度时钟使用石英振动机芯。

5）超声波振动和电磁场耦合：超声波振动和电磁场共用，在电熔炉中混合金属，使混合均匀。

19. 周期性作用

1）将连续动作改为周期性动作：警车所用警笛改为周期性鸣叫，避免产生刺耳的声音。

2）已是周期性的动作，改变其运动频率：①用频率调音代替摩尔电码；②使用调幅、调频、脉宽调制来传输信息。

3）在脉冲周期中利用暂停来执行另一有用动作：医用的呼吸机系统为每五次胸廓运动，进行一次心肺呼吸。

20. 有效作用的连续性

1）物体的各个部分同时满载工作，以提供持续可靠的性能：汽车在路口停车时，飞轮储存能量，以便汽车随时启动。

2）消除空闲或间歇性动作：后台打印，不耽误前台工作。

21. 减少有害作用的时间

将危险或有害的作业在超高速下进行：①为避免牙齿组织受热损伤，用高速牙钻；②照相用闪光灯。

22. 变害为利

1）利用有害的因素，得到有益的结果：①废热发电；②回收废物二次利用，如再生纸。

2）将有害的要素结合变为有益的要素：潜水中用氮氧混合气体，以避免单用造成昏迷或中毒。

3）增大有害性的幅度直至有害性消失：森林灭火时用逆火灭火（在森林灭火时，为熄灭或控制即将到来的野火蔓延，燃起另一堆火将即将到来的野火的通道区域烧光。）。

23. 反馈

1）引入反馈，提高性能：①声控喷泉；②自动导航系统；③自动工艺控制——确定工步动作加强的时间。

2）若已引入反馈，改变其大小或作用：①在5公里航程范围内，改变导航系数的敏感区域；②自动调温器的负反馈装置。

24. 借助中介物

1）使用中介物实现所需动作：①机加工中钻孔时用于为钻头或丝锥定位的导套；②用拨子弹月琴。

2）把一物体与另一容易去除物暂时结合在一起：①在化学反应中引入催化剂；②饭店上菜的托盘。

25. 自服务

1）让物体具有自补充、自恢复功能：自清洗烤箱、自补充饮水机。

2）灵活运用剩余的材料及能量：①利用发电过程中产生的热量取暖；②用动物的粪便做肥料。

26. 复制

1）用简单、廉价的复制品替代复杂、高价、易损、不易获得的物体：①虚拟现实系统，如虚拟飞行员训练系统；②看电视直播，而不到现场。

2）按一定比例扩大或缩小图像，用图像代替实物：①用卫星相片代替实地考察；②根据图片测量实物尺寸。

3）如果已使用了可见光拷贝，用红外线或紫外线替代：利用紫外光诱杀蚊蝇。

27. 廉价替代品

用若干便宜的物体替代昂贵的物体，同时降低某些质量要求，实现相同的功能。用一次性的物品，如一次性的餐具，清洁卫生。

28. 机械系统替代

1）用视觉系统、听觉系统、味觉系统或嗅觉系统替代机械系统：①用声音栅栏代替实物栅栏（如光电传感器控制小动物进出房间）；②在煤气中掺入难闻气体，警告使用者气体泄漏（替代机械或电子传感器）。

2）使用与物体相互作用的电场、磁场、电磁场：为混合两种粉末，用电磁场代替机械振动使粉末混合均匀。

3）用动态场替代静态场，确定场替代随机场：早期的通信系统用全方位检测，现在用特定发射方式的天线。

4）把场与场作用和铁磁粒子组合使用：用不同的磁场加热含磁粒子的物质，当温度达到一定程度时，物质变成顺磁，不再吸收热量，来达到恒温的目的。

29. 气压和液压结构

将物体的固体部分用气体或流体代替，如利用气垫、液体静压、流体动压产生缓冲功能：①气垫运动鞋，减少运动对足底的冲击；②汽车减速时液压系统储存能量，在汽车加速时再释放能量；③运输易损物品时，经常使用发泡材料保护。

30. 柔性壳体或薄膜

1）使用柔性壳体或薄膜替代传统的三维结构：①在网球场地上采用充气薄膜结构作为冬季保护措施；②农业上使用塑料大棚种菜。

2）使用可挠性的膜片或薄膜，使物体与环境相隔离：用薄膜将水和油分别储藏。

31. 多孔材料

1）使物体变为多孔性或加入多孔性的物体：为减轻物体重量，在物体上钻孔，或使用多孔性材料。

2）若物体已有多孔结构，利用多孔结构引入有用的物质或功能：用海绵储存液态氮。

32. 颜色改变

1）改变物体及其周围环境的颜色：在暗室中使用安全灯，做警戒色。

2）改变物体或其周围环境的透明度或可视性：感光玻璃，随光线改变其透明度。

3）在难以看清的物体中使用有色添加剂或发光物质：紫外光笔辨别伪钞。

4）通过辐射加热改变物体的热辐射性。

33. 同质性

用同一材料或特性相近的材料制作主要物体及与其相互作用的其他物体：①方便面的料包外包装用可食性材料制造；②用金刚石切割钻石，切割产生的粉末可以回收。

34. 抛弃或再生

1）废弃或改造机能已完成或没有作用的零部件：①可溶性的药物胶囊；②火箭助推器在完成其作用后立即被分离。

2）在工作过程中迅速补充消耗或减少的部分：①草坪剪草机的自锐系统；②自动铅笔。

35. 物理或化学参数变化

1）改变物体的物理状态：①酒心巧克力，先将酒心冷冻，然后将其在热巧克力中蘸一下；②石油气用液态运输，不用气态运输以减少体积和成本。

2）改变物体的浓度或黏度：用液态的肥皂水代替固体肥皂，可以定量控制使用，减少浪费。

3）改变物体的可挠度：硫化橡胶改变了橡胶的柔性和提高了其耐用性。

4）改变物体的温度或体积等参数：①提高烹饪食品的温度（改变食品的色、香、味）；②降低医用标本保存温度，以备后期解剖。

36. 相变

利用物质相变时产生的某种效应（如体积改变，吸热或放热）：水在固态时体积膨胀，可利用这一特性进行定向无声爆破。

37. 热胀冷缩

1）使用热膨胀或热收缩材料：装配钢双环时，可使内环冷却收缩，外环升温膨胀，再将两环装配，待恢复常温后，内外环就紧紧装配在一起了。

2）组合使用不同热膨胀系数的材料：热敏开关（两条粘在一起的金属片，

由于两片金属的热膨胀系数不同，对温度的敏感程度也不一样，可实现温度控制）。

38. 强氧化剂

1）将普通空气用浓缩空气取代：为持久在水下呼吸，水下呼吸器中储存浓缩空气。

2）用纯氧代替空气：①用乙炔–氧代替乙炔–空气切割金属；②用高压纯氧杀灭伤口厌氧细菌。

3）将空气或氧气用电离放射线处理，产生离子化氧气：①使用离子空气清新机；②在化学试验中使用离子化氧气加速化学反应。

4）用臭氧替代离子化氧气：臭氧溶于水中去除船体上的有机污染物。

39. 惰性环境

1）用惰性环境替代通常的环境：用氩气等惰性气体填充灯泡，做成霓虹灯。

2）在物体中添加惰性或中性添加剂：添加泡沫吸收声振动，如高保真音响。

3）使用真空环境：真空包装食品，延长储存期。

40. 复合材料

用复合材料代替均质材料：①飞机外壳材料用复合材料代替；②用玻璃纤维制成的冲浪板，更加易于控制运动方向，更加易于制成各种形状。

二、矛盾矩阵

为了提高利用创新原理解题的效率，阿奇舒勒创建了矛盾矩阵（图 18-1）。矛盾矩阵第一行和第一列都是 39 个通用技术参数。不同的是，第一列代表的是改善的参数，第一行代表的是恶化的参数。矛盾矩阵内部的单元格内的数字表示解决对应的技术矛盾常用的创新原理的编号。也就是说，矛盾矩阵建议优先采用这些创新原理帮助解决技术矛盾。数字多于一个时，数字之间则用逗号隔开。

例如：某一对技术矛盾是为了改善系统的温度，导致了生产率的恶化。利用矛盾矩阵解决这一对技术矛盾的步骤是：在矛盾矩阵的第一列找出温度这个参数，在第一行找出生产率这个参数，温度所在的行与生产率所在的列有一个交叉的单元格，单元格内有三个数字 15、28、35。这也就是说，15 号、28 号、35 号创新原理，常被用来解决温度与生产率之间的技术矛盾。

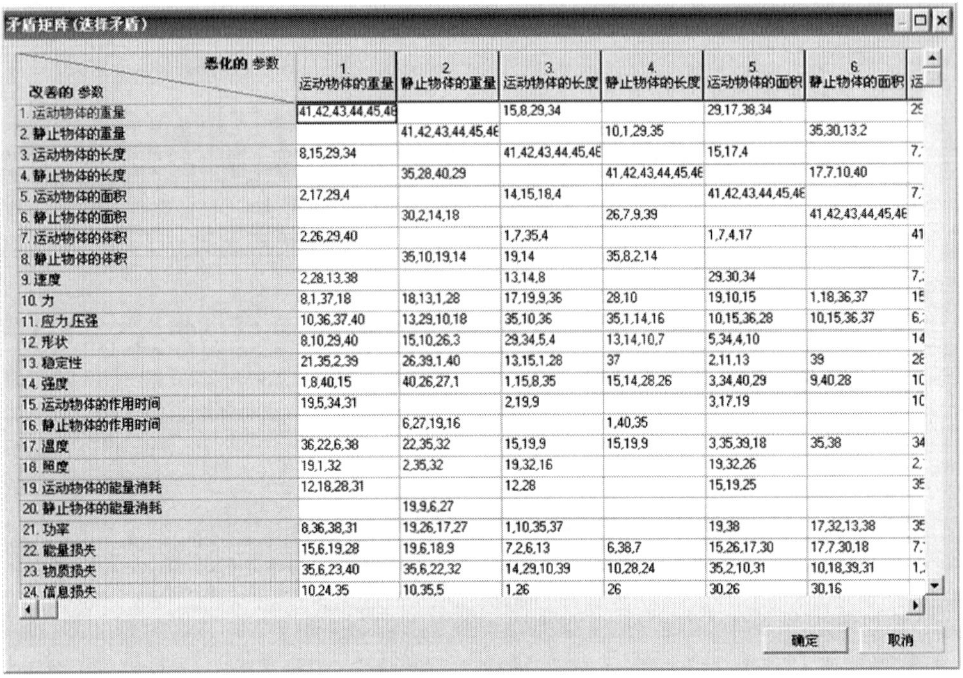

矛盾矩阵（选择矛盾）

改善的参数 \ 恶化的参数	1. 运动物体的重量	2. 静止物体的重量	3. 运动物体的长度	4. 静止物体的长度	5. 运动物体的面积	6. 静止物体的面积	运
1. 运动物体的重量	41,42,43,44,45,46		15,8,29,34		29,17,38,34		29
2. 静止物体的重量		41,42,43,44,45,46		10,1,29,35		35,30,13,2	
3. 运动物体的长度	8,15,29,34		41,42,43,44,45,46		15,17,4		7,
4. 静止物体的长度		35,28,40,29		41,42,43,44,45,46		17,7,10,40	
5. 运动物体的面积	2,17,29,4		14,15,18,4		41,42,43,44,45,46		7,
6. 静止物体的面积		30,2,14,18		26,7,9,39		41,42,43,44,45,46	
7. 运动物体的体积	2,26,29,40		1,7,35,4		1,7,4,17		41
8. 静止物体的体积		35,10,19,14	19,14	35,8,2,14			
9. 速度	2,28,13,38		13,14,8		29,30,34		7,
10. 力	8,1,37,18	18,13,1,28	17,19,9,36	28,10	19,10,15	1,18,36,37	15
11. 应力压强	10,36,37,40	13,29,10,18	35,10,36	35,1,14,16	10,15,36,28	10,15,36,37	6,
12. 形状	8,10,29,40	15,10,26,3	29,34,5,4	13,14,10,7	5,34,4,10		14
13. 稳定性	21,35,2,39	26,39,1,40	13,15,1,28	37	2,11,13	39	28
14. 强度	1,8,40,15	40,26,27,1	1,15,8,35	15,14,28,26	3,34,40,29	9,40,28	10
15. 运动物体的作用时间	19,5,34,31		2,19,9		3,17,19		10
16. 静止物体的作用时间		6,27,19,16		1,40,35			
17. 温度	36,22,6,38	22,35,32	15,19,9	15,19,9	3,35,39,18	35,38	34
18. 照度	19,1,32	2,35,32	19,32,16		19,32,26		2,
19. 运动物体的能量消耗	12,18,28,31		12,28		15,19,25		35
20. 静止物体的能量消耗		19,9,6,27					
21. 功率	8,36,38,31	19,26,17,27	1,10,35,37		19,38	17,32,13,38	35
22. 能量损失	15,6,19,28	19,6,18,9	7,2,6,13	6,38,7	15,26,17,30	17,7,30,18	7,
23. 物质损失	35,6,23,40	35,6,22,32	14,29,10,39	10,28,24	35,2,10,31	10,18,39,31	1,
24. 信息损失	10,24,35	10,35,5	1,26	26	30,26	30,16	

确定　取消

图 18-1　矛盾矩阵图

三、通用技术参数

矛盾矩阵中的 39 个通用技术参数是阿奇舒勒通过对大量专利文献的不断分析总结出来的。他发现，利用 39 个通用技术参数就足够描述工程中出现的绝大部分技术矛盾。因此在应用矛盾矩阵解决实际问题的时候，就要把组成技术矛盾的两个参数用这 39 个通用技术参数中的两个来表示，目的是把实际工程设计中的矛盾转化为标准的技术矛盾（即用 39 个通用技术参数表示的技术矛盾）。对这 39 个参数配对组合，产生了大约 1500 对典型技术矛盾。表 18-1 是对这些工程参数的较为准确和有效的解释。

通用技术参数中常用到运动物体与静止物体两个术语，分别介绍如下：

1）运动物体：在自身或外力作用下可以改变空间位置的物体，如交通工具、可便携物品等。

2）静止物体：在自身或外力作用下无法改变其空间位置的物体，具体情况要根据物体所处状态判断。

表 18-1 39 个通用技术参数及其解释

编号	名称	解释
1	运动物体的重量	重力场中的运动物体作用在防止其自由下落的悬架或水平支架上的力。重量常常表示物体的质量
2	静止物体的重量	重力场中的静止物体作用在防止其自由下落的悬架、水平支架上或者放置该物体的表面上的力。重量常常表示物体的质量
3	运动物体的长度	物体上的任意线性尺寸，不一定是最长的长度。它不仅可以是一个系统的两个几何点或零件之间的距离，还可以是一条曲线的长度或一个封闭环的周长
4	静止物体的长度	同上
5	运动物体的面积	物体被线条封闭的一部分或者表面的几何度量，或者物体内部或者外部表面的几何度量。面积是以填充平面图形的正方形个数来度量的，如面积不仅可以是平面轮廓的面积，也可以是三维表面的面积，或一个三维物体所有平面、凸面或凹面的面积之和
6	静止物体的面积	同上
7	运动物体的体积	以填充物体或者物体占用的单位立方体个数来度量。体积不仅可以是三维物体的体积，也可以是与表面结合、具有给定厚度的一个层的体积
8	静止物体的体积	同上
9	速度	物体的速度或者效率，或者过程、作用与时间之比
10	力	系统间相互作用的度量。在牛顿力学中力是质量与加速度之积，在 TRIZ 中力是试图改变物体状态的任何作用
11	应力、压强	单位面积上的作用力，也包括张力。例如，房屋作用于地面上的力，液体作用于容器壁上的力，气体作用于气缸—活塞上的力；压强也可以理解为无压强（真空）
12	形状	形状是一个物体的轮廓或外观。形状的变化可能表示物体的方向性变化或者物体在平面和空间两方面的形变
13	稳定性	物体的组成和性质（包括物理状态）不随时间而变化。物体的完整性或者组成元素之间的关系。磨损、化学分解及拆卸都代表稳定性的降低，增加物体的熵就是增加物体的稳定性
14	强度	物体在外力作用下抵制使其发生变化的能力，或者在外部影响下抗破坏（分裂）和不可逆变形的性质

续表

编号	名称	解释
15	运动物体的作用时间	物体具备其性能或者完成作用的时间，服务时间，以及耐久力等。两次故障之间的平均时间也是作用时间的一种度量
16	静止物体的作用时间	同上
17	温度	物体所处的热状态，代表宏观系统热动力平衡的状态特征。还包括其他热学参数，比如影响温度变化速率的热容量
18	照度	照射到某一表面上的光通量与该表面面积的比值。也可以理解为物体的适当亮度、反光性和色彩等
19	运动物体的能量消耗	物体执行给定功能所需的能量。经典力学中能量指作用力与距离的乘积，包括消耗超系统提供的能量
20	静止物体的能量消耗	同上
21	功率	物体在单位时间内完成的工作量或者消耗的能量
22	能量损失	做无用功消耗的能量。减少能量损失有时需要应用不同的技术来提升能量利用率
23	物质损失	部分或全部，永久或临时，物体材料、物质、部件或者子系统的损失
24	信息损失	部分或全部，永久或临时，系统数据的损失，或者系统获取数据的损失，经常也包括气味、材质等感性数据
25	时间损失	一项活动持续的时间，改善时间损失一般指减少活动所费时间
26	物质的量	系统或者物体的材料、物质、部件或者子系统的数量，它们一般能被全部或部分、永久或临时改变
27	可靠性	系统或物体在规定的方法和状态下完成规定功能的能力。可靠性常常可以理解为无故障操作概率或无故障运行时间
28	测量精度	系统特性的测量结果与实际值之间的偏差程度。比如减小测量中的误差可以提高测量精度
29	制造精度	制造的产品的性能特征与图纸技术规范和标准所预定参数的一致性程度
30	作用于物体的有害因素	环境或系统其他部分对物体的有害作用，它使物体的功能参数退化
31	物体产生的有害因素	降低物体或者系统功能的效率或质量的有害作用。这些有害作用一般来自物体或者作为其操作过程一部分的系统
32	可制造性	物体或者系统制造构建过程中的方便或者简易程度
33	操作流程的方便性	操作过程中需要的人数越少、操作步骤越少以及工具越少，代表方便性越高，同时还要保证较高的产出

续表

编号	名称	解释
34	可维修性	一种质量特性，包括方便、舒适、简单、维修时间短等
35	适应性、通用性	物体或者系统积极响应外部变化的能力，或者在各种外部影响下以多种方式发挥功能的可能性
36	系统的复杂性	系统元素及其之间相互关系的数目和多样性，如果用户也是系统的一部分，将会增加系统的复杂性，掌握该系统的难易程度是其复杂性的一种度量
37	控制和测量的复杂性	测量或者监视一个复杂系统需要高成本、较长时间和较多人力去实施和使用，或者部件之间关系太复杂而使得系统的检测和测量困难。为了低于一定测量误差而导致成本提高也是一种测试复杂度的增加
38	自动化程度	系统或者物体在无人操作时执行其功能的能力。自动化程度的最低级别是完全手工操作工具。中等级别则需要人工编程、监控操作过程，或者根据需要调整程序。而最高级别的自动化则是机器来自动判断所需操作的任务、自动编程和对操作自动监控
39	生产率	单位时间系统执行的功能或者操作的数量。或者完成一个功能或操作所需时间，以及单位时间的输出，或者单位输出的成本，等等

为了方便应用和便于理解，上述39个通用技术参数可分为如下三类：

1）通用物理及几何参数：1~12，17~18，21。

2）通用技术负向参数：15~16，19~20，22~26，30~31。

3）通用技术正向参数：13~14，27~29，32~39。

所谓负向参数是指这些参数数值变大时，系统或子系统的性能变差。例如，子系统为完成特定的功能所消耗的能量（19~20）越大，则设计越不合理。

正向参数指这些参数数值变大时，系统或子系统的性能变好。例如，子系统可制造性（32）指标越高，子系统制造成本就越低。

第三节　综合实例

一、松动螺母问题

生活和工程实践中经常需要用扳手松动或者拧紧螺栓或者螺母。但实际应用中经常会有这样的麻烦，标准的六角形螺母常常会因为拧紧时用力过大、使用时间过长、螺母的六角形外表面被腐蚀而表面遭到破坏。螺母被破坏后，使用普通的传统型扳手往往不能再松动螺母，有时甚至会使情况恶化，也就是说螺母外缘的六角形在扳手作用下受到的破坏更加严重，扳手更加无法作用于螺母。

传统型扳手会损坏螺母的原因主要体现在三个方面：一是扳手作用在螺母上的力主要集中于六角形螺母的某两个棱角上，如图 18-2 所示；二是为了松动螺母而在扳手上施加较大的作用力，结果导致棱角受损；三是没有有效的措施保证施加的力既能松动螺母，又能不损坏螺母棱角。

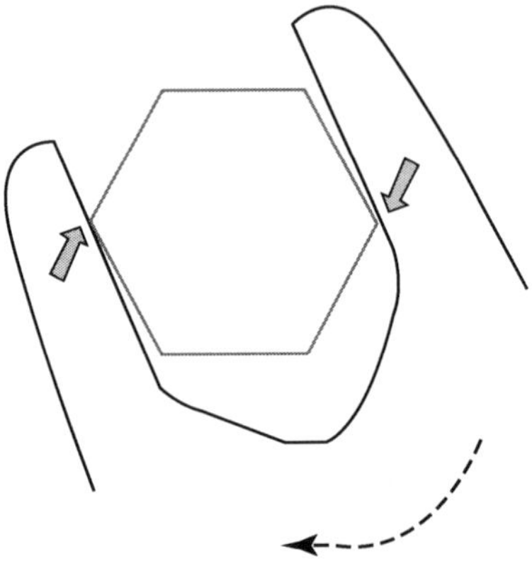

图 18-2　传统扳手的问题原理示意图

我们针对这三个方面分别利用技术矛盾解决。

对第一种情况，即扳手作用力作用在棱角上的情境，我们需要一种新型的扳手来解决这一问题。现在对这个问题描述如下：

第一步，定义技术矛盾。我们的目的是要方便地拧紧或者松动螺母或螺栓而不损坏螺母或螺栓，一般做法是通过减小扳手卡口和螺栓的配合间隙，增加受力面来减少对棱角的磨损，但这样会提升制造精度，提高制造成本。那么我们就可以将以上矛盾情境归结为 39 个通用技术参数中的两个参数：对象产生的有害因素（希望改善的参数）和制造精度（导致恶化的参数）之间的矛盾。

第二步，查询矛盾矩阵。将这两个参数输入矛盾矩阵中就能得到相应的创新原理，包括 4 号原理（增加不对称性）、17 号原理（一维变多维）、34 号原理（抛弃或再生）和 26 号原理（复制）。

第三步，应用创新原理。基于这些原理可以得到如图 18-3 所示的方案，即在扳手卡口内侧壁开几个弧，则此时扳手的作用力是作用在螺母的棱面上，有效地保护了棱角，图 18-3（b）就是基于该原理开发的实际产品，它已经获得美国专利（专利号：5406868）。

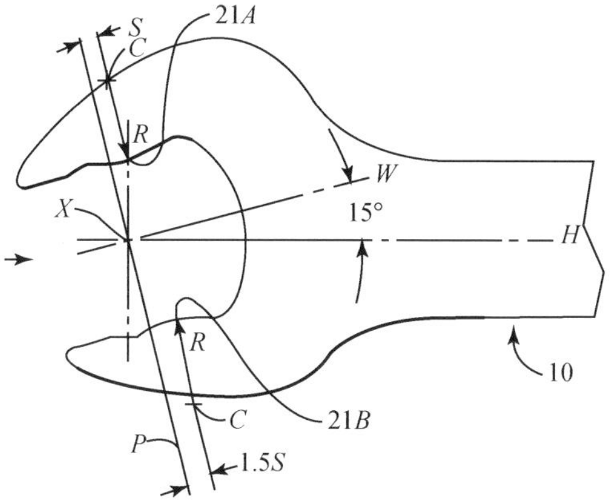

(a)

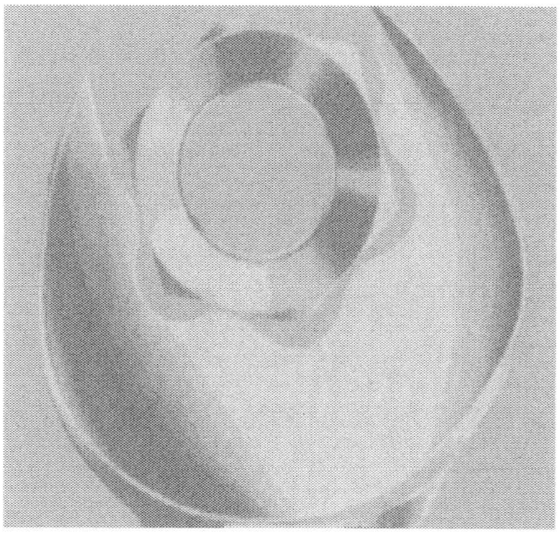

(b)

图 18-3　解决方案原理图与实际产品图

对第二种情况，即因为扳手作用力过大导致棱角受损的问题情境，我们可以作如下分析：

第一步，定义技术矛盾。为了松动螺母，一般的方法就是增大松动螺母的力，但这样做的结果就是导致螺母棱角受损，因此我们可以用 39 个通用技术参数中的其中两个来描述这个矛盾的两个方面：希望改进的参数——力（施加的松动力）；导致恶化的参数——物体组成的稳定性（棱角材料受损）。

第二步，查询矛盾矩阵。输入这两个参数到矛盾矩阵，便可以得到相应的用于解决这样一对矛盾的创新原理。①35 号原理：物理或化学参数改变原理；②10 号原理：预先作用原理；③21 号原理：减少有害作用的时间原理。

第三步，应用创新原理。基于物理或化学参数改变原理中的改变聚集态原理，可以引入一种电流变体材料，放在扳手卡口和螺帽之间，通电后流体变为固态，此时扳手和螺母实现完全的接触。这样就不会损坏螺母棱角。基于物理或化学参数改变原理中的改变浓度或密度的思想，就是采用我们生活中常用的办法，即将螺母与螺栓连接件的螺纹连接处滴入机油或者润滑油，减小两者之间螺纹的摩擦力。基于物理或化学参数改变原理中的改变温度原理，就是我们会经常想到的对螺母加热，让其膨胀，这样也会减小摩擦力，比较容易松动螺母。另外，我们也常用对螺母施加一个快速冲力的办法松动螺母，这也刚好符合减少有害作用时间原理的思想。

对第三种情况，我们既想让扳手施加的力能松动螺母，又不大到损坏螺母棱角的程度：

第一步，定义技术矛盾。显然这就需要对扳手松动力的精确测量和控制，显然这样会显著增加成本。因此这里也产生了矛盾，我们可以用下面两个通用技术参数来描述矛盾的两个方面：希望改进的参数——力；导致恶化的参数——控制和测量的复杂度。

第二步，查询矛盾矩阵。基于矛盾矩阵可以查到相应的创新原理如下。①36号原理：相变原理；②37 号原理：热膨胀原理；③10 号原理：预先作用原理。④19 号原理：周期性动作原理。

第三步，应用创新原理。相变原理指利用物质相变时产生的某种效应，如体积变化、吸热、放热等。热膨胀原理主要应用物质的热胀冷缩效应，而预先作用原理主要是预先对物体施加必要的改变。那么综合这些原理思想，我们可以考虑添加润滑油并加热螺母，形成油气来降低拧开螺母时的静态摩擦力，从而顺利松动螺母。

二、飞机的隐身设计

飞机的隐身技术是设法降低飞机的可探测性，使之不易被敌方发现、跟踪和攻击的专门技术，当前的研究重点是雷达隐身技术和红外隐身技术。早在第二次世界大战中，美国便开始使用隐身技术来减少飞机被敌方雷达发现的可能性。

由于一般飞机的外形比较复杂，总有许多部分能够强烈反射雷达波，像发动机的进气道和尾喷口、飞机上的凸出物和外挂物、飞机各部件的边缘和尖端以及所有能产生镜面反射的表面，所以早期的隐身技术是对飞机的外形和结构作较大的改进。所以我们可以看到一些现役隐身飞机的外形十分独特，如美国的 F-117 隐身战斗机，其隐身的主要原理是依靠奇特的外形设计、特种材料及特种涂料的共同作用。F-117 采用隐身外形，造成许多难以改变的缺陷，如空气动力性能不好，飞行不稳定，机动性较差，飞行速度低，作战能力低下，等等。1999 年 3 月 27 日，一架 F-117 误入敌方的探测和攻击范围，结果被老式的萨姆-3 导弹击落，随后另一架 F-117 也被击伤。

发展新一代的隐身技术是世界各军事大国的目标，以下应用技术矛盾的解决方法来研发新一代的隐身技术。

第一步，定义技术矛盾。现有的隐身飞机出现的矛盾是希望提高飞机的隐身性能，所以采用了改善飞机外观形状的方法，使基站接收不到雷达波到达飞机后反射回去的回波，但是会造成飞机的机动性变差，从而降低了飞机的适应性和通用性。即技术矛盾是可靠性与适应性之间的矛盾。

第二步，查询矛盾矩阵。查找27号可靠性与35号适应性参数，TRIZ建议使用的创新原理如下。①13号创新原理：逆向思维；②35号创新原理：物理或化学参数变化；③8号创新原理：重量补偿；④24号创新原理：借助中介物。

第三步，应用创新原理。受35号和24号创新原理的启发，在飞机和雷达之间加入物质的第四态等离子体。目前，俄罗斯、美国等国家已经相续开始试验研究，利用在飞机周围产生等离子云的原理实现战斗机的隐身，如利用放射性同位素发射的α粒子，将周围空气电离，形成等离子体，可以吸收电磁波的能量，从而达到隐身的目的。

第四节　本章小结

技术矛盾的本质是发生了不想要的副作用，即试图通过常规方法来改进问题情境时，确实得到了改进，同时另一问题情境特征发生无法忍受的恶化并存的情况。

矛盾矩阵对需要改进的情境的特征（参数）与另一不可忍受的恶化的情境特征（参数）进行比较，然后揭示以前成功处理了相似矛盾的创新原理。矛盾矩阵包含了所有可能的特别情境的各种特征，目前有39大类不同情境的特征。

第十九章 物理矛盾

第一节 术语介绍

所谓物理矛盾就是针对系统的某个参数，提出两种不同的要求。

物理矛盾是常见的一种矛盾。当对一个系统的某个参数具有相反的要求时就出现了物理矛盾，如狮子和驯兽员之间的矛盾。既要让狮子表现出必要的野性，又不能伤害驯兽员。这时要求狮子既要野性又不能表现野性，这就是一个物理矛盾。

再看一些其他的物理矛盾例子：飞机的机翼应该尽量大，以便在起飞时获得更大的升力；飞机的机翼应该尽量小以减少在高速飞行时遇到的阻力。钢笔的笔尖应该细，以使钢笔能够写出较细的文字；同时钢笔的笔尖应该粗，以避免锋利的笔尖将纸划破；飞机的起落装置在飞机起飞和降落时是必需的，但是在飞机飞行的过程中是不需要的。

通过上面实例可以看出，物理矛盾是对技术系统的同一参数提出相互排斥的需求的一种物理状态。无论对技术系统宏观参数，如长度、导电率及摩擦系数，还是对描述微观量的参数，如粒子浓度、离子电荷及电子速度等，都可以对其中存在的物理矛盾进行描述。

物理矛盾反映的是唯物辩证法中的对立统一规律，矛盾双方存在两种关系：对立的关系及统一的关系。一方面，物理矛盾讲的是相互排斥，即同一性质处于相互对立的状态，非此即彼；另一方面，物理矛盾又要求所有相互排斥和对立状态的统一，即矛盾的双方存在于同一客体中。

第二节 定义物理矛盾

当对一系统参数有相反的要求时就出现了物理矛盾。出现物理矛盾的子系统称为关键子系统，该子系统可以是任何的物质或场。针对这种问题情境，如何准确地描述和定义其中的物理矛盾，对问题的最终有效解决十分关键。一般可以通过七个简单步骤完成对物理矛盾的准确描述（表 19-1），这里以对卡车材料密度提出截然相反的要求为例。

表 19-1　表述物理矛盾的步骤

步骤	举例
1. 元素或其组成部分（指定技术系统的元素）	1. 卡车车身
2. 必须（是，有）（指定要求的作用、物理状态、性质或参数值）	2. 必须由高密度材料制成
3. 满足（指定某一项需求，如 *X*）	3. 应坚固及能运输重货
4. 与/但是	4. 与/但是
5. 元素或其组成部分（同第 1 步）	5. 卡车车身
6. 必须（是，有）（指定与第 2 步相反的作用、物理状态、性质或参数值）	6. 必须由低密度材料制成
7. 满足（指定另一需求，如 *Z*）	7. 节省运货卡车运输所需的燃油

我们也可以将物理矛盾按照以下方式进行简单的表述：技术系统或其元素存在一参数 A，同时存在另一参数非 A。那么卡车车身这一实例中存在的物理矛盾可以简单表述为卡车车身的材料密度应该高，同时也应该低。

第三节　物理矛盾与技术矛盾

物理矛盾是针对一个参数的矛盾，技术矛盾是两个参数之间的矛盾。

物理矛盾和技术矛盾是相互联系的。例如，为了提高子系统 Y 的效率，需要对子系统 Y 加热，但是加热会导致其邻接子系统 X 的降解。这是一对技术矛盾。同样，这样的问题可以用物理矛盾来描述，即温度要高又要低。高的温度提高 Y 的效率，但是恶化 X 的质量；低的温度不会提高 Y 的效率，也不会恶化 X 的质量。在很多时候，技术矛盾是显而易见的矛盾，而物理矛盾是隐藏得更深入的矛盾。所以技术矛盾与物理矛盾之间虽然是可以转化的，但是在实际分析问题时，将技术矛盾转化为物理矛盾，通常会让我们对问题的理解更加接近其本质，反之并非如此。因此这种转化常常是单向的，如图 19-1 所示。

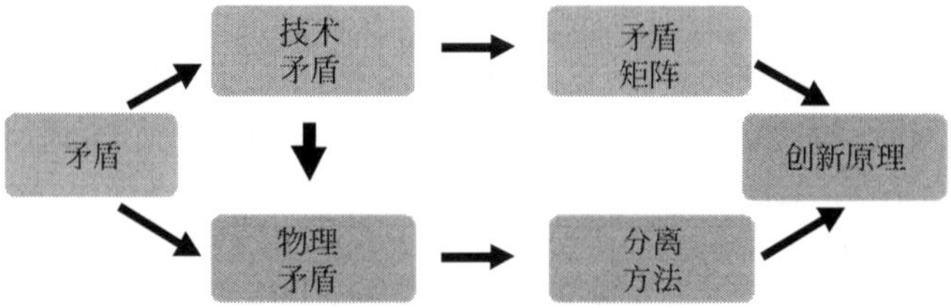

图 19-1　两种矛盾的转化关系

第四节　解决物理矛盾的方法

物理矛盾的解决方法一直是 TRIZ 研究的重要内容。解决物理矛盾的核心思想是实现矛盾双方的分离。现代 TRIZ 在总结解决物理矛盾的各种研究方法的基础上，将各种分离原理总结为四种基本类型，即空间分离、时间分离、条件分离和系统级别分离，如图 19-2 所示。

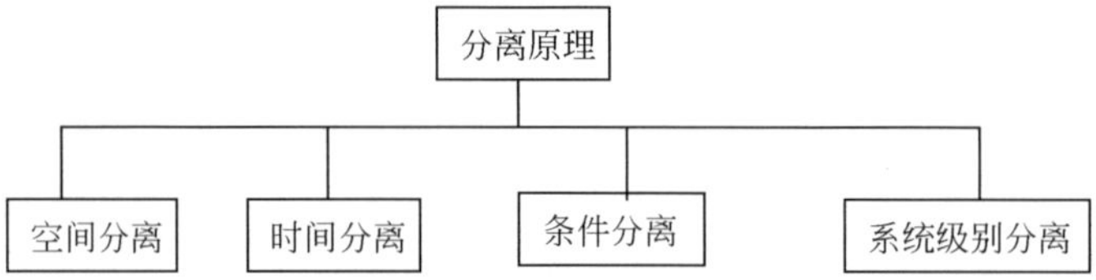

图 19-2　分离原理的四种方法

下面分别具体介绍这四种基本的分离原理。

一、空间分离原理

所谓空间分离原理是将矛盾双方在不同的空间上分离。当关键的子系统矛盾双方在某一空间只出现一方时，可以进行空间分离，现举例说明。

1）轮船与声呐探测器的分离。在利用轮船进行海底测量工作的过程中，早期是把声呐探测器安装在轮船上的某个部位，这样在实际测量时，轮船本身就会成为干扰源，影响测量的精度和准确性。一种解决的方法是轮船利用电缆拖着千米之外的声呐探测器，以在黑暗的海洋中感知外部世界的信息。因此，被拖拽的声呐探测器与产生噪声的轮船之间在空间上就处于分离状态，互不影响，实现了矛盾的合理解决。

2）双光眼镜、双焦点眼镜。一些患有屈光不正的中老年人看远处或看近处物体时，需要佩戴不同度数的两副眼镜，这种情况多见于远视眼合并老视眼或近视眼合并老视眼。如50岁的100度近视眼，看远用100度近视眼镜，看近则需100度老视眼镜。如果佩戴两副眼镜，更换时拿上拿下极不方便。在眼镜历史上，美国的富兰克林首先发明双光眼镜，又称为富兰克林型眼镜。所谓双光眼镜，是指这些眼镜于同一镜片上有两种屈光度数（远或近/老花），矫正远距离视力的屈光度数通常在镜片的上方，矫正近距离视力的屈光度数则设在镜片的下方。由于同一镜片上同时包括远及近的屈光度数，交替看远、看近时不需更换眼镜，比单光老花眼镜方便。

3）自行车的飞轮。自行车采用链轮与链条传动是一个采用空间分离原理的典型例子。在链轮与链条发明之前，自行车的脚蹬子是与前轮连接成一体的。这种早期的自行车存在的物理矛盾是骑车人既要快蹬（脚蹬子），加快车轮转速以提高自行车的速度；又希望慢蹬以感觉舒适。链条、链轮及飞轮的发明解决了这个物理矛盾。在空间上将链轮（脚蹬子）和飞轮（车轮）分离，再用链条连接链轮和飞轮，链轮直径大于飞轮，链轮以较慢的速度旋转将导致飞轮以较快的速度旋转。因此，骑车人可以以较慢的速度蹬踏脚蹬，自行车后轮则以较快的速度旋转。

4）打桩问题。在采用混凝土打桩的过程中，希望桩头锋利，以便桩进入地面；同时又不希望桩头太锋利，因为在桩到达位置后，锋利的桩头不利于桩承受较重的负荷。运用空间分离原理解决混凝土打桩的问题。如图19-3所示，在桩的上部加上一个锥形的圆环，并将该圆环与桩固定在一起，从空间上将矛盾进行分离，既保证了混凝土桩容易打入，同时又保证其可以承受较大的载荷。

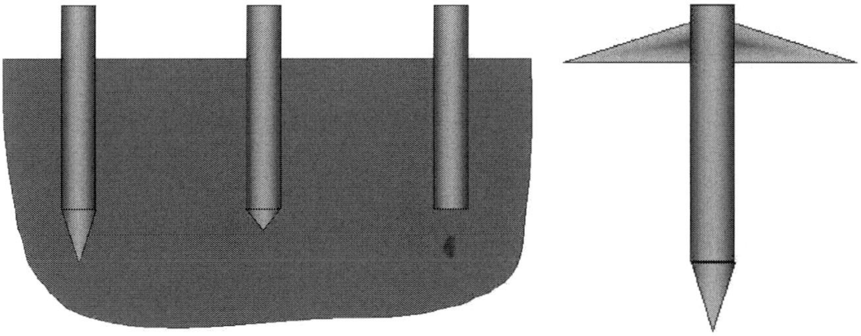

图19-3 采用空间分离原理解决混凝土打桩问题

二、时间分离原理

所谓时间分离原理是指将矛盾双方在不同的时间段上分离，以降低解决问题的难度。当关键子系统矛盾双方在某一时间段上只出现一方时，可以进行时间分离，现举例说明。

1）折叠式自行车在行走时体积较大，在储存时因折叠体积变小。行走与储存发生在不同的时间段，因此采用了时间分离原理。

2）舰载飞机的机翼我们希望大一些，这样有更好的承载能力，提供更大的升力；但是我们又希望其小一些，因为要在航空母舰有限的面积上多停放些飞机。用时间分离解决这样一个物理矛盾，在航空母舰上机翼可以折叠存放，在飞行时飞机机翼打开，如图 19-4 所示。

图 19-4　苏-33 重型舰载机

3）在喷砂处理工艺中，必须使用研磨剂，但是在完成喷砂工艺之后，产品内部或一些凹处会残留一些研磨剂，研磨剂的存在将影响后续的工艺。所以，研磨剂对于产品而言是不需要的。考虑在喷砂处理工艺中的砂粒聚集的问题，一个有效的解决方案是采用干冰作为研磨剂。处理完后，干冰将会由于升华而消失，从而解决了砂粒聚集问题。

4）前面提到的打桩问题，在这里运用时间分离原理解决这个问题。如图 19-5 所示，在混凝土桩的导入阶段，采用锋利的桩头将桩导入，到达指定的位置后，将桩头分成两半或者采用内置的爆炸物破坏桩头，使得桩可以承受较大的载荷。

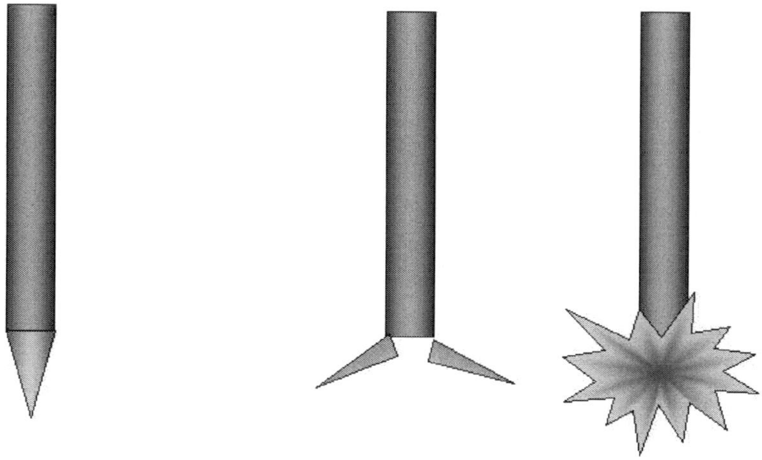

图 19-5　采用时间分离原理解决混凝土打桩问题

三、条件分离

所谓条件分离原理是将矛盾双方在不同的条件下分离，以降低解决问题的难度。当关键子系统矛盾双方在某一条件下只出现一方时，可以进行条件分离，现举例说明。

1）在厨房中使用的筛子对于水而言是多孔的，允许水流过，而对于食物而言则是刚性的，不允许食物通过。

2）水与跳水运动员所组成的系统中，水既是硬物质，又是软物质，这取决于运动员入水时的相对速度。相对速度高，水是硬物质，反之是软物质。

3）水射流可以用来淋浴，但是也可以用来进行金属切割。水射流既是硬物质，又是软物质，这取决于水射流的速度。

4）运用条件分离解决混凝土打桩的问题，如图 19-6 所示，在桩上加入一些螺纹，当将桩旋转时，桩就向下运动；不旋桩时，桩就静止。从而

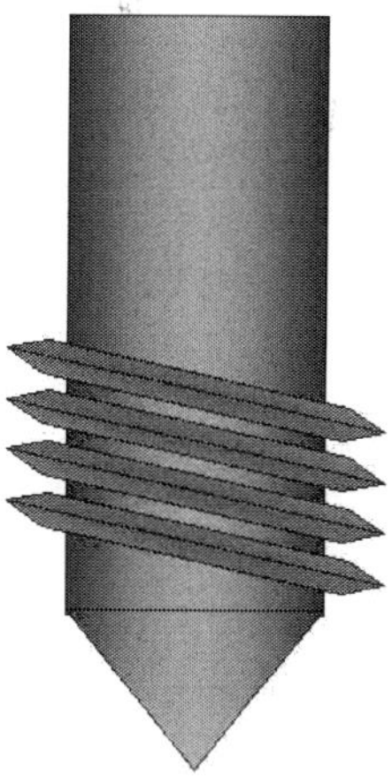

图 19-6　运用条件分离原理解决混凝土打桩问题

解决了方便地导入桩与使桩承受较大的载荷之间的矛盾。

四、系统级别分离

图 19-7　系统级别分离原理解决混凝土打桩问题

所谓系统级别分离原理是将矛盾双方在不同的层次分离，以降低解决问题的难度。当矛盾双方在关键子系统层次只出现一方，而该方在子系统、系统或超系统层次内不出现时，可以进行系统级别分离，现举例说明。

1）自行车链条在微观层面上是刚性的，宏观层面上是柔性的。

2）自动装配生产线与零部件供应的批量化之间存在矛盾。自动生产线要求零部件连续供应，但零部件从自身的加工车间或供应商运到装配车间时要求批量运输。专用转换装置接受批量零部件，却连续地将零部件输送给自动装配生产线。

3）运用系统级别分离解决混凝土打桩的问题，如图 19-7 所示，将原来的一个较粗的桩用一组较细的桩来代替，从而解决方便地导入桩与使桩承受较重的载荷之间的矛盾。

第五节　物理矛盾求解实例

一、转发器载体

目前通信技术领域就如何使覆盖范围更广及开支更少进行着探索，其中的一个问题便是以最小的通信服务成本覆盖最大可能的范围。传统的解决方案是用天线塔或卫星转发器，天线塔不允许架设得很高，对架设不高的天线塔，就有必要在适当的区域内集中进行布置。但这种情况将占用大量昂贵的土地，依靠大量天线塔进行通讯将使开支过分增大。另一可能的解决方案是利用卫星，如图 19-8 所示，卫星转发器可覆盖很大的范围，但其发射、维护及更新成本很高。

转发器载体的高度便形成了物理矛盾。转发器载体必须定位很高以使其覆盖的服务面积最大，并可避免用于土地的开支，同时定位也应低些，以避免发射、

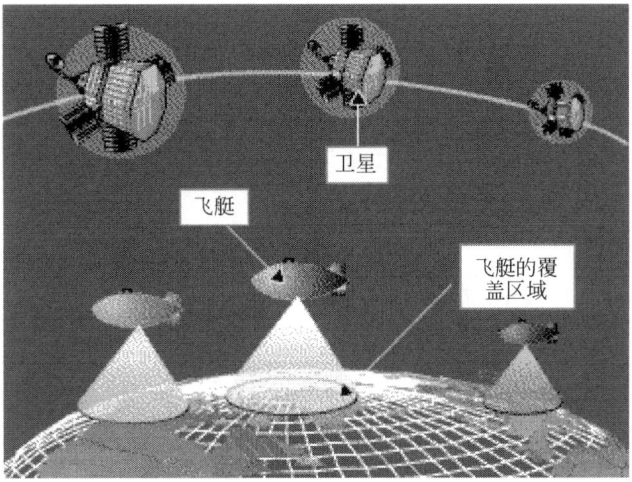

图 19-8　卫星可服务很大的区域，但是很昂贵

维护及更新成本过高。

对转发器载体高度的物理矛盾的简单表述如下：转发器载体应定位高些（卫星因素），同时也应定位低些（非卫星因素）。

将卫星换成飞艇便解决了这一物理矛盾，飞艇是比空气轻，像气球一样的空中飞行器。但和气球相比也有不同之处，飞艇是雪茄形的，并装备了电动机和推进器，用于水平飞行的控制。

壳体上部的太阳能电池或蓄电池为电机提供动力，与一个卫星运行在 100 千米以上高度不同的是，若干个飞艇将被发射到 20 千米的高度，每个飞艇服务的区域组合在一起便是要求提供服务的整个区域。

从解决物理矛盾的角度出发，飞艇高度低，可避免过高的发射、维护及更新成本；同时它也处在足够的高度，可提供大范围的通信。

因此用飞艇作为转发器载体的好处之一便是可节约发射、维护及更新成本。除此之外，由于能够校正发动机的运行，转发器飞艇可持续飘浮在某一单个区域上空，为该区域提供连续的服务。

二、咖啡壶的设计

当设计一个便携式咖啡杯时，就会面临冷热物理矛盾，我们希望咖啡在杯子里尽可能热以便能保温较长时间；同时，我们也希望咖啡温度适中，以便饮用时不致烫伤。

1）空间分离：把咖啡壶分成冷区和热区两部分，在冷区加强对流换热，在热区改善保温效果。

2）系统级别分离：设计与咖啡壶配套的能迅速制冷的咖啡杯，咖啡壶只需具备保温功能，当咖啡倒入咖啡杯时，可使其迅速降温，用超系统部分来解决问题。

三、受油机受油探头喷嘴的设计

加油机在高空中给受油机加油时，受油探头在高空中要进入受油机的油箱中。加油机和受油机在高空中存在着相对位移，会使受油探头振动。轻微的振动不应该影响加油的正常进行。但是在突发情况下，剧烈的振动应该使受油机的受油探头喷嘴断裂，否则会使加油机的结构受损，甚至会造成整个加油机机毁人亡的事故。因此要求在剧烈的振动下，受油探头喷嘴可以折断，使加油机和受油机分离。由此产生了物理矛盾，要求受油机受油探头喷嘴的强度既要强，以保证加油过程的顺利进行；又要其强度弱，以便在突发情况下，使加油机和受油机分离。

采用条件分离方法，使用一些螺栓紧固受油探头喷嘴，螺栓具有一定的强度，可以保证轻微振动下受油探头喷嘴加油的正常进行；当振动超过一定的程度后，受油探头喷嘴的紧固螺栓的强度不足，受油探头喷嘴自动断裂，从而使得加油机和受油机分离。

第六节　本章小结

物理矛盾是TRIZ中常用的一种问题模型，它比技术矛盾更加接近问题的本质，因此解决物理矛盾得到的方案，通常也更接近技术系统的IFR。

常见的解决物理矛盾的方法是四种分离原理，也有人为了更具有指导性，而把它们细化为11种原理，甚至与40个创新原理对应起来使用。

第二十章 物 场 分 析

第一节 物场分析概述

物场分析方法是TRIZ分析工具，是用于开发解决与现有或全新的技术系统相关问题的功能模型，它遵循TRIZ问题解决的一般流程。物场模型作为问题模型，中间工具是标准解法系统，对应的解决方案模型是标准解法系统中的标准解。因为标准解法系统提供的是具体的解决方案的模型，所以很多TRIZ专家都喜欢用物场理论和标准解法系统来解决实际的问题。

物场分析通过创建物场模型揭示造成当前困境的相互作用，并通过模型转换得到改善问题情境的方式和方法。

物场的英文名称是“su-field”，它是物质（substance）和场（field）两个英文单词的组合与缩写。物场用来表示同一技术系统中两个对象的交互作用的模型，两个对象的交互是在某种特定类型的交互作用能量下产生的。交互作用的对象被称为“物质”（substances），用 S_1 和 S_2 表示，交互作用的能量被称为“场”（field），用F表示。

第二节 物 场 分 析

阿奇舒勒对大量的技术系统进行分析后发现，一个技术系统如果能发挥其必要的有用功能，就必须遵循一种最小的系统模型，具备三个必要的元素，即两种物质和一个场。物质–场的基本模型如图20-1所示。

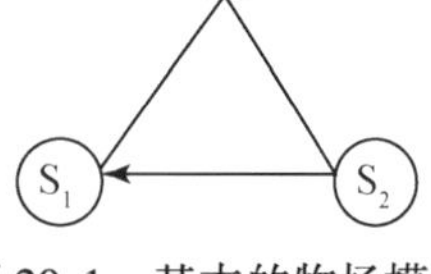

图20-1 基本的物场模型

1）“物质”可以是任何东西，如电脑、桌子、房屋、空气、水、地球、太阳、人、计算机等，物质的代号是 S。多种物质利用序号区分，如 S_1、S_2、S_3 等。

2）“场”是指物质之间的相互作用，如拍打、承受、毒害、加热等都可以被称为物场分析中的一种“场”，场的代号是 F。多种场利用序号区分，如 F_1、F_2、F_3 等。

利用物质和场来描述系统问题的方法叫做物场分析方法。有时候，我们也称做物场理论。在分析某个系统的时候，建立起的这种用物质和场描述的模型就叫做物场模型，现举例说明。

1）手拿杯子。手和杯子这一系统中的两种物质，支撑力是他们之间的相互作用，所以场就是机械场（也可以直接叫做支撑力）。建立起的物场模型如图 20-2 所示。

2）空中的风筝。风筝可以飘在空中，这一系统中风筝和空气分别是一种物质，风力是它们之间的场。物场模型如图 20-3 所示。

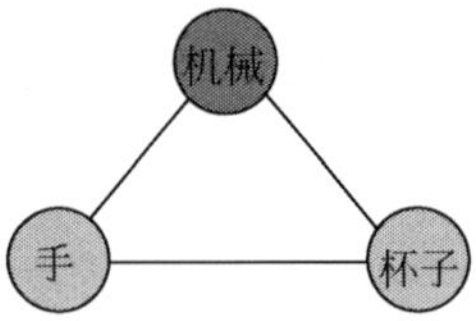

图 20-2　手拿杯子的物场模型

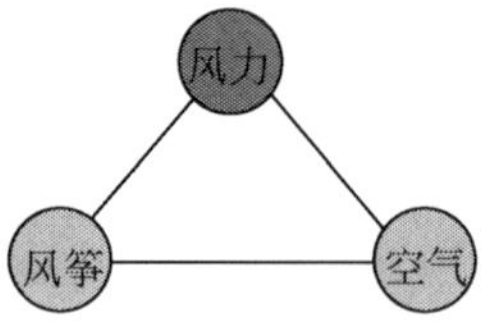

图 20-3　空中风筝的物场模型

一、物场模型的种类

物场模型可以用来描述系统中出现的问题，问题类型主要有四种。我们针对不同的问题类型，可以用四种不同的物场模型来描述：

1）有用并且充分的相互作用。

2）有用但不充分的相互作用。

3）有用但过度的相互作用。

4）有害的相互作用。

（一）有用并且充分的相互作用

手拿杯子：手握住杯子，杯子不会落到地上。这时实现的就是有用并且充分的相互作用，建立起这种系统的物场模型如图 20-4 所示。

（二）有用但不充分的相互作用

手拿杯子：手握住杯子，但是力度不够，杯子还是不断往下滑，如小孩拿一个很沉的杯子。这就是有用但不充分的相互作用，建立起这种系统的物场模型如图 20-5 所示。

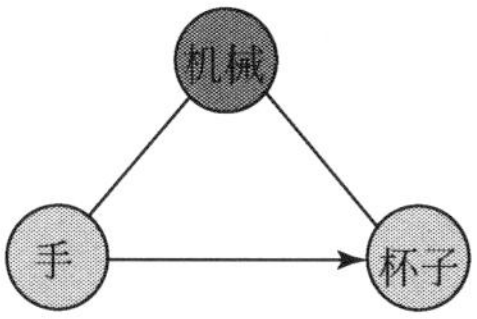

图 20-4 有用并且充分的相互作用

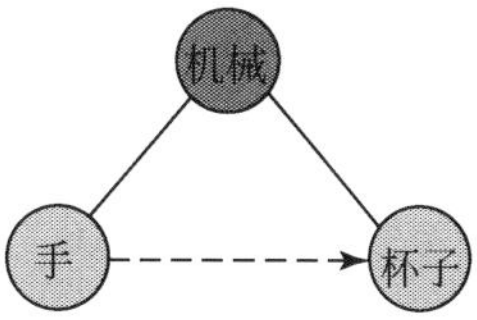

图 20-5 有用但不充分的相互作用

（三）有用但过度的相互作用

手拿杯子：手握住杯子，但是力度太大，杯子被手捏得变形。这就是有用但过度的相互作用，建立起这种系统的物场模型如图 20-6 所示。

二、有害的相互作用

手拿杯子：玻璃杯没有打磨圆滑，手被玻璃边缘或小的凸起割破了。这个系统中除了手对杯子的有用作用外，还存在着杯子对手的有害作用，建立起这种系统的物场模型如图 20-7 所示。

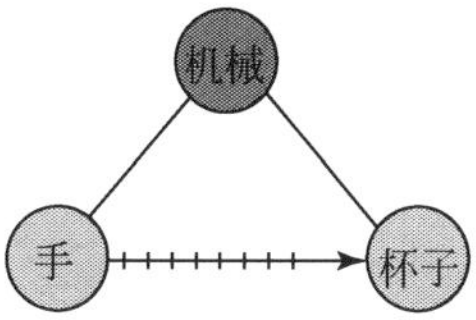

图 20-6 有用但过度的相互作用

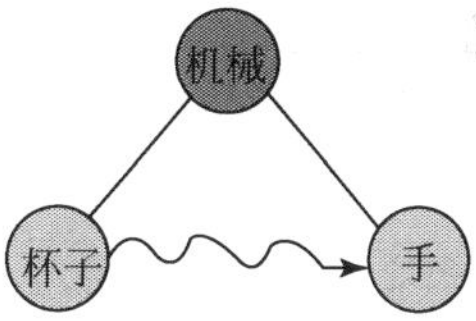

图 20-7 有害的相互作用

第三节 标准解法的由来

阿奇舒勒分析大量的专利发现，如果专利中描述的问题的物场模型相同，那最终解决方案的物场模型也相同。以下举例说明：

如果一种物质 S_1 对另外一种物质 S_2 产生了有害作用，则经常引入第三种物质——S_1 或 S_2 的变形物质 S_3 来消除有害作用，问题和解决方案的物场模型如图 20-8 所示。

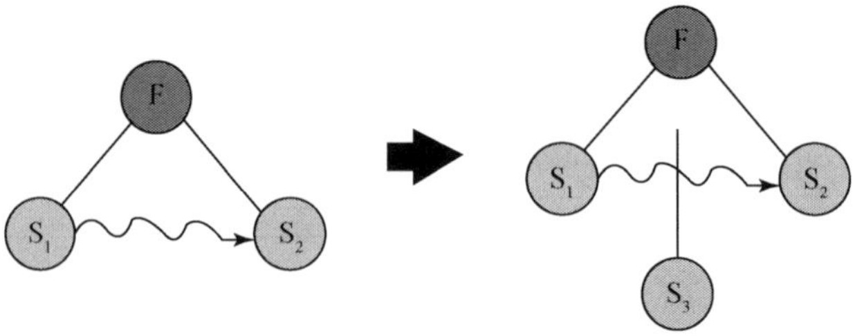

图 20-8　消除有害作用的标准解法

1）和面。在桌子上和面时，面团会粘在桌子上，这时对桌子会有一种有害作用，可以引入第三种物质——干面粉（面团的变形）。

2）轮胎。轮胎在泥泞路面上行进有时会打滑，可以在路面上铺撒第三种物质——沙子（泥巴的变形）。

阿奇舒勒一共发现了 76 种这样的解法规则，由于其对不同工程领域的问题是通用的，所以被称为标准解法。

第四节　标准解法系统

目前一共有 76 种标准解法，阿奇舒勒将这些标准解法按所解决问题的类型进行了归类，建立起了标准解法系统，将 76 种标准解法分为以下五级：

1）第一级，建立或破坏物场模型，共 13 个标准解。

2）第二级，增强物场模型，共 23 个标准解。

3）第三级，向超系统和微观级系统跃迁，共 6 个标准解。

4）第四级，检测和测量，共 17 个标准解。

5）第五级，应用标准解法的标准，共 17 个标准解。

一、建立或破坏物场模型

1. 建立物场模型

完善一个不完整的物场模型，如在建立物场模型的时候发现仅仅只有一种物质 S_1，那么增加第二种物质 S_2 和一个相互作用场 F，这样才可以实现系统必要的功能。例如，如果系统仅仅只有锤子，什么都不会发生；如果系统只有一个锤子和钉子，同样也是什么都不会发生；作为一个完整的系统，就必须有锤子、钉子和锤子作用于钉子上的机械场。

如果系统中已有的对象无法实现需要的变化，加入一种永久的或者临时的添加物帮助系统实现功能，可以在 S_1 或者 S_2 中引入一种内部添加物。例如，喷涂中的携带载体。

相同的情况下，也可以在 S_1 或者 S_2 的外部引入一种永久的或者临时的外部添加物 S_3。例如，可以通过在滑雪橇上涂上蜡（S_3）改善雪（S_1）和滑雪橇（S_2）组成的系统。如果不允许在物质的内部引入添加物，可以利用环境中已有的资源实现需要的变化。例如，航道中的航标摇摆的太厉害，可以利用海水作为镇重物，也可以通过改变系统环境或变形来解决问题。如果不允许在物质的内部或外部引入添加物，可以通过在环境中引入某种资源作为添加物。例如，在办公室中有台台式电脑，因为它发热量太大，所以增加了室内的温度，可以在办公室内加上空调从而改变温度。

有时候很难精确地控制施加量，通过多施加需要的物质，然后再把多余的部分去掉。例如，向一个方框中加入混凝土，想得到一个很平的表面，很难直接做出平的表面，通常的做法是，将混凝土加满方框并超出一部分，然后再把多余的部分抹掉，抹出一个平面，这样就能很好地实现精确控制了。

如果各种原因不允许达到要求作用的最大化，那么让最大化的作用通过另一个物质 S_2 传递给 S_1。普通的蒸锅是一个很好的例子。要蒸煮的食物是不能直接接触到火焰的，所以可以利用火焰加热水，然后让水把热量传递给食物，而这时水的温度是不可能超过水的沸点的，不会破坏食物。

有时候既需要很强的场的作用，同时又需要很弱的场的作用。这个时候给系统施以很强的作用场，然后在需要较弱场作用的地方引入物质 S_3，起到一定的保护作用。例如，小玻璃药瓶要用火焰封口，但是火焰的温度很高，从而会使药瓶内的药物分解。如果将药瓶盛药物的部分放在水里，就可以使药保持在安全的温度范围之内，免受破坏。

2. 物场模型的破坏

以下解法可以消除或抵消系统内的有害作用。

在当前设计中既存在有用的也存在有害的作用。这个时候如果没有让 S_1 和 S_2 必须直接接触的限制条件。可以在 S_1 和 S_2 之间引入 S_3 从而消除有害作用。例如，医生的手 S_2 需要在病人身体 S_1 上做外科手术，穿戴一双无菌手套 S_3 可以消除细菌带来的有害作用。

同上的情况下，但是不允许引入新的物质。这个时候可以改变 S_1 和 S_2 来消除有害作用。这种解决方案包括加入一些“不存在的物质”，如利用空间、空穴、真空、空气、气泡、泡沫等。或者加入一种场，这个场可以实现需添加物质的作用。例如，防风雨伞——纤维中的通风口和遮挡封盖减小了空气的阻力，从而保护雨伞不被强风破坏。

如果某个场对物质 S_1 产生了有害作用，可以引入物质 S_2 来吸收有害作用。例如，医疗上的 X 射线只需要照射在形成图片的某个特定的区域。但是产生 X 射线的射线管发出的是一束很宽的光束。为了防止 X 射线对病人身体的伤害，在病人身体前方放一个铅屏，从而保护病人其他的部位不会受到 X 射线的照射。另外，对于医生而言，也可以设置一堵铅墙从而免受 X 射线的伤害。

如果系统中存在有用作用的同时也存在有害作用，而且 S_1 和 S_2 必须直接接触，这个时候通过引入 F_2 来抵消 F_1 的有害作用，或将有害作用转换为有用作用。例如，在脚腱拉伤手术后，脚必须固定起来。可以利用绷带 S_2 作用于脚 S_1 起到固定的作用，场 F_1 是机械场。但是，如果不活动的话肌肉就会萎缩，这个机械场也产生了有害的作用。解决方法是在物理治疗阶段向肌肉加入一个脉冲的电场 F_2，来防止肌肉萎缩。

某一种有害作用可能是因为系统内部的某个部分的磁性质导致的。这个时候可以通过加热，使这部分处于居里点以上，从而消除磁性，或者引入一种相反的磁场。例如，加工中让带研磨颗粒的铁磁介质在旋转磁场的作用下运动，来打磨工件的内表面，如果是铁磁材料的工件，其本身对磁场的响应会影响加工过程，解决方案是提前将工件加热至居里温度以上。

二、增强物场模型

1. 转化成复杂的物场模型

1）链式物场模型：将单一的物场模型转化成链式模型，转化的方法是引入一个 S_3，让 S_2 产生的场 F_1 作用于 S_3，同时，S_3 产生的场 F_2 作用于 S_1。例如，锤子砸石头完成碎石的功能。为了增强现有功能，可以通过在锤子 S_1 和石头 S_2 之间加入凿子。锤子的机械场传递给凿子，然后凿子的机械场传递给石头。

2）双物场模型：现有系统的有用作用 F_1 不足，需要进行改进，但是又不允许引入新的元件或物质，这时可以加入第二个场 F_2 来增强 F_1 的作用。例如，应用电镀法生产铜片的时候，在铜片表面会残留少量的电解液。用水清洗的时候不能有效地除掉这些电解液。可以通过增加第二个场来解决，如在清洗的时候加入机械振动或者在超声波清洗池中清洗铜片。

2. 增强物场模型

1）用更加容易控制的场来代替原来不容易控制的场，或者叠加到不容易控制的场上。例如，机械场相对重力场就更加容易控制，同样，电场比机械场、磁场比机械场都更加容易控制。这也是一种系统场的可控性增加的进化模式。例如，将一个机械控制系统用电控制系统代替。

2）增加物质的分割程度。例如，设计一种顶住不规则形状的物体的支架比较困难。利用一种充水的液压设备，可以更加均匀地将压力分布在物体的各个部分。

3）在物质中增加空穴或毛细结构。例如，通过加油孔加油不能使油均匀地添加到齿轮上，可以应用带有多孔表面的加油器。

4）使系统具有更好的柔韧性、适应性、动态性。例如，生橡胶太脆，通过硫化处理增加其柔性，以便更好地应用到各种设备中。

5）用动态场替代静态场。例如，利用驻波来固定液体或者微粒。

6）将均匀的物质添加到空间结构不均匀的物质中。例如，通过添加加强钢筋来提高混凝土的质量。

3. 频率的协调

1）将场 F 的频率与物质 S_1 或者 S_2 的频率相协调。例如，肾结石可以通过超声波使其共振破碎成小碎颗粒，然后排出体外。

2）场 F_1 与场 F_2 的频率相协调。例如，机械振动可以通过产生一个与其振幅相同但是方向相反的振动消除。

3）两个独立的动作可以让一个动作在另外一个动作停止的间隙完成。例如，在尚未找到承租者之前装修出租房屋，可以提高租价。

4. 利用磁场和铁磁材料

1）向系统中加入铁磁物质。例如，磁悬浮列车。

2）将标准解法 2.2.1（应用更可控的场）与 2.4.1（应用铁磁材料）结合在一起。例如，橡胶模具的刚度可以通过加入铁磁物质，通过磁场进行控制。

3）运用磁流体。磁流体可以是悬浮有磁性颗粒的煤油、硅树脂或者水的胶状液体。例如，计算机马达中的旋转轴承中，用磁流体替代原来的润滑剂。

4）应用包含铁磁材料或铁磁液体的毛细管结构。例如，过滤器的过滤管中填充铁磁颗粒，利用磁场可以控制过滤器内部的结构。

5）转变为复杂的铁磁场模型，如果原有的物场模型中禁止用铁磁物质替代原有的某种物质，可以将铁磁物质作为某种物质内部的添加物引入系统。例如，为了让药物分子到达身体需要的部位，在药物分子上加上铁磁微粒，并且在外界磁场的作用下，引导药物分子转移到特定的位置。

6）如果物质内部不允许引入铁磁添加物，可以在环境中引入。例如，将一个内部预置磁性颗粒的橡胶垫放在车上方，保证在维修的时候工具能在这个垫子的帮助下随手可得，而不需要向汽车外壳内填入铁磁物质。

7）应用自然现象和效应（可以通过场来排列物体，或者磁性物质在居里点之上时丧失磁性的性质）。例如，磁共振成像。

8）应用动态的、可变的或者自动调节的磁场。例如，测量不规则空心物体的壁厚可以通过一个内部的铁磁体和一个外部的感应器来完成。为了增加准确性，可以将铁磁体做成表面覆有磁性微粒的弹性球形状，通过感应器控制内部铁磁球使其与待测空心物体的内壁紧紧贴合，从而实现精确测量。

9）利用结构化的磁场来更好的控制或移动铁磁物质颗粒。例如，聚合物的传导率可以通过在其中掺杂传导材料来提高。如果材料是磁性的，就可以通过磁场来排列材料，从而达到只用很少的材料就能获得很高的传导率。

10）铁磁场模型的频率协调。在宏观系统中，应用机械振动可以加速铁磁颗粒的运动。在分子或者原子级别，通过改变磁场的频率，可以利用对磁场发生响应的电子的共振频率的频谱来测定物质的组分。例如，每个原子都会有各自的共振频率，这种测量的技术叫做 ESR，即电子自旋共振。

11）应用电流产生磁场，而不是应用磁性物质。例如，各种电磁石。它们可以克服磁性材料居里点的限制，或者用于一些永久磁性材料不安全的地方。它们另外一个优点是当不需要的时候就可以关闭，并且通过改变电流可以得到非常精确的磁场。

12）通过电场可以控制流变液体的黏度。例如，在动力减震器中，通过改变电场来允许或者禁止流变体溶液的流动。

三、向超系统和微观级系统进化

1. 转换成双系统或者多系统

1）创建双系统和多系统。例如，将薄玻璃堆砌在一起，并且用油做临时的粘贴物质，便于加工。

2）改变双系统或者多系统之间的连接。例如，复杂的交通状况导致十字路口的交通灯需要实时地输入一些交通流量的信息，以便及时地控制其变化。

3）系统进化方式——增加系统之间的差异性。例如，多头订书机各头可以装不同的订书钉，增加一个起钉器可以使订书机的作用更加丰富。

4）双系统和多系统的简化。例如，新的家庭用立体声系统是在一个外壳中加入多个音频设备。

5）部分或者整体表现相反的特性或功能。例如，自行车的链条是刚性的，但是总体上是柔性的。

2. 向微观级进化

转换到微观级别，计算机的发展就是这种方向。

四、检测和测量

检测和测量的区别：检测是二元的，也就是检查发生或者没有发生、有或者没有的问题。测量是多元的，很多时候需要进行定量和精确结果。

1. 间接方法

1）改变系统，从而使原来需要测量的系统现在不再需要测量。例如，加热系统的自动调节装置可以应用一个双金属片的热电偶制成。

2）测量系统的复制品或者图像。例如，测量金字塔的高度可以通过阴影测量。

3）应用两次间断测量代替连续测量。例如，对柔韧物体的直径应该实时地进行测量从而看它是否和相互作用对象匹配完好。但是实时测量不容易进行，可以测量它的最大直径和最小直径，确定变化的范围。

2. 建立新的测量系统

1）如果一个不完整的物场模型不能够检测或者测量，则建立一个场作为输出的单或者双物场模型。如果现有的场是不充分的，在不干扰原始系统的情况下改变或者增强场。新的或者增强的场应该有一个很容易测量的参数，这个参数与我们想测量的参数具有关联特性。例如，如果塑料袋上有个很小的孔很难测量，可以向塑料内填充空气，然后将塑料袋放在水中，并且减小外面的压力，水中会出现空气泡，指示出小孔的位置。

2）测量引入的附加物。引入的附加物与原系统的相互作用产生的变化，可以先测量附加物的变化再进行转换。例如，生物样品很难通过显微镜观察，可以通过加入化学染色剂来观察其结构。

3）如果不能在系统中添加任何东西，可以向外部环境中加入物质，并且测量或者检测这个物质的变化。例如，全球定位系统（GPS）的应用。

如果不能引入附加物到系统或环境中，可以通过将环境中已有的东西进行降解或转换变成其他的状态，然后测量或检测转换后的这种物质的变化。例如，云室可以用来研究亚原子颗粒的性质。在云室内，液氢保持在适当的压力和温度下，以便正好处于沸点附近。当外界的能力粒子穿过液氢时，液氢就会局部沸腾，从而形成一个由气泡组成的路径，对此路径可以拍照。通过这种方法来研究粒子的动态性能。

3. 增强测量系统

1）应用自然现象。应用在系统中发生的已知效应，并且检测因此效应而发生的变化，从而知道系统的状态。例如，通过测量导电液体电导率的变化来测量温度。

2）如果不能直接测量或者通过引入一种场来测量，可以通过让系统整体或部分产生共振来解决，测量共振频率。例如，应用音叉来调谐钢琴。调节琴弦、音叉使其频率协调，通过发生共振进行协调。

3）若不允许系统共振，可以通过与系统相连的物体或环境的自由振动获得系统变化的信息。例如，不直接测量电容，将未知电容的物体插入已知感应系数的回路中，然后改变电压的频率，寻找到复合回路的共振频率，据此计算出电容。

4. 测量铁磁场

1）引入铁磁物质进行测量工作。这种方法在遥感、微型设备、光纤维和微处理器上经常使用。增加或者利用铁磁物质或者系统中的磁场，从而方便测量。例如，交通管制中应用交通灯进行管制。如果想知道车辆需要等候多久或者想知道车辆已经排了多长队伍，可以在主要路面下铺设一个环形线圈，从而轻易地检测车辆的铁磁成分，转换得出测量结果。

2）在系统中增加磁性颗粒，通过检测磁场实现更容易地测量。例如，通过在流量中引入铁磁颗粒从而帮助增加测量的准确度。

3）如果不能将磁性颗粒直接加入系统中，则建立一个复杂的铁磁测量系统，将磁性物质添加到系统已有物质中。例如，通过在非磁性物体表面涂敷含有磁性材料和表面活化剂细小颗粒的流体，检测该物体的表面裂纹。

4）如果不能在系统中引入磁性物质，可以在环境中引入。例如，船的模型在水上移动的时候会出现波浪，为了研究波浪的形成特性，可以将铁磁微粒添加到水中辅助测量。

5）测量与磁性相关的自然现象，如居里点、磁滞现象、超导消失、Hall 效应、磁共振成像等。

5. 测量系统的进化趋势

1）向双系统、多系统转化。如果一个测量系统不具有高效率，应用两个或者更多的测量系统。例如，为了测量视力，验光师使用一系列的设备来测量眼睛对某物体的聚焦能力。

2）不直接测量，而是在时间或者空间上测量第一级或者第二级的衍生物。例如，测量速度或加速度，而不是测量距离。

五、应用标准解法的标准

1. 引入物质

1）应用“不存在的东西”替代引入新的物质。比如增加空气、真空、气泡、泡沫、水泡、空穴、空洞、毛细管、空间等。例如，对于用于水下工作的保暖衣而言，如果增加其厚度，整个衣服会很重；可以利用泡沫结构，不用增加衣服厚度，使衣服变得很轻。

2）运用场代替物质。例如，想知道墙壁内铁钉的位置，不需使用凿子一个地方一个地方地凿洞去看，而是直接运用磁场来检测。

3）运用外部添加物代替内部添加物。例如，对折断的物体进行修补，如果不改变其内部的结构，可以直接在外部用金属片包裹。

4）应用少量高活性的添加物。例如，普通焊接方式焊接铝时需要极高的温度和一些腐蚀性的化学添加剂，可以应用一些铝热剂进行爆炸焊接。

5）将添加物集中在一个特定的位置。例如，清洗衣服上的污渍。只将洗涤剂喷洒在衣服的污渍部分就可以，没有必要将整件衣服都放在洗涤剂中。

6）临时地引入添加剂。例如，癌症化疗时，会引入一些毒性很大的药物，这些药物对癌细胞的毒性比对正常细胞的毒性要强。在引入很短的时间后，将这些药物驱除体外。

7）如果原来的物体中不允许引入添加物，则在物体的复制品或者模型中加入添加物。例如，电视电话会议或者电脑上开会，可以使一些不在同一个城市的人都参加同一会议。

8）不能直接引入某种物质，可以引入能通过反应或衍生产生此种物质的物质。例如，人体需要钠元素进行新陈代谢，但是直接引入钠是有害的，于是通过摄入食用盐补充钠。

9）通过降解环境中某资源或物质自身产生需要的添加物。例如，直接将垃圾埋在公园里作为化学肥料，从而不会产生污染或浪费能量。

10）将物质分割为更小的组成部分。例如，将大型飞机的发动机分成两个小发动机。

11）添加物在使用完毕之后自动消失。例如，用干冰打磨。

12）如果条件不允许加入大量的物质，则加入虚有的物质。例如，在物体内部增加空洞以减轻物体的重量。

2. 引入场

1）应用一种场产生另外一种场。例如，电场产生磁场。

2）应用环境中存在的场。例如，电子设备产生大量的热，这些热可以使周围空气流动，从而冷却电子设备。

3）应用能产生场的物质。例如，将放射性的物质植入到肿瘤位置（不久后再进行清除）。

3. 相变

1）改变相态。例如，用α-黄铜取代β-黄铜（晶体结构的改变，导致在特定温度下机械性质的改变）。

2）双相互换。例如，在滑冰过程中，通过将刀片下的冰转化成水来减小摩擦力，过后，水又可以冻成冰，形成平整的表面。

3）应用相变过程中伴随出现的现象。例如，暖手器，里面有一个盛有液体的塑料袋，袋内同时还有一个薄金属片，金属片在液体中弯曲时可以产生一定的声信号，信号触发液体使其转变为固体并释放热量，液体全转变为固体后，将暖手器放在热水中或微波炉中加热即可还原。

4）转化为双相状态。例如，在切削区域应用泡沫，刀具能穿透泡沫持续切割，而噪声、蒸汽等却不能穿透，可用于消除噪声。

5）利用系统的相态交互增强系统的效率。例如，白兰地经过两次蒸馏后在木桶中进行保存，这是木材和液体之间的相互作用。

4. 运用自然现象

1）状态的自动调节和转换。如果一个物体必须处于不同的状态，那么他应该可以自动从一种状态转化为另外一种状态。例如，太阳镜在阳光下颜色变深，在阴暗处又恢复透明。

2）将输出场放大。例如，真空管、继电器和晶体管可以通过很小的电流控制很大的电流。

5. 产生物质的高级和低级方法

1）通过降解来获得物质颗粒（离子、原子、分子等)。例如，如果系统需要氢但系统本身不允许引入氢，可是如果允许引入水的话，可以将水通过电解转化成氢和氧。

2）通过组合获得物质粒子。例如，树木吸收水分、二氧化碳，并且运用太阳光进行光合作用生长壮大。

3）如果一个高级结构的物质需要降解，但是又不能降解，就应用次高水平的物质。另外，如果物质需要低级结构的物质组合起来，我们就可以应用较高级结构的物质。例如，如果需要传导电流，那么将物质变成离子和电荷，离子和电荷之后还可以继续组合在一起。

第五节 本章小结

物场分析方法可以说是功能成本分析方法的延伸，它特别适合用在组件分析之后，以确认的根源功能问题为起点，建立局部的物场模型。之后，可以利用标准解系统来得到近乎精确的解决方案思路。

标准解系统是 TRIZ 提供的又一个强大的解决问题工具。它与创新原理、技术系统进化规律一样，源于专利分析，因此虽然隶属不同的分析思路，但是仔细研究，大家不难发现三者之间是有不少关联之处。这也是 TRIZ 的特点之一，提供给使用者多条通路，让大家在实践中探索与自己最契合的工具和方法。

第二十一章　科学效应库

效应（effect）是 TRIZ 中基于知识的工具。效应是在通过专利分析，找出专利中产品所实现的技术功能和用于实现技术功能的科学原理之间相关性的基础上形成的。问题的创新解决方案通常是使用问题所在的技术领域中很少用到或根本没有用到过的效应实现的。

本章主要介绍了 TRIZ 中科学效应库的基本概念，以及相应的分类。并以表格的形式概要地呈现科学效应库中各类效应，以帮助大家全面掌握科学效应库。

第一节　TRIZ 中的科学效应

用 TRIZ 观点来看，科学效应是自然法则的表现，如果具备必要的初始条件，就可以采用这些自然法则来获取所需的结果。

换句话说，若我们希望获得某种结果，我们应提供相应的初始条件（或条件成熟时，利用这些条件），剩下的只要交给大自然去做，这些条件就会被转化成为我们需要的结果。

第二节　关于发明方案的科学效应

科学效应与任何其他过程或转变的最大差异在于两个方面：①科学效应总是产生新的性质或特性，而并不仅仅像线性过程那样增加或减少某种参数；②科学效应不像人工转变那样需要通过控制行为来产生结果。

科学效应的自然本性和固有可靠性（它们仅遵守自然法则）使它们成为获得派生资源的最佳方式。

事实上，如果在系统或周围环境中有发生必要转化的各种条件，那么事实上就可以无偿获得这种转化结果。

即使以直接、不明智的方式提供一些初始条件，通过科学效应的自然本性获得的结果仍比通过其他方式获得类似结果更廉价（并且更可靠）。

因此，科学效应对发明问题解决者的吸引力很大。

通过科学效应实现的创新方案或任何系统功能与理想状态更近。

解决发明问题时，最常用的科学效应有：

1）物理效应。

2）化学效应。

3）几何效应。

以下选录了上述三类效应中的主要部分，归纳成为列表的形式供读者参考。

一、物理效应

物理效应的具体内容如表21-1所示。

表21-1 物理效应

效应分类	具体效应	应用方式
力学效应	惯性力	创造附加力
		惯性离心力
		旋转体的惯性矩
		陀螺效应
	重力	
	摩擦力	反常的低摩擦力效应
		无磨损性效应
		对散发出来的热的利用
形变	形变值	
	坡印廷效应（Poynting's Theorem）	
	撞击情况下的能量转换（亚历山德罗夫效应）	
	金属放射性膨胀效应	
	合金的形状复原效应	
	聚合物的形状复原效应	

续表

效应分类	具体效应	应用方式
分子现象	物质的热膨胀	压力的产生（能够达到很大的值）
		双金属板（条杆、管道等）
		物体的微小幅度位移
	相态转变	让水冻结，让金属和混合物凝结-熔接
	毛细-多孔材料	
	吸附作用	
	扩散作用	
	渗透作用	
	热导管	
	分子沸石过滤器	
流体静力学、流体空气动力学	阿基米德定律	
	液体和气体的流动	层流运动
		湍流运动
		伯努利定律
		汤姆斯效应（降低液体运动阻力）
	液冲压	
	空化作用	
	泡沫（液体和气体的混合物、固态泡沫）	
振动与波	机械振动	自由振动
		受迫振动
		共振
		自振
	声学	声学振动
		混响
	超声波	
电磁现象	电荷的相互作用	
	电容器	
	焦耳-楞次定律	
	电阻	
	电磁波	
	电磁感应	交互感应
		涡流效应
		趋肤效应

续表

效应分类	具体效应	应用方式
物体的电气属性、电介质	电介参数	
	电介质击穿	
	压电效应	
	驻极电介体	
物体的磁性	磁性的利用	
	铁粉	
	磁性液体	
	超越居里点	
气体中的放电现象	电晕放电	
光与物质	可见光	
	紫外线	
	红外线	
	光压	
	光的反射和折射	
	波纹效应	
	干扰	
	发光	

二、化学效应

化学效应的具体内容见表21-2。

表21-2 化学效应

具体效应	应用方式
气体水合物	
氢	
臭氧	
光色物质	
凝胶	
亲水性–疏水性	亲水性
	疏水性
放热的混合物	
电解	

三、几何效应

几何效应的具体内容见表 21-3。

表 21-3　几何效应

具体效应	应用方式
球形	球面上所有的点承受外力是均匀的
	在接触点上小面积的接触和对位移的敏感
	高阻尼性能（消振）
	振动形成
椭圆形（椭圆）	聚焦
	弯角（旋转）时的参数改变
	振动
	在平整表面上的翻滚
	椭圆的制作
偏心轮	加速零件的装配（安装）
	周期性负荷的形成
	间断性的零件加工
	在不停止电解过程的情况下改变电击和零件间的间隙
	秘密装置的编码
	系统本身振荡频率的改变
	机械振动的产生
刷（梳子、刷子、毛笔、排针、绒毛）	在各种形状的表面黏贴物体的调节
	扩大热交换器的面积
	制造不同外形的物体
	运动物体的支撑
	其他用途
褶皱	
颗粒体（粉末、颗粒、砂粒、铅砂、种子、膏剂）	沉入它们之中的物体的部分位移
	不能压缩的特性
	做不同形状的模型
	零件的抓取和定位
	利用发胀的颗粒
单维度的表面（莫比乌斯圈）	物体棱面的面积或长度加倍
	物体表面扩大几倍
	其他用途

四、效应的功能分类

效应的功能分类如表21-4所示。

表21-4 效应功能分类

功能	效应
测量温度	热膨胀及它引起的固有频率的改变；热电现象，发射光谱；物质的光、电、磁特性的变化；经过居里点的转变，霍普金斯效应及巴克豪森效应
降低温度	相变；焦耳–汤姆逊效应，兰柯效应，磁热效应，磁电现象
提高温度	电磁感应，涡流，表面效应，电解加热，电加热，放电，物质吸收辐射，热电现象
稳定温度	相变（包括经过居里点的转变）
指示物体的位置及位移	引进标记物，它能改造外界的场（如荧光粉）或形成自己的场（如磁性体），因此很容易被发现；光的反射和放出，光效应、变形、伦琴及无线电辐射，发光，电场及磁场的改变，放电，多普勒效应
物体位移的控制	以磁场作用于物体或者作用于与物体相结合的磁性体，以电场作用于带电物体，用液体及气体传递压力，机械振动，离心力，热膨胀，光压
控制液体及气体的运动	毛细管现象，渗透压，汤姆逊效应，伯努利效应，波动，离心力，威辛别尔格效应
控制气溶胶流（灰尘、烟、雾）	电离，电场及磁场，光压
搅拌混合物形成溶液	超声波，空隙现象，扩散，电场，与磁性物质结合的磁场，电泳，溶解
将混合物分开	电分离及磁分离，在电场及磁场作用下液体分选剂的视在密度发生变化；离心力，吸收，扩散，渗透压
物体位置的稳定	电场及磁场，固定于在磁场及电场中硬化的液体中，回转效应，反冲运动
力作用、力的调节，形成很大的压力	磁场通过磁性物质起作用。相变，热膨胀，离心力，磁性液或导电液在磁场中视在密度的变化所引起的静液力的变化，爆炸物，电水效应，光水效应，渗透压
摩擦的改变	约翰逊–拉别克效应，辐射作用，克拉克格尔斯基现象，振动
物体的破坏	放电，电水效应，共振，超声波，空隙现象，感应辐射
机械能及热能的蓄积	弹性形变，回转效应，相变

续表

功能	效应
能量的传递：机械能	形变，振动，亚历山大罗夫效应，波动（包括冲击波），辐射，热传导，对流，光反射现象，感应辐射，电磁感应，超导现象
在活动的（变化着的）及不活动的（未变化着的）物体之间建立起相互作用	利用电磁场（从“物质”的联系过渡到“场”的联系）
测量物体的尺寸	测量固有振荡频率，加上磁或电标记并校读
物体尺寸的变化	热膨胀，形变，磁致伸缩，电致伸缩，压电效应
检查表面的状态及性质	放电，光反射，电子发射，穆亚罗维效应，辐射
表面性质的改变	摩擦，吸收，扩散，鲍辛海尔效应，放电，机械振动和声振动，紫外辐射
物体内状态及性质的检查	引进标记物，它改变外界的场（如荧光粉）或形成取决于物体结构及性质变化的比电阻的变化与光的相互作用；电光现象及磁光现象，偏振光，伦琴及无线电辐射，电子顺磁共振及核磁共振，磁弹性效应，经过居里点的转变，霍普金斯效应及巴克豪森效应，测量物体的固有振动频率，超声波，穆斯堡尔效应，霍尔效应
物体空间性质的变化	在电场及磁场作用下液体性质（密度、黏度等）的改变。引进磁性物质及磁场的作用，热作用，相变；在电场作用下的电离、紫外、伦琴、无线电辐射，形变，扩散，电场及磁场，鲍辛海尔效应，热电、热磁及磁光效应，空隙现象，光色效应，内光电效应
形成要求的结构，物体结构的稳定	波的干涉，驻波穆亚罗维效应，磁场，相变，机械振动及声振动，空隙现象
指示出电场及磁场	渗透压，物体的电离，放电，压电及塞格涅特电效应，驻极体，电子发射，电光现象、霍普金斯及巴克豪森效应，霍尔效应，核磁共振，回转磁现象及磁光现象
指示出辐射	光—声效应，热膨胀，光电效应，发光，照相底片效应
电磁辐射的发生	约瑟夫逊效应，感应辐射现象，隧道效应，发光，汉恩效应，切林柯夫效应
控制电磁场	屏蔽；环境状态的变化，如它导电性的增加或减少；与场相互作用的物体的表面形状的变化
控制光流光的调制	光的折射和反射，电光现象及磁光现象，光弹性，柯尔及法拉第效应，汉恩效应，弗兰茨-开尔代斯效应
产生及加强化学变化	超声波，空隙现象，紫外、伦琴、无线电辐射，放电，冲击波，胶粒态催化剂

第三节 本章小结

科学效应库是发明者应用科学知识所必需的有效途径。其中，物理效应是我们课本上所学的物理知识与工程技术之间的桥梁。科学效应库集合了在工程技术中经常使用的物理知识，而在实际解决技术难题的过程中，如果能找对对应的化学效应，问题往往可以迅速而高效地解决。但在尘封已久的化学世界中，找到对应的效应本身就是一件极其困难的事情。因此，也迫切需要对我们常用的这些化学效应进行总结、分类，科学效应库正好满足了大家这方面的需求。物理效应和化学效应主要是通过改变工作区域的物质，建立新的技术系统特征解决矛盾。

科学效应库面向应用的实际情况，抽取出常见的效应，并对其进行归纳、总结、分类，便于大家理解物质的属性在设计中的应用。

当然，我们还应该充分认识到科学效应库只提供给我们一个解决问题的手段，它不是唯一的，而是更为基本的。要真正地解决技术系统中的问题，关键还是靠我们创造性地利用这些科学效应。

科学效应库本身也不是一个静态的概念，我们应用发展的眼光来看待科学效应库。目前，已有不少 TRIZ 工作者在对科学效应库进行发展、完善以及深化。

第二十二章 发明问题解决算法——ARIZ

第一节 基本介绍

问题越难，适用于这个问题的解决工具就越严格而完备。ARIZ 就是非常实用的问题解决武器，可以处理很多看似无解的问题，ARIZ 还是高效创新者的设计图。

ARIZ 是一个分析问题、解决问题的流程。通过对初期问题进行一系列变形及再定义后，应用不同的 TRIZ 解题工具，最终找到问题的解决方案。较高级别的发明问题的解决，其实质是把问题转化成物理矛盾并解决该物理矛盾。

ARIZ 是基于技术系统进化法则的一套完备的解决问题的程序，它由阿奇舒勒提出。1977 年以后，阿奇舒勒通过采用其他 TRIZ 专家的经验、解释和建议，对 ARIZ 进行了多次完善，从而形成了比较完整的理论体系。“复杂问题的解决不可能仅仅两步。那些问题是如此复杂，任何其他工具都难以解决。遵循 TRIZ 理论包括 ARIZ 算法将有助于问题解决的进程。”

ARIZ 并不是一个方程，而是一个多步骤过程，集合了一连串的问题。ARIZ 是一个中立求解的过程，即它从问题陈述中提取预想的解决方案。ARIZ 先假设问题的本质是未知的，使问题解决者用崭新的视角重新审视问题。

第二节 发明问题解决算法的步骤

ARIZ 有不同版本。现在，使用较为广泛的是 ARIZ-85C 版本。包括九个主要步骤。ARIZ 按照分析问题、解决问题、方案评价的基本流程来解决问题。从第一步到第四步的过程中，问题不断地被深入研究，一个表面的问题逐渐接近其关键和核心。为了得到更圆满的解决方案，ARIZ 具有更详尽的步骤。

以下通过一个实际解决问题的过程来讲述 ARIZ-85C 的主要步骤。

一、课题介绍

图 22-1 是铁路用柴油机车外观图，图 22-2 是机车润滑油路示意图，图 22-3 是油泵结构示意图。当柴油机运转的时候，润滑管路系统会产生高频振动，其中标出了 3 个测试点。测试数据表 22-1 表明，3 个点的振动频率超过了指标要求。

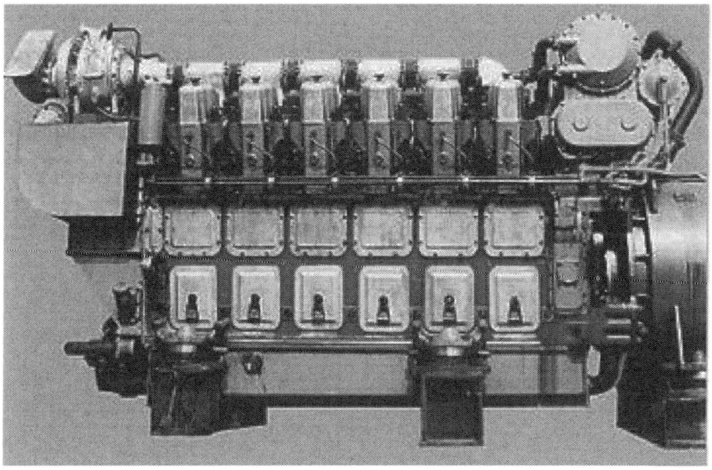

图 22-1　铁路机车外观图

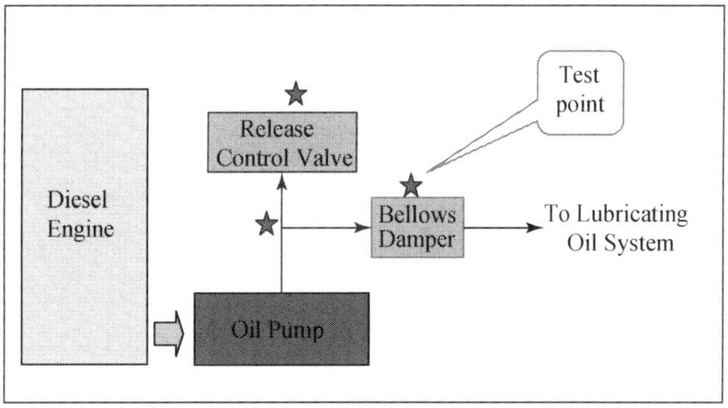

图 22-2　机车润滑油路示意图

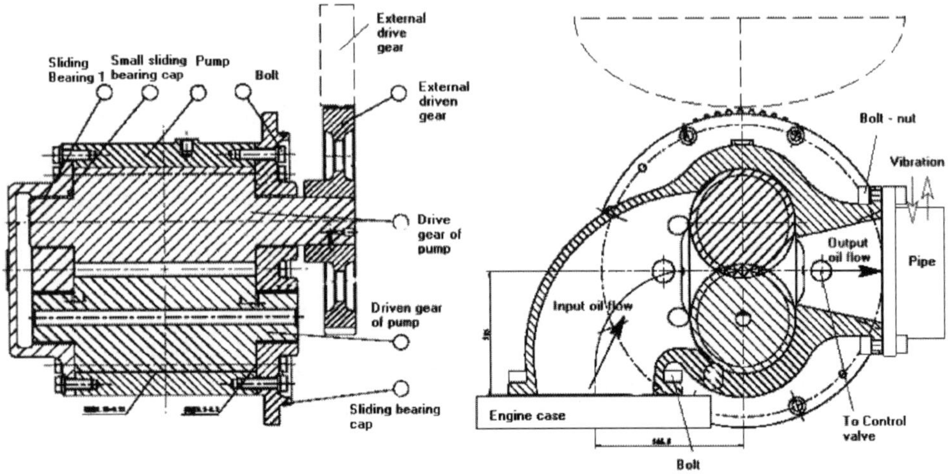

图 22-3　油泵结构示意图

表 22-1　测试数据

位置	测量的振动速率/(毫米/秒)	期望的振动速率/(毫米/秒)
油泵出口	30 ~ 40	25
溢流阀	50 ~ 60	40
波纹管阀	35 ~ 50	30

工程要求：降低润滑油路振动，达到指标要求。

二、解题过程

解题过程分为九个步骤。

1. 分析问题

（1）形成最小问题（formulate the mini-problem）

TS（technical system，技术系统）包括以下几个部件：①输出管外壳；②油；③主动轮；④从动轮；⑤柴油机；⑥空气。

根据问题要求，我们把油分为两部分，这样可以充分考虑输出端口由两部分不同路径的油相碰撞产生的紊流对振动的影响：①油$_{主}$（oil_{+}）：从主动轮带出来的油；②油$_{从}$（oil $_{-}$）：从从动轮带出来的油。

有几种不同的方法来构成 mini-problem，比如从内部的主-从动轮啮合区域开始，考虑主动轮对从动轮的啮合冲击，将形成周期性的振动；也可以考虑到啮合时困油区的出现。因为高压使油中的气体蒸发爆破，形成对主从动轮的冲击，从而形成不规则的振动。这些都已经作为技术攻关项目正在解决，因此我们将在这些问题之外，根据 ARIZ-85C 的要求，寻找一种新的矛盾，以展示 ARIZ-85C 解决问题的完整过程。

根据最小问题条件，TC（technical contradiction，技术矛盾）描述如下：①TC-1：如果靠近输出管内壁的 oil$_+$ 和 oil$_-$ 是静止不动的，则输出管就不会形成振动。但保持 oil$_+$ 静止不动是非常困难的，需要一套特殊的设备，这将增加系统的复杂性。②TC-2：如果靠近输出管内壁的 oil$_+$ 和 oil$_-$ 处于运动状态，输出管就会有振动。但这时不需要特殊设备，因此系统非常简单。

（2）定义矛盾元件（define the conflicting elements）

1）工件——组合件（输出管内壁和 oil$_-$）。

2）工具——oil$_+$。

（3）工程矛盾图示化（build graphical models for the engineering contradictions）

工程矛盾如图 22-4 和图 22-5 所示。

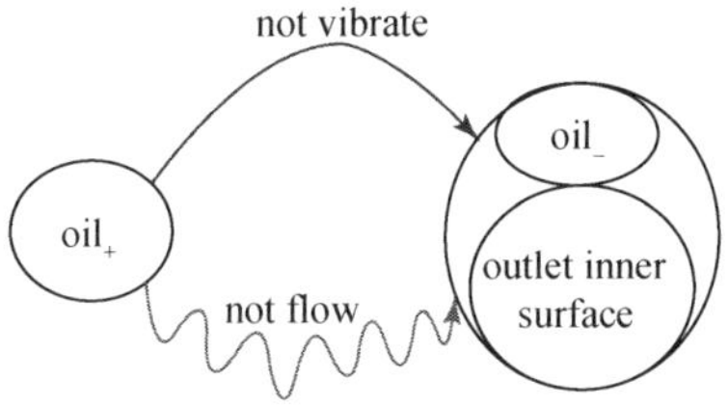

图 22-4　TC-1：oil$_+$ 静止不动：没有振动，但需要一套特殊的设备，使系统复杂

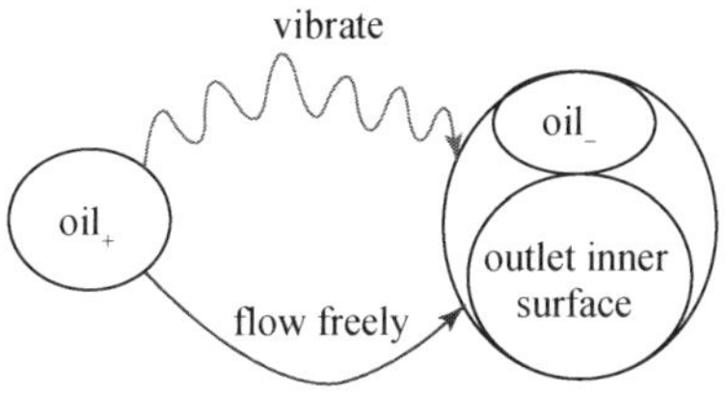

图 22-5　TC-2：oil$_+$ 处于运动状态：oil$_+$ 容易流出，系统简单，但输出管有振动

（4）选择下一步分析的图示模型（select a graphical model for further analysis）

我们选择 TC-1。这么选择的原因，是最终结果要求没有振动，而 TC-1 刚好实现了这一点。

（5）强化冲突（intensify the conflict）

靠近组合件内壁的 oil_+ 可以自己保持静止不动，不需要任何外部特殊的设备，这一点在 oil_+ 从输出管流出的任何时刻都成立。

（6）描述问题模型（formulate the problem model）

1）静止不动的 oil_+ 组合件（输出管内壁+ oil_-）。

2）靠近组合件内壁的 oil_+ 自己保持静止不动，在任何时候都没有任何附加的外部设备。

3）需要寻找一个 X-元件，它具有保持“oil_+ 静止不动”的特性，同时不妨碍液体正常流动。

（7）应用标准解（apply the system of Standard Solutions）

采用如下模型的标准解（图 22-6）。

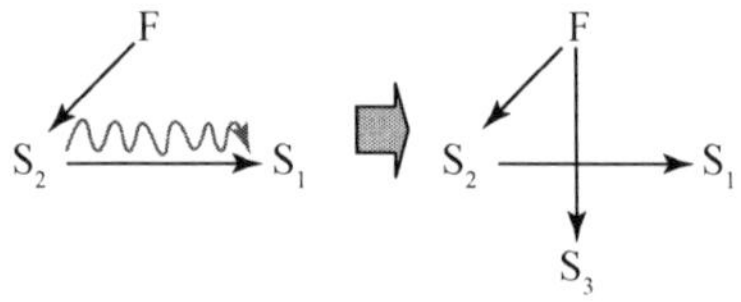

图 22-6　标准模型

注：物质 S_3 是从系统外部加入系统的，S_3 可以是“空”、泡沫、气泡等。

2. 分析问题模型（analyzing the problem model）

（1）定义作用区域（define the operational zone）

OZ（operational zone：作用区域）（图 22-7）包括两部分：①输出管与 oil_+ 的接触面；②oil_+ 和 oil_- 的接触面。

（2）定义作用时间（define the operational time）

OT（operational time：作用时间）包括两部分：①T1：当 oil_+ 从输出口以及和 oil_- 接触区域流出时；②T2：当管中没有油时，但这个假定在本题中不成立。

（3）定义物质和场资源（define substance and field resources）

1）系统内 SFR：①工具：oil_+，特点：是液体，可以移动，高压状态。②工件：输出管，oil_-。

2）系统外 SFR：引力、温度、振动。

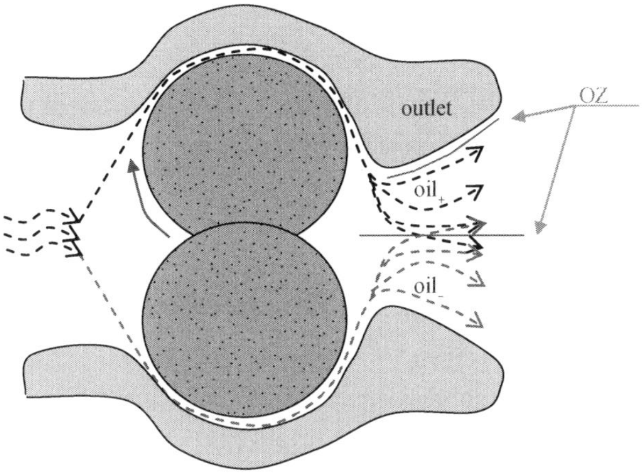

图 22-7 OZ 示意图

3）超系统 SFR：主动轮、从动轮、轴承、柴油机。

3. 描述 IFR 和物理矛盾（formulating the ideal final result and physical contradiction）

（1）识别 IFR-1（identify the formula for IFR-1）

X-元件，在不导致技术系统复杂和带来任何有害负作用的前提下，保证 oil_+ 在输出管内壁和组件内壁接触时静止不动，同时保证在输出管内部的 oil_+ 能顺利流出。

（2）强化 IFR-1（intensify the formula of IFR-1）

在 OZ 和 OT 之内的物质使 oil_+ 保持不动，使组件没有振动，且不会带来任何负作用。

静止不动的 oil_+ 在 OZ 和 OT 之内，不会给系统带来任何负作用，而能自己保持不动。

整个组件（输出管和 oil_-）在 OZ 和 OT 之内不会给系统带来任何负作用，却能保持组件自己没有振动。

（3）描述宏观物理矛盾（formulate the physical contradiction for macro-level）

在 OZ 和 OT 内的物质要求有一种黏结效应，能保持 oil_+ 静止不动，保证输出管和 oil_- 没有振动；同时这种物质又不能有黏结效应，以防止 oil_+ 流通不畅。

（4）描述微观物理矛盾（formulate the physical contradiction for micro-level）

在 OZ 和 OT 之中的物质颗粒既要相互连接紧密以保持 oil_+ 不动，又不能互相连接，以保持 oil_+顺利流动。

（5）描述 IFR-2（formulate the ideal final result）

在 OZ 和 OT 中的物质自己具有黏结效应，以保持 oil_+不动，同时又不能有黏结效应，以保证 oil_+能顺利从输出管流出；

在 OZ 和 OT 中的物质颗粒之间要相互连接，以拉住 oil_+颗粒，同时又不能相互连接，以保证 oil_+能顺利流出。

（6）是否需要考虑一个新问题（consider solving the new physical problem）

不需要。

4. 使用物场资源（mobilize and utilize substance-field resources）

（1）采用小人法（simulation with smart little creatures）

小人法示意如图 22-8 所示。

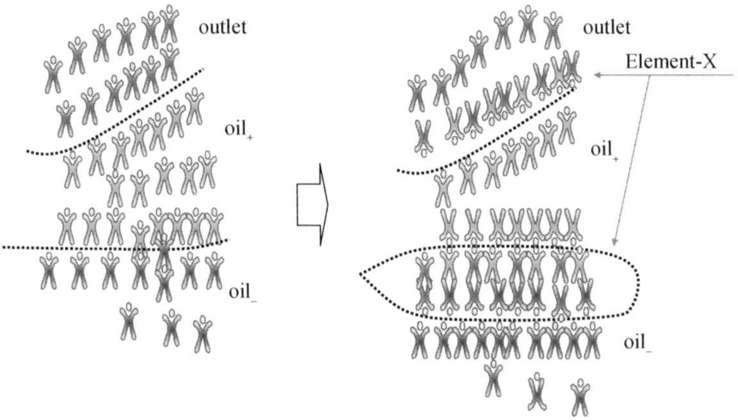

图 22-8　小人法示意图

在输出管内壁的 X-元件是 oil_+和输出管颗粒的混合。oil_+颗粒被输出管颗粒紧紧抓住，这保证 oil_+的一部分不能动。

在 oil_+和 oil_-接触面上的 X-元件是输出颗粒和 oil_+/oil_-颗粒的混合。这意味着必须在 oil_+和 oil_-之间安装一些东西。由于输出管颗粒是不动的，所以被输出管颗粒抓住的 oil_+和 oil_-颗粒也保持不动。

（2）重新定义 IFR（“stepping back”from the IFR）

不需要，因为到现在为止我们的分析没有问题。

（3）采用物场资源的混合（using a mixture of substance resources）

在这一步，我们考虑资源和“空”的混合。

1）输出管和空：这意味着在输出管内壁覆盖一层蜂窝状的内衬。

2）oil_+和空：这意味着采用油的泡沫，这需要压力设备。

技术解决方案有两种。

1）在输出 outlet 的内壁规则地钻一些小孔，形成蜂窝状结构。在油流动的过程中，蜂窝中装满了油，这层油是不动的，当后续的高压高速紊流的油冲击 outlet 时，首先被蜂窝中的油缓冲，油起了弹簧的作用，因此使得 outlet 没有发生振动。

2）对 oil_+和 oil_-的交界面，首先应增加一块硬质的隔板，以分开上下两股油，两股油的迎面相撞会造成紊流；然后在这个隔板的上下表面上，跟 outlet 表面一样，也开挖一些蜂窝状的小孔，以进一步缓冲高压高速油柱的冲击，减少整个系统的振动。

（4）使用空间（using empty space）

这一步验证了上述采用蜂窝状内衬的方法是正确的。

（5）使用转化后的资源（using transformed resources）

无。

（6）使用电场（using an electrical field）

无。

（7）使用场敏感物质（using a field and field-sensitive substance）

无。

5. 使用知识库（applying the knowledge base）

（1）标准解（standard solutions）

无。

（2）已解决问题（already solved problems）

我们找到一件美国专利 US Patent 5601400（图 22-9），其类型和我们解决问题的类型很一致。

（3）分离原理（separation principles）

问题已经解决。

（4）效应库（effects）

无。

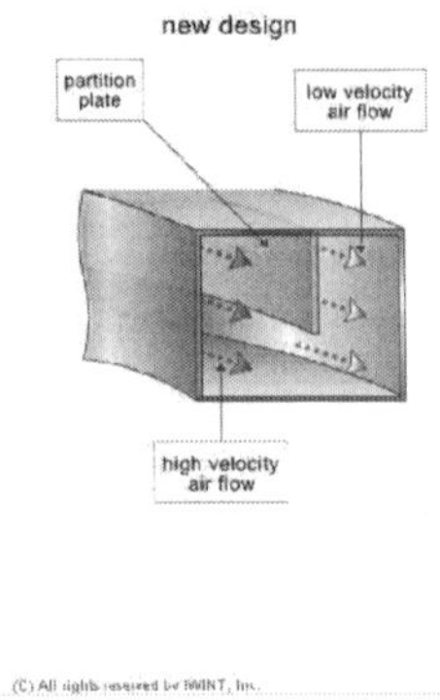

Arranged duct reduces vibration and noise of centrifugal blower

Introduction:

Centrifugal blowers are used in air conditioners for automobiles. A change in the air flow caused by the pulsation of pressure, called "surging," can produce undesirable noise and vibration.

Description:

To prevent noise and vibration in a centrifugal blower, it is proposed to use a specially-constructed duct. It was experimentally discovered that the pressure pulsations producing noise and vibration are generated by an interaction of two air flows, a high velocity air flow and a low velocity air flow. Dividing the spiral duct of the centrifugal fan into two portions reduces the interaction between the two air flows. This reduces the pressure pulsations and the undesirable noise and vibration of the centrifugal blower to a great extent.

Additional Information:

Reducing the size of the low velocity air flow zone in the duct can reduce the noise and vibration of a centrifugal blower.

Specific resources:

Technical objects > Mechanical engineering > Duct > Spiral duct

Technical domain: Rotary kinetic fluid motors or pumps

Reference: US Patent 5,601,400; Centrifugal blower improved to reduce vibration and noise
Inventors: Kondo; Yasushi (Aichi-gun, JP); Ito; Koji (Nagoya, JP); Kameoka; Teruhiko (Okazaki, JP); Miyata; Manabu (Kariya, JP)
Assignee: Nippondenso Co., Ltd. (Kariya, JP)
Issue Date: 2/11/1997

图 22-9　美国专利 US Patent 5601400

6. 转换或者替代问题（changing or replacing the problem）

（1）实际解决方案的概念（concept into practical solution）
见 4. 3。
（2）组合问题（combined problems）
物理矛盾已经解决。
（3）另外一个工程矛盾（another engineering contradiction）
我们集中在选择的矛盾，不考虑第二个矛盾。
（4）转移到超系统（shift to super-system ）
没有必要。

7. 分析解决物理矛盾的方法（analyzing the method for resolving the physical contradiction）

（1）检查方案的概念（check the concept of solution）
除了这种结构方法之外，输出管内衬也可以采用高分子减振材料。
（2）对概念方案的初步评估（preliminary evaluation of the solution concept）
被禁锢在蜂窝小孔里面的油是不动的，而油在管道内在压力下的流动又不受影响。因此方案是满足 IFR-1 的要求的。
（3）检查概念方案的新颖性（check the novelty of the solution concept）
从现有方案中还没有发现类似的方案，因此新颖性可以保证。在工程实施过程中，可能要将蜂窝内衬和外套分为两部分安装。

（4）检查伴随的问题（check the subsequent problems）

一个可能的问题是内衬的一体化加工比较难，而如果采用两件拼装则对公差要求比较严格，尤其是批量生产的时候。

8. 评估概念方案（capitalizing on the solution concept）

（1）超系统改变（changes in super-system）

超系统中应注意 outlet 的内径不能因为蜂窝小孔而减小，从而影响了油的流速。

（2）新的意图（new purpose）

在蜂窝小孔中可能沉积一些固体颗粒，因此油有一定的净化作用。

（3）解决一个新问题（solving the new problem）

无。

9. 分析解决问题的过程（analyzing the problem-solving process）

（1）与 ARIZ 步骤不一致的地方（deviations from ARIZ process）

常规解决振动问题的方法是在外面加垫防振橡胶块，或者用海绵等缠绕固定，像一般的家用空调的安装方式一样。ARIZ 从直接原因和物理矛盾出发，从根本上解决问题，是一种彻底的解决问题的方法。

（2）检查 TRIZ 知识库（check with TRIZ knowledge base）

严格按照 ARIZ-85C 的要求一步一步做下来，就能够深刻地体验 TRIZ 彻底解决问题的魅力。改进结果见表 22-2，这完全满足客户的指标要求。

表 22-2　改进前后的指标对照

位置	期望的振动频率/（毫米/秒）	改进前/（毫米/秒）	改进后（毫米/秒）
油泵出口	25	30 ~ 40	13 ~ 24
溢流阀	40	50 ~ 60	20 ~ 25
波纹管阀	30	35 ~ 50	15 ~ 20

第二十三章　计算机辅助创新软件介绍

第一节　计算机辅助创新技术

计算机辅助创新技术作为工程与管理领域又一个重要的计算机辅助技术，和其他 CAX 技术一样，它得益于创新理论、方法的发展及其与计算机技术的不断融合。TRIZ 的出现和不断发展，促使了计算机辅助创新技术的诞生。

计算机辅助创新包括科学的问题分析与创新思维方法、问题转换与矛盾解决创新原理、标准问题解法与发明问题解决算法等，相对于传统的创新方法，具有很强的科学性和可操作性。另外，不断成熟的本体论技术为创新思维扩展和基于专利的问题解决提供重要途径，逐渐成为计算机辅助创新技术的核心内容之一。随着问题分析、专利分析、价值工程和项目管理等理论方法的融入，逐渐形成完善的计算机辅助创新技术，这些理论构成计算机辅助创新技术的理论基础。

基于创新理论和方法，针对实现创新的必要条件和基本过程，计算机辅助创新逐渐形成了一套系统的理论与方法框架。它主要包括以 TRIZ 创新理论与方法为核心的创新能力拓展，基于创新思维的问题分析与矛盾发现，基于本体论的创新概念扩展，基于 TRIZ 创新原理的工程矛盾解决，基于专利的解决方案知识库构建，基于价值工程的方案评价，以及专利分析与生成等几个方面。它们为创新过程中创新主体能力的提升和创新问题的系统解决提供了强大的理论与方法基础，构成了计算机辅助创新整体解决方案的理论框架。

第二节　Pro/Innovator™ 软件

Pro/Innovator™由如下模块组成，详细流程图如图 23-1 所示。

图 23-1 Pro/Innovator™模块组成图

一、系统分析模块

系统分析模块是基于 DAOV 第四步中功能成本分析的各种方法建立起来的对技术系统进行分析的软件模块，它的界面如图 23-2 所示，其功能包括五个方面。

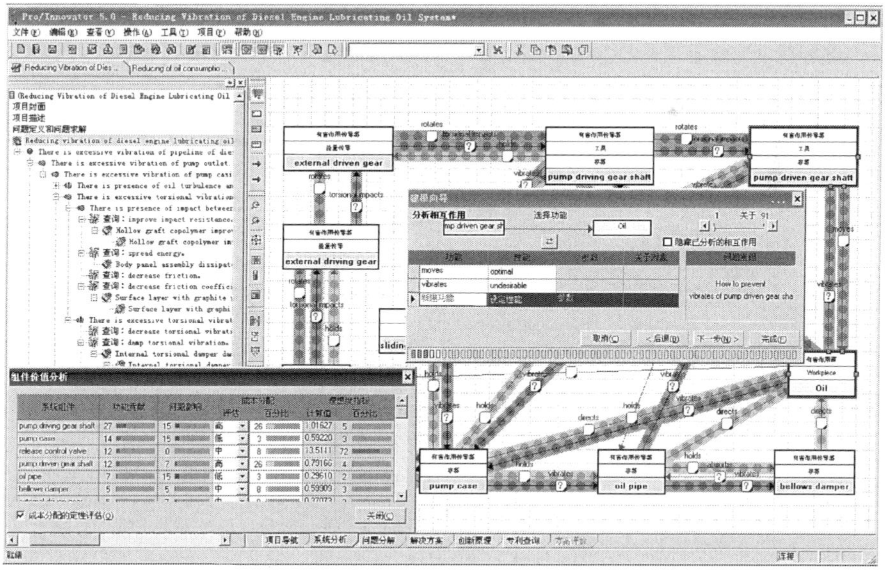

图 23-2 系统分析模块界面

1）提供自下而上、自上而下、手工、基于建模向导等多种方式构建系统组件模型（即系统组件及其相互作用关系）来分析系统，明确系统改进方向。

2）组件角色分析和系统能量流分析帮助工程技术人员和软件本身更准确地理解技术系统，从更高的层次上把握整个技术系统。

3）软件自动将系统建模过程中发现的系统中存在的有害的和非优化的相互作用转化为问题定义并排列在项目导航树上，帮助工程技术人员梳理和明确下一步问题的求解或系统改进的子项目。

4）基于价值工程的组件价值分析可以帮助工程技术人员快速、客观地定位系统中薄弱环节，为后续的系统简化和性能改进提供重要参考。

5）除了用于系统初始工况分析，系统分析模块还可用于备选方案（类比方案或用户方案）的系统建模，进而用于备选方案的专利生成和用户方案的知识管理。

二、问题分解模块

问题分解模块，是基于 DAOV 中第五步的三轴分析法而建立的，它集成了因果分析、资源分析的方法，其界面如图 23-3 所示，它的功能包括四个方面。

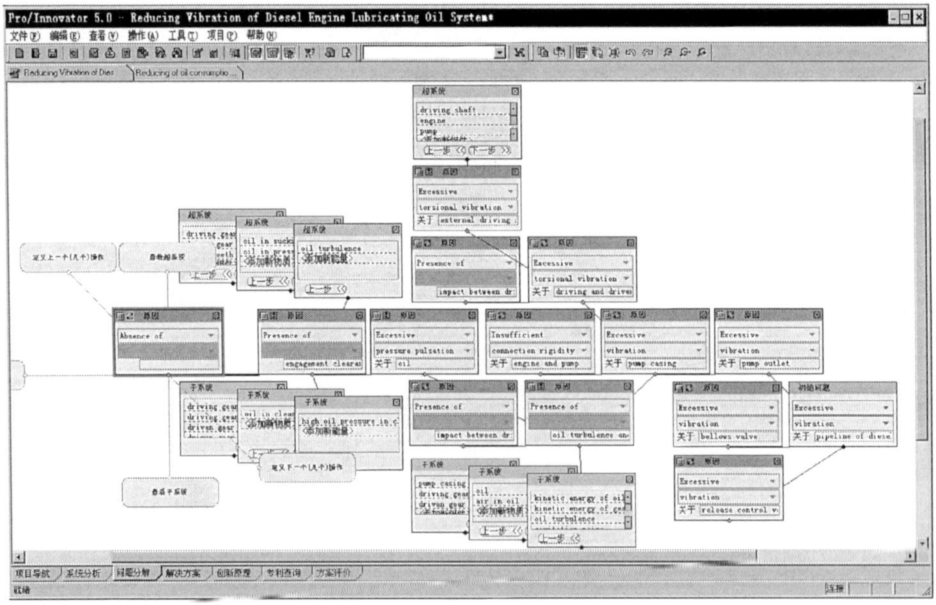

图 23-3 问题分解模块界面

1）从项目导航树上排列的任何一个问题定义开始，都可以进行因果分析和资源分析，暴露初始问题的根本原因，并揭示现有系统中可用来解决问题的资源。

2）因果分析鼓励工程技术人员剖析根本原因，并从根本上解决问题而不是驻足于表面症状。

3）基于 TRIZ 多屏幕系统思维方法的资源分析，采用启发式提问形式帮助工程技术人员理清问题区域附近在时间维度和空间维度上所有可用的物场资源，用以解决已识别出的根本问题。

4）Pro/Innovator 自动将因果分析和资源分析产生的转化问题排列在项目导航树上。工程技术人员评估可用资源解决根本问题或其他转化问题的可行性，进入各问题解决模块进行矛盾定义或问题求解。

问题分解模块和系统分析模块，构成了 Pro/Innovator 中对技术系统的工况分析，之后用户可以在项目导航树上得到一系列的问题定义或转化问题，这些都是用于提示用户思考，可以从哪些角度考虑可能的解题构思的。

接下来进入备选方案的生成阶段，Pro/Innovator 提供三个模块支持产生构思。

1）解决方案模块：来自高水平发明专利，基于本体构建的创新方案库。

2）专利查询模块：基于本体扩展查询的在线专利搜索引擎。

3）创新原理模块：为非折中地解决矛盾问题提供向导。

三、解决方案模块

解决方案模块（图 23-4），是提炼过的专利库。其中每一个方案，都是将精选的专利按照 TRIZ 的解题模式进行重新编辑，将原本几十页、上百页的外文专利，精炼成一页纸的内容，并且提供动画表现其改进前后的原理，同时附加上原文的链接，可以大大丰富用户的信息。对这些信息的查询采用 IWINT 的专利技术——本体论搜索模式，能够自动将所要搜索的信息按照功能匹配度进行分类，便于用户快速聚焦最贴近的解决方案，同时也能够打破行业的壁垒，提供各领域的最新实施方案。

1）提供有效的、可实施的解决方案库。其中所有方案全部来自不同制造业工程领域的发明专利。

2）包含万余条精选发明问题解决方案，所有方案全部由近 30 年来的数百万发明专利成果提炼而来。

3）基于本体的知识组织方法保证信息搜索的准确性。

4）支持二次检索模式，保证了搜索过程的高效率、搜索结果的高精确性。

5）每个解决方案条目内容精炼并辅以准确形象的动画演示，帮助使用者快速领悟跨领域的创新成果。

图 23-4　解决方案模块界面

四、创新原理模块

创新原理模块是基于 DAOV 中矛盾分析与解决理论而建立的，它的界面如图 23-5 所示，其功能包括两个方面。

1）提供三种定义 TRIZ 矛盾的方法，三种方法分别适于对 TRIZ 矛盾矩阵熟练程度不同的人群使用，同时，三种方法也支持复杂程度不同的矛盾问题分析与定义。

2）每条创新原理均配以动画演示，帮助使用者领悟创新原理的内涵，同时每条创新原理下包括从发明专利萃取的、来自不同工程领域的典型应用。

五、专利查询模块

专利查询模块是考虑到在技术创新中，为了避免“创旧”，并提供最大容量的新技术信息而建立的。其界面如图 23-6 所示，它的功能包括如下三个方面。

图 23-5　创新模块界面

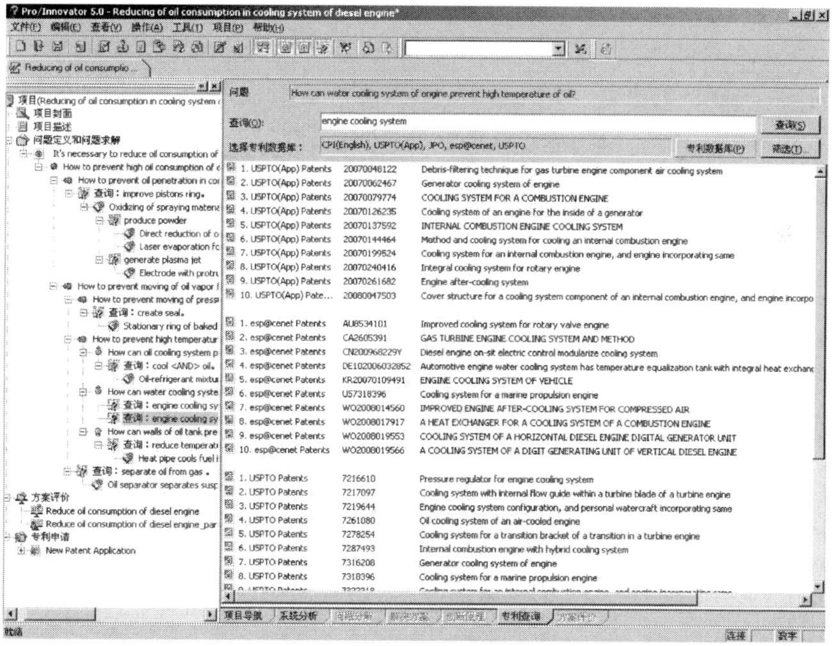

图 23-6　专利查询模块界面

1）提供通用的专利在线检索门户。

2）支持访问美国、欧洲、日本专利数据库。

3）基于本体的自动扩展的检索方式提高了专利检索的查全率。

至此，在备选方案生成阶段，Pro/Innovator 不仅支持用户跨领域借鉴各行业精选知识（解决方案库模块）和前沿的创新知识（专利查询模块），还支持工程师使用 TRIZ 工具创造性地解决矛盾问题（创新原理模块）。无论工程师对 TRIZ 掌握程度如何，这三个模块都具有启发式的结构，能够有效帮助工程师构造出创新的备选方案；同时它们之间也是互动的，工程师可以将自己的创造性思维和备选方案及时记录并整理到整个项目流程中。

六、方案评价模块

在产生了大量构思之后，需要进行构思的收敛——产生概念方案，然后参照企业的评价标准，这就是 DAOV 优化阶段的目标。在这个阶段，需要对每个方案的优缺点进行分析，最终选择出合适的方案加以验证，此模块就是基于普氏矩阵决策方法而建立的，其界面如图 23-7 所示，它的功能包括三个方面：

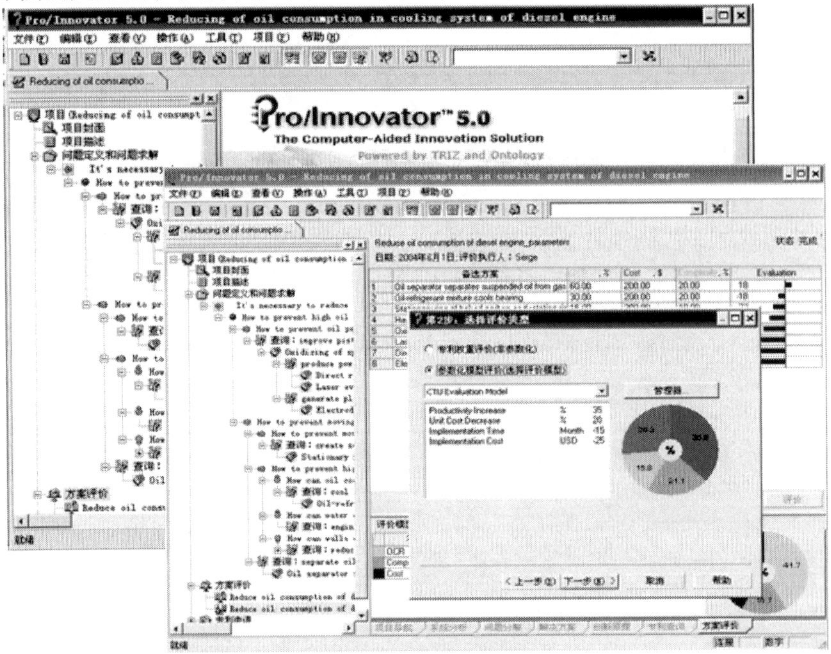

图 23-7　方案评价模块

1）系统内嵌的方案评价模型为工程技术人员提供评价备选方案可能存在的正面和负面效果。同时，工程技术人员也可以修改和添加新的方案评价模型，并调用不同的方案评价模型。

2）允许单专家和多专家方案评价。当选择多专家方案评价时，每个专家的权重根据不同专家的背景、经验或其他因素而确定。

3）允许主观的和客观的方案评价。主观评价由专家按照指定的方案评价模型进行；客观评价则根据参考专利的引证指数来进行。

七、专利生成模块

专利生成模块用于 DAOV 中的验证阶段，因为技术创新的过程常常伴随着产生知识产权，因此提供此模块，大大简化工程师的手工工作量，其界面如图 23-8 所示，它的功能包括四个方面。

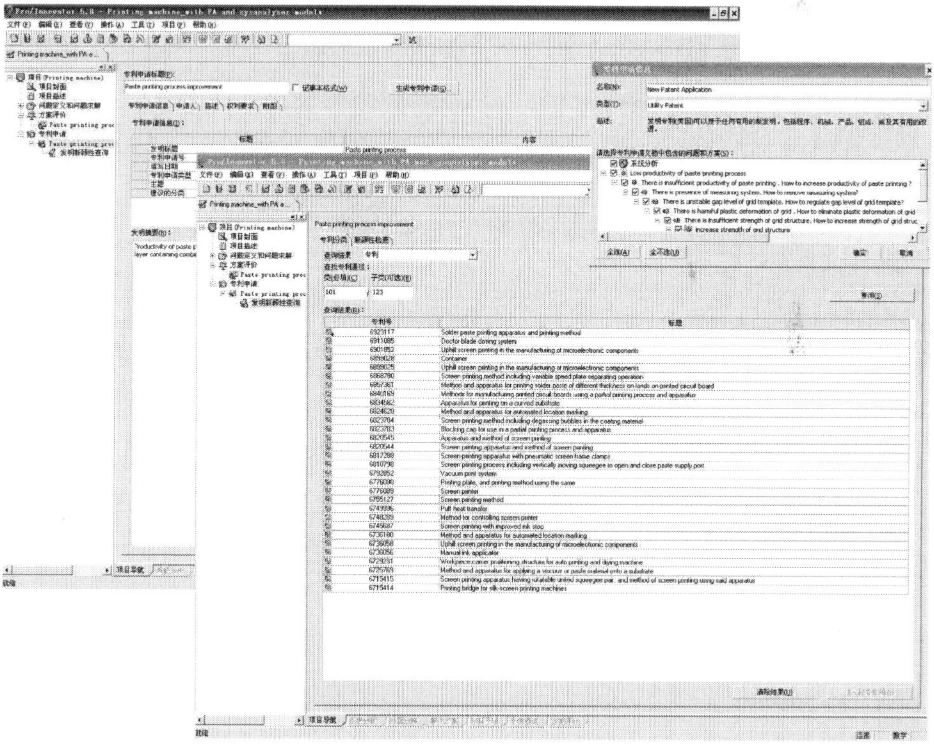

图 23-8　专利生成模块

1）辅助用户撰写技术交底书初稿。

2）整理发明方案并构建组件模型，帮助发明人理解发明内容的实质。

3）自动生成权利要求书的主要部分。

4）帮助发明人获得高质量高价值的专利申请。

八、知识库编辑器

知识库编辑器是 Pro/Innovator 创新知识管理平台的重要组成部分，是用户实现创新知识管理的工具，它的界面如图 23-9 所示，其功能包括六个方面：

1）可按企业知识的具体类型定制知识模板。

2）知识模板管理器中内嵌的多种内容类型，为用户自定义知识结构提供足够的支持，实现知识的有序化分类管理。

3）集中收集与管理 Pro/Innovator 产生的用户方案，为企业创新知识积累和重用提供支持。

4）支持知识条目批量导入与导出，简化了用户知识的移植与备份。

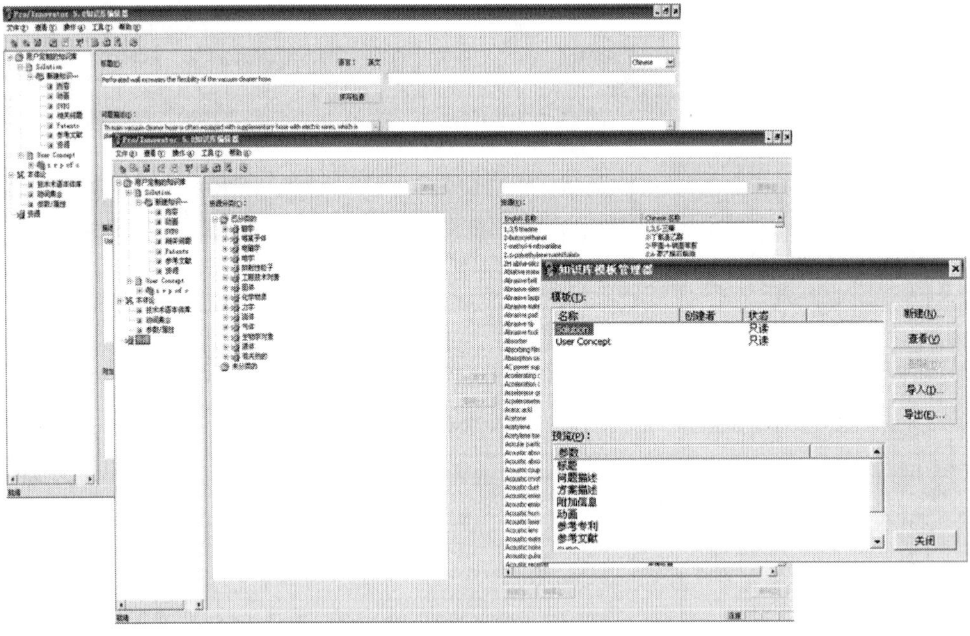

图 23-9　知识库编辑器界面

5）编辑本体库包括技术术语、领域本体，使企业创新知识与各领域解决方案融为一体，直接为研发服务。

6）权限管理机制使得企业的创新知识管理更加安全有效。

以上是关于 CAI 解决问题软件 Pro/Innovator™的介绍，它目前已经用于以下行业：航空航天、船舶制造、国防军工、机械制造、汽车工业、铁道、石油化工、水电能源、通信、电子、土木建筑、轻工、家电、生物医学等。

第三节　CBT/TRIZ™——创新能力拓展平台

CBT/TRIZ 是以 TRIZ 理论为核心内容，以计算机技术为基础实现的网络化创新能力拓展平台，为企业和高校的创新人才培训和创新内容管理提供帮助的计算机辅助创新软件。

CBT/TRIZ 是国际 TRIZ 协会（MATRIZ）认证的 TRIZ 培训课程和考试内容，中国 ITC 标准培训课程与考试内容。CBT/TRIZ 是唯一获得国际 TRIZ 协会认证的 TRIZ 培训软件；是国内机械设计工程师资格认证考试的辅导工具；是获得中国 ITC 认证证书的培训平台，其证书如图 23-10 所示。

图 23-10　CBT/TRIZ 培训和资格证书

其中的 TRIZ 培训课程，分为基础课程和高级课程两种，如图 23-11 所示。

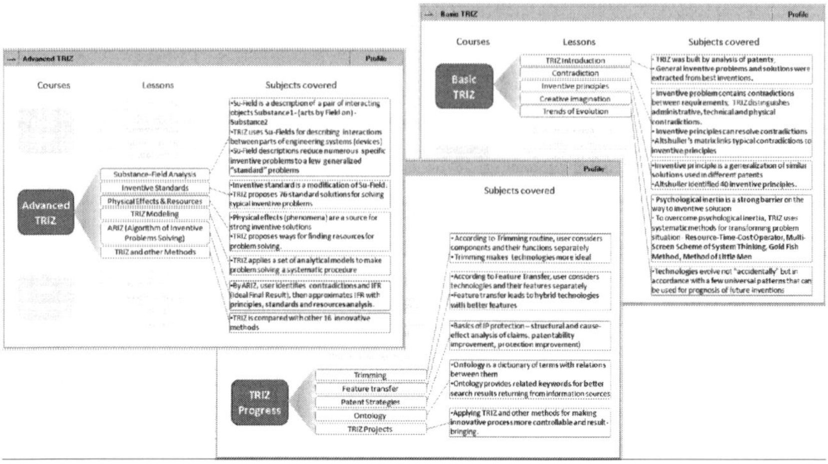

图 23-11 CBT/TRIZ 的课程界面

CBT/TRIZ 的培训课程包含了全部经典 TRIZ 内容和 TRIZ 的最新发展，如 40 个创新原理、物场分析方法、76 种标准解法、技术系统进化法则、发明问题解决算法、特征转移法、系统裁剪法、创新思维方法、矛盾问题解决方法、科学原理和效应及资源分析、系统建模和分析、专利战略等。

图 23-12 是一个课程的具体内容界面。

用户也可以在课程体系中添加、开发新的培训课程，其具体功能包括三个方面。

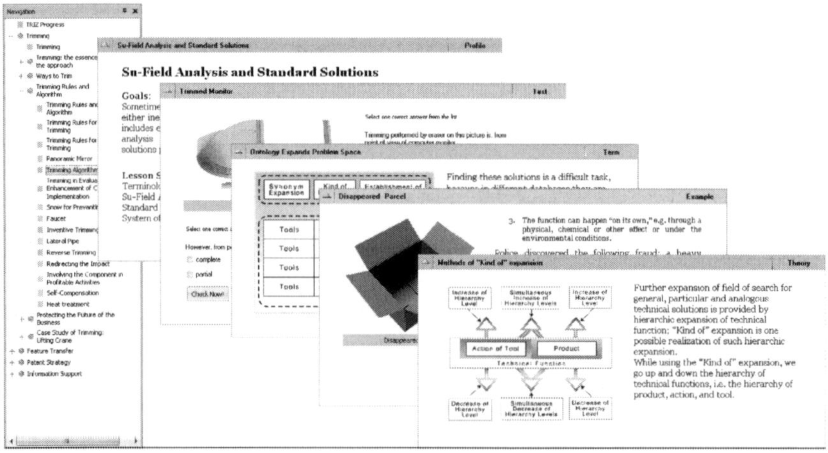

图 23-12 CBT/TRIZ 完整示例

1）采用理论—实例—练习—测试的系统化培训流程，基于课程单元和卡片方式的课程设置，每张卡片完整地介绍一个概念或主题。

2）引入国际高端软件流行的概念图技术，每个课程单元内的关键概念及其相互关系都是可视化的，如图 23-13 所示。

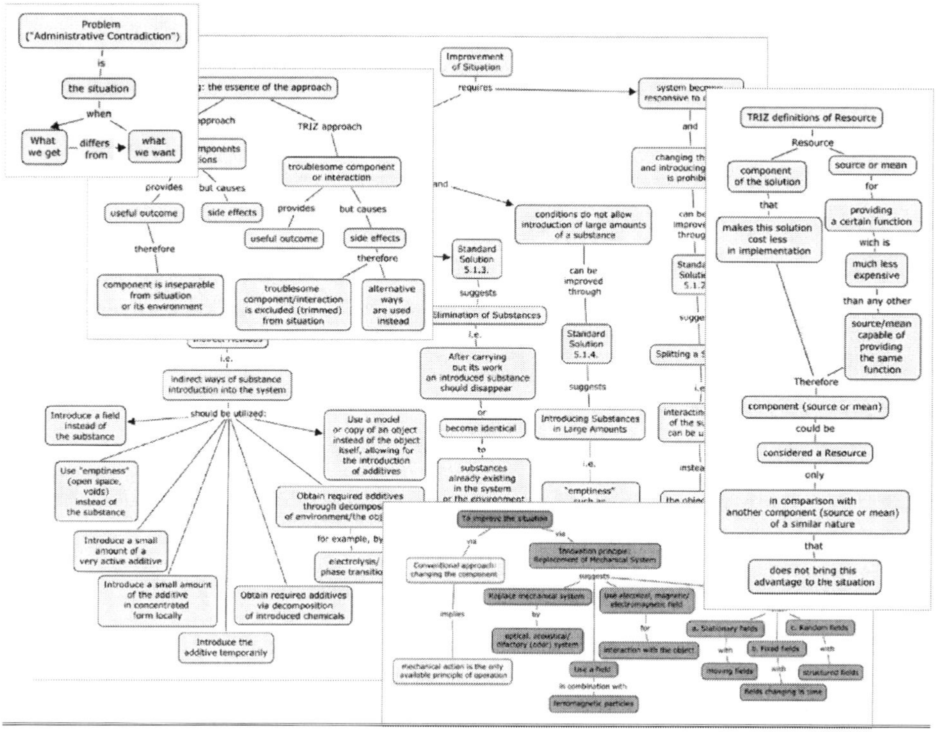

图 23-13　CBT/TRIZ 的概念图

3）概念清晰，图文并茂，激发培训者学习兴趣，如图 23-14 所示。

CBT/TRIZ 学习课程以系统的 TRIZ 的理论知识以及全新的案例式教学方式，帮助用户掌握创造性解决问题的方法，突破思维定式，用创新的视角思考问题，用创新的思维解决问题。企业引入创新理论培训，能够改善员工的整体创新能力，提升研发水平，促进原始创新，打破专利封锁，掌控知识产权。高校引入创新理论教育，能够提高学生的创新思维能力，造就高素质的创新型人才，在激烈的就业竞争中脱颖而出，获得用人单位的青睐。

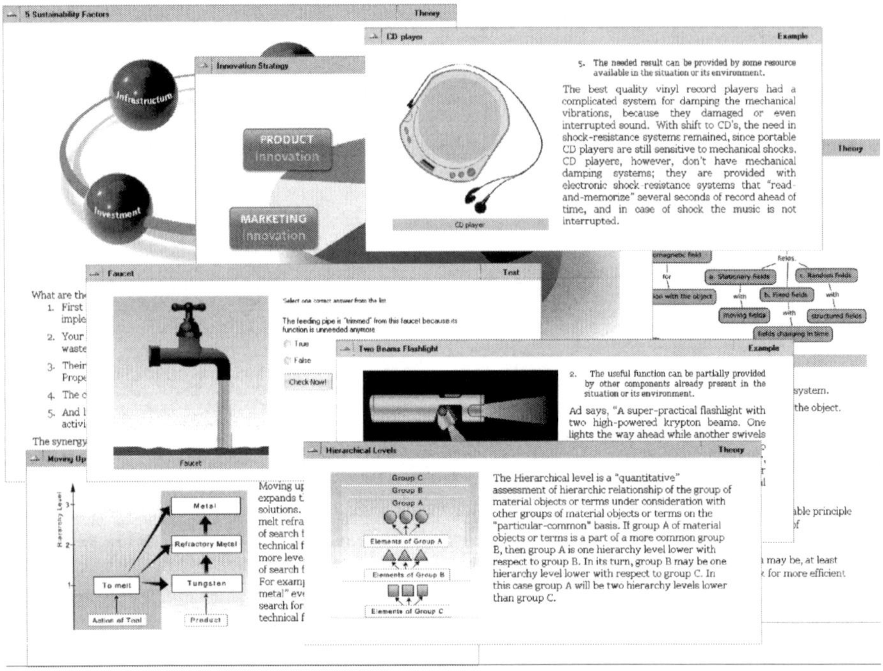

图 23-14　CBT/TRIZ 丰富的界面要素

第四节　其他计算机辅助创新软件简介

一、Goldfire Innovator 软件

计算机辅助创新平台（Goldfire Innovator™）是以创新方法学 TRIZ 为基础，结合现代化设计方法学、QFD 和价值工程、计算机辅助技术、多学科领域知识库以及全球专利库，为企业提供全面创新的解决方案，帮助企业用户更加容易地进行问题分析、问题解决和产生最优方案，系统地解决工程中的技术难题、新产品的开发、产品和工艺流程的改进、产品战略和技术的研究以及知识产权保护。Goldfire Innovator 赋予企业丰富的创新资源库，使企业创新更加有效，在整个产品生命周期改善产品设计及优化生产流程，扩展产品生产线，实现更大的成功及产品快速进入市场。

目前，该软件的最新版本为 Goldfire Innovator4.5，主要分为三大模块：①优化平台；②研究器；③创新资源库。

二、Ideation TRIZ

Ideation/TRIZ 技术包括分析工具和基于知识的概念开发工具。其中，分析工具提供了辨认和形式化问题的方法和计算机工具，其包括物质-场分析、ARIZ。

物质-场分析是一种对具体问题进行定义并将问题模型化的方法，发明问题解决算法是根据物质-场分析定义的问题模型来导出解决问题的具体方法。概念开发工具包括克服系统对立问题的典型技法、发明问题标准解决方法、物理化学几何效应、应用知识库等。其中，克服系统对立问题的典型技法是利用 40 个发明原理指明解决问题的关键和解决对策的探索方向；发明问题的标准解决方法则是首先将发明问题按其物质-场模型进行分类，然后再将各类相似问题的解决方法标准化、体系化。另外在探索具体问题的解决对策时，实现某些机能所需的物理、化学、几何学等具体原理，由物理化学几何学效果的应用知识库提供。

三、CREAX 软件

CREAX Innovation Suite 3.1 是一套具有结构化创新问题解决流程的软件，可用来处理问题及找出创新方案。

CREAX Innovation Suite 3.1 的特色包括三个方面。

1）系统化创新使得创新研发流程具有重复性。

2）作为系统化创造力的开发工具。

3）专利分析。

第五节 本章小结

自主创新需要创新人才，创新人才需要培养平台。通过学习创新思维的方法、培养创新的理念并接受大量的工程实践，才能培养出这些人才。

计算机辅助创新软件有效地弥补了人类创新活动中的不足，为创新活动提供了强大的计算机环境下的方法、工具和知识支持。

本章主要介绍了目前广泛应用的几款计算机辅助创新软件。其中 CBT/TRIZ™ 是创新能力拓展平台，着重于通过实例、练习等灵活的方式学习创新方法，充分挖掘创新能力。而 Pro/Innovator™、Goldfire innovator™ 等几款计算机辅助创新软件，是简单、结构化、系统化及可预测性的创新流程分析软件，可用来处理问题及找出创新方案，让使用者更系统地处理工程方面的问题。

第二十四章 优化阶段简介

O 阶段——优化阶段是 DAOV 流程中的第三个阶段，其主要任务是由构思形成概念方案，并最终选择对企业最有利的实施方式。这个阶段的输入是分析阶段得到的所有构思或概念方案，输出是对方案如何实施验证的决策，如直接用于改进产品，或者进行专利布局。其主要思路如下：

1）参照 S 曲线、进化法则、进化路线、进化树，补充完善构思。

2）结合问题情境，整理构思形成概念方案集合。

3）参照 S 曲线、进化法则、进化路线、进化树，对各个方案进行技术先进性的分析，并将这些方案按照进化的方向排列。

4）对各方案进行适度的技术实施风险分析。

5）按照定义阶段制订的方案决策的选择标准，补充各个方案的信息，以备决策之用。

6）实施决策，明确结论。

其路线图如图 24-1 所示。

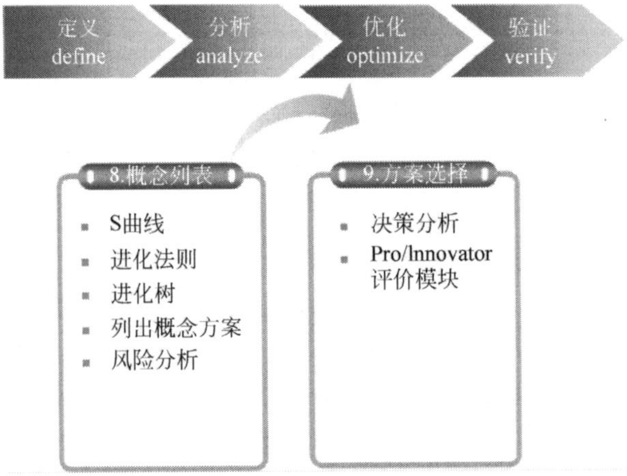

图 24-1　优化阶段的路线图

第一节 概念列表

DAOV 的第八个步骤是“概念方案”，此步的前提是针对问题得到大量构思，由这些构思整合出多个概念方案，甚至是在分析阶段已经形成了概念方案。它的目标是从技术先进性、实施的技术风险方面了解各方案，同时可以补充、完善构思，分析方法包括 S 曲线、进化法则、进化树、风险分析、FMEA、AFD 等。相应的软件支持有 Pro/Evolver 等。

第二节 方案选择

DAOV 的第九个步骤“方案选择”就是实施具体的决策的过程。其目标就是从技术、成本、周期、收益等各个方面，综合考量各个方案，了解每个方案的优缺点，为之作出最适宜的决策，如放弃、样机验证、申请专利、储备等。其决策方法是普氏矩阵法，相应的软件支持是 Pro/Innovator 的方案评价模块。

一、S 曲线

通常所说的产品生命周期理论是反映产品生产销售状况的曲线，它被划分为四个阶段：引入期、发展期、成熟期和衰退期（淘汰期）。对于复杂的、有持续技术创新的产品而言，这种曲线表示的实际上是一种趋势，它的作用是评估系统现有技术的成熟度，以帮助企业针对现有产品进行合理的分配和投入，辅助企业作出正确的决策。

二、进化法则

技术系统进化就是指实现系统功能的技术从低级向高级变化的过程。对于一个具体的技术系统来说，对其子系统或元件进行不断的改进，以提高整个系统的性能，就是技术系统的进化过程。任何一种产品、工艺或技术都在随着时间向着更高级的方向发展和进化，并且它们的进化过程都会经历相同的几个阶段。前苏联发明家阿奇舒勒先生在分析大量专利的过程中发现，产品及其技术的发展总是遵循一定的客观规律，而且同一条规律往往在不同的产品技术领域被反复应用。即任何领域的产品改进、技术的变革过程，都是有规律可循的。人们如果掌握了这些规律，就能主动地进行产品设计并能预测产品的未来发展趋势。基于进化法则，可以使我们的产品开发具有可预见性，对提高产品创新的成功率、缩短发明周期，都具有重要意义和价值。这是TRIZ最核心的内容之一。

三、层次分析法

层次分析法（analytic hierarchy process，AHP）是美国运筹学家托马斯·塞蒂（Thomas L. Saaty）教授于20世纪70年代初期提出的，AHP是对定性问题进行定量分析的一种简便、灵活而又实用的多准则决策方法。它的特点是把复杂问题中的各种因素划分为相互联系的有序层次，使之条理化，根据对一定客观现实的主观判断结构（主要是两两比较）把专家意见和分析者的客观判断结果直接而有效地结合起来，将同一层次元素两两比较的重要性进行定量描述。而后，利用数学方法计算反映每一层次元素的相对重要性次序的权值，通过所有层次之间的总排序计算所有元素的相对权重并进行排序。该方法的应用步骤如下：

1）通过对系统的深刻认识，确定该系统的总目标，弄清规划决策所涉及的范围、所要采取的措施方案和政策、实现目标的准则、策略和各种约束条件等内容，广泛地收集信息。

2）建立一个多层次的递阶结构，按目标的不同、实现功能的差异，将系统分为几个等级层次。

3）确定以上递阶结构中相邻层次元素间相关程度。通过构造两两比较判断矩阵及利用矩阵运算的数学方法，确定对于上一层次的某个元素而言，本层次中与其相关元素的重要性排序——相对权值。

4）计算各层元素对系统目标的合成权重，进行总排序，以确定递阶结构图中最底层各个元素对总目标的重要程度。

5）根据分析计算结果，考虑相应的决策。

四、决策分析

当议题为体系结构方案或设计方案中的选择、可复用产品构件或商业现货构件的选择、供方选择、工程化支持环境或相应的工具、测试环境以及后勤保障和生产等涉及中、高风险时或者这些问题影响实现项目目标的能力时，可以运用结构化决策方法。在结构化决策过程中，可以采用数值的或非数值的准则。数值化准则使用比较客观的衡量尺度来反映各项准则的相对重要性，非数值准则使用的是比较主观的定级尺度（如高、中、低）。决策分析的目的是运用结构化方法对候选方案进行选择，这可以减少决策中的主观影响，并能够以比较高的概率选择出能满足各相关方多种需求的解决方案。

主观评价是决策方案的一种主要方法，它的理论基础来源于苏格兰斯特拉斯克莱德（Strathclyde）大学斯图亚特·普（Stuart Pugh）教授发明的普氏矩阵（Pugh Matrix）。

普氏矩阵是简单的定性评价工具，矩阵的列为评价方案所选择或设计的一组评价准则（实为一组功能参数），行是参与评价的一组方案。选定一个备选方案（或一个已有的设计项目）作为评价标准，设定其各项参数为需要评价的对象；由本专业领域专家（或用户）计算或评估每个备选方案中各参数相对评定准则的层次，即此方案中该参数的性能状况。Pugh 将比较结果分为三个层次：与评定标准同等层次（设为 0）、优于评定标准（设为+）、劣于评定标准（设为-）。计算各方案参数评价值的总和（分别计算+和-），从总评价值中选择可用的最好方案或符合用户对参数不同需求的方案。如果某些方案的总和值相差不大，可对相近的方案继续细化参数或修改参数，以便作出方案的选择。第一轮评价后，用户可修改参数和方案，开始第二轮评价，直至找出合适的解决方案。

第三节　本章小结

在此阶段常用的工具模板如表 24-1 ~ 表 24-4 所示。

表 24-1　进化分析表

目的：按照进化规律，分析技术系统所处的位置及进化的方向，寻找构思；按照进化路线，对待决策的所有方案进行排队，以判断各方案的技术先进性。

按照进化路线寻找构思				
技术系统名称				
进化法则名称		进化路线名称		
进化路线步骤	步骤一	步骤二	步骤三	步骤四
技术系统某特征的位置	√			
技术系统某特征的进化构思		在此添加针对此步骤的构思	在此添加针对此步骤的构思	在此添加针对此步骤的构思

续表

按照进化路线分析方案的技术先进性				
技术系统名称				
进化法则名称		进化路线名称		
进化路线步骤	步骤一	步骤二	步骤三	步骤四
方案排序	方案序号或名称			

表 24-2　方案列表

目的：按照前面的构思，综合行成所有的方案，并分析每个方案的优缺点和风险，以备决策之用。

方案列表					
方案序号	方案描述	优点	缺点	风险	适合的验证方式
1					
2					
3					
4					
5					
6					
7					
8					
9					

表 24-3　方案选择表

目的：本表用于应用定义阶段制定的决策标准及其权重，判断每个方案的评价，并用于决策。

	技术标准 1	技术标准 2	成本标准 1	研制周期标准 1	总分
权重	9	5	7	1	
方案 1	3	6	2	5	76
方案 2	5	1	3	2	73
方案 3	1	3	1	5	36
方案 4					0
方案 5					0
方案 6					0
方案 7					0
方案 8					0
方案 9					0
方案 10					0

表 24-4　决策结论表

目的：O 阶段的总结，基于方案选择表明确每个方案的决策结论，或放弃，或实施试验、仿真、样机等验证，或用于专利布局。

方案名称	决策结论		
	验证方式	验证时间	验证负责人
方案 1	DOE		
方案 2	仿真		
方案 3	样机试制		
方案 4	专利申请		
方案 5	放弃		

第二十五章 进化规律

本章介绍的是技术创新理论中最核心的内容之一，即创新的规律，主要包括两部分内容：S 曲线和进化法则。

S 曲线揭示了任何产品都和生物有机体一样，有一个诞生—成长—成熟—衰亡的过程，描述了技术系统的一般发展规律。借助产品生命周期理论，可以分析、判断产品所处生命周期的阶段，推测产品今后发展的趋势，正确把握产品的市场寿命，并根据不同阶段的特点，为研发决策提供参考，以不断创新和开发新产品。在现实中，很少有产品会遵循这样一种制定的周期。每一阶段的长度都会有很大的变化。而且我们充分了解产品生命周期曲线的特点后，为充分挖掘产品潜力，可以设法延长其产品生命周期。

在成功定位了产品在 S 曲线中的位置之后，如何预测产品后续的发展态势呢？这就需要进化法则（evolution laws）和进化路线（evolution lines）了。其中前者指出了技术系统进化发展的规律和宏观的模式与方向，后者反映了技术系统发展过程中会经历的具体阶段和进化顺序。尽管现在有很多人声称自己发现了上百条的进化路线，但是业界公认并常用的进化路线有 14 条，它们与进化法则的对应关系如表 25-1 所示。

表 25-1 进化法则与路线的对应关系

经典 TRIZ 进化法则	Pro/Evolver 进化路线
完备性法则	
能量传递法则	
协调性法则	表面属性进化路线 内部结构进化路线 点-线-面-体跃迁路线 线性组件的几何进化路线 表面形状的几何进化路线 体组件的几何进化路线 提高频率匹配性进化路线

续表

经典 TRIZ 进化法则	Pro/Evolver 进化路线
提高理想度法则	简化路线 扩展-简化路线
动态性进化法则	向柔性系统或可移动系统跃迁路线 提高可控性进化路线
子系统不均衡进化法则	
向微观系统进化法则	分割路线
向超系统进化法则	类似组件的单-双-多路线 不同组件的单-双-多路线

第一节 S 曲线简介

企业不能期望它的产品永远畅销，因为一种产品在市场上的销售情况和获利能力并不是一成不变的，而是随着时间的推移发生变化的。一种产品进入市场后，它的销售量和利润都会随时间变化，呈现为一个由少到多再由多到少的过程，就如同人的生命一样，由诞生、成长到成熟，并最终走向衰亡，这就是产品的生命周期现象，即产品从进入市场开始，直到最终退出市场所经历的市场生命循环过程。产品只有经过研究开发、试销，然后进入市场，它的市场生命周期才算开始。产品退出市场，则标志着生命周期的结束。这就是产品生命周期管理理论，由美国哈佛大学教授雷蒙德·弗农（Raymond Vernon）1966 年在其《产品周期中的国际投资与国际贸易》一文中首次提出。

产品生命周期曲线因其形状类似 S 形，因此也常被称为“S 曲线”。S 曲线横轴为时间，纵轴为产品普及率或销售量。根据 S 曲线的划分，产品生命周期包括婴儿期（infancy stage）、成长期（growth stage）、成熟期（maturity stage）与衰退期（decline stage）。这四个阶段可以类似人类的成长阶段，看成是产品的“童年”、“青年”、“壮年”、“老年”。在 TRIZ 中，纵轴不再是销售量，而是更加受关注的技术指标，它表明技术体系的主要参数（功率、生产率、速度、它所派生出的型号数目等）在时间上是怎样变化的。

除了“性能参数”这一指标呈现标准的 S 曲线（图 25-1），我们通常还可以通过几个指标来考察技术系统，以准确识别系统所处的阶段。这几个指标是专利数量、发明级别、利润，它们随时间变化的曲线对比于技术系统四个阶段呈现明显的变化，如图 25-2 所示。

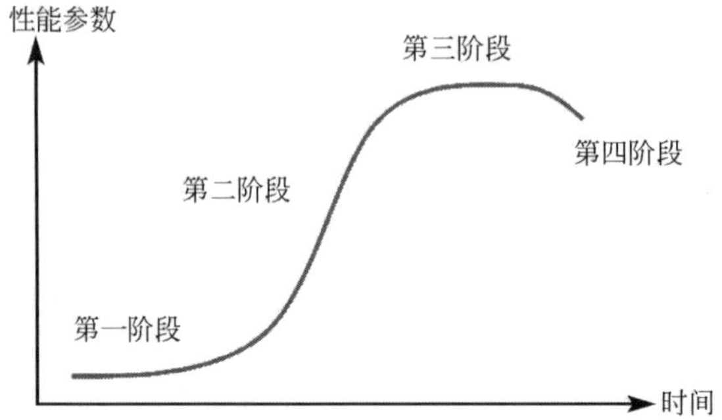

图 25-1　S 曲线

S 曲线分析结果是公司产品研发或产品规划的重要依据。比如，某一产品的现有竞争者存在吗？若有，该公司位于 S 曲线哪一位置，本公司该选择哪一时间点进行投入以超越对手？

在 S 曲线的每个不同阶段，公司所该采取的营销策略、研发策略、专利策略与竞争策略都是不同的，这是 S 曲线规划的重点内容。产品 S 曲线分析已经成为思考技术战略的核心工具，是关于技术改进潜力的一种归纳性推论。通过 S 曲线分析，可以评估系统现有技术的成熟度，有利于合理的投入和分配，帮助我们作出正确的研发决策。

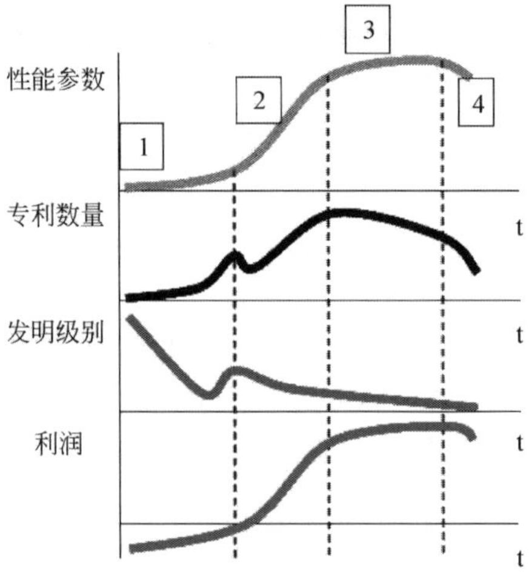

图 25-2　S 曲线的 4 个指标

第二节 技术系统进化法则

一、完备性法则

要实现某项功能，一个完备的技术系统必须包含以下四个部件：动力装置、传输装置、执行装置和控制装置，如图 25-3 所示。

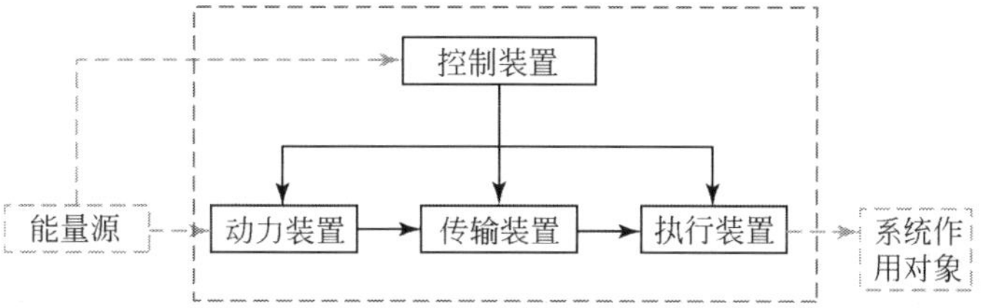

图 25-3 完备性法则描述的技术系统的构成

完备性法则的含义如下：①系统如果缺少其中的任一部件，就不能成为一个完整的技术系统；②如果系统中的任一部件失效，整个技术系统也无法“幸存”。

完备性法则有助于实现所需技术功能并节约资源，利用它可对效率低下的技术系统进行简化，它建议在技术系统的发展中注意如下几个方面：①新的技术系统经常没有足够的能力去独立地实现主要功能，所以其依赖超系统提供的资源。②随着技术系统的发展，技术系统逐渐获得需要的资源，便能发挥主要的功能。③技术系统的进化方向：系统不断自我完善，减少人的参与，最终提高技术系统的效率。

二、能量传递法则

能量传递法则的内容包括两个方面。

1）技术系统要实现其功能，必须保证能量能够从能量源流向技术系统的所有元件。如果技术系统中的某个元件不接收能量，它就不能发挥作用，那么整个技术系统就不能发挥其有用功能，或者有用功能的作用不足。如收音机的能量传递，收音机在金属屏蔽的环境（如汽车）中就不能正常收听高质量广播。尽管收音机内各子系统工作都正常，但电台传导的能量源（作为系统的组成部分）受阻，使整个系统不能正常工作。这时在汽车外加一天线，问题就解决了。

2）技术系统的进化应该沿着使能量流动路径缩短的方向发展，以减少能量损失。例如，用手摇绞肉机代替菜刀剁肉馅，用刀片旋转运动代替刀的垂直运动，能量传递路径缩短，能量损失减少，同时提高了效率。

掌握了“能量传递法则”，有助于我们减少技术系统的能量损失，保证其在特定阶段提供最大效率。

三、协调性法则

技术系统的进化，沿着使整个系统的各子系统相互间更加协调，与超系统更加协调的方向发展。即系统的各个部件在保持协调的前提下，充分发挥各自的功能，这也是整个技术系统能发挥其功能的必要条件。

协调性法则是所有的进化法则中包含路线最多的一个，参考表25-1，可见主要分为形状协调的路线和频率协调的路线，下面我们一一介绍。

形状协调指各子系统之间，以及子系统与超系统之间的形状要相互协调，又可以细分为表面属性、内部结构、几何形状等多个进化路线。

表面属性的进化路线如图25-4所示，它描述了技术系统的表面从“平滑表面”，依次向“带有凸起和凹陷的表面”、“精细的轮廓表面”、“引入场和力”的方向进化，其目的是为了让组件之间的相互作用更加匹配，使组件与周围环境的接触面更加匹配，使组件表面具有更多的有用属性。因此具有减小尺寸、具有额外功能、进入微观级别的独特优势。

图25-4　表面属性的进化路线

例如，方向盘表面的进化，与此路线完全一致，如图25-5所示。

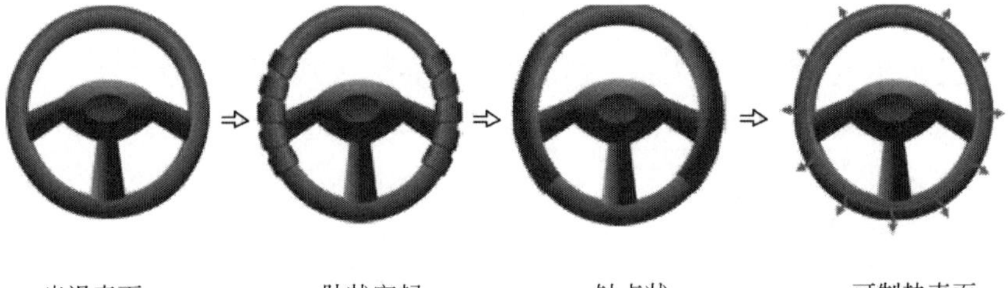

图25-5　方向盘的表面进化

内部结构的进化路线如图 25-6 所示，这条路线描述了一个有形组件的内部空间是如何按照“分割”的方向进化的，从最初的实心组件，逐渐朝引入空腔、形成几个空间、形成多个空间的方向发展，与上一个路线相同，最后一个阶段仍然是“引入场和力”。

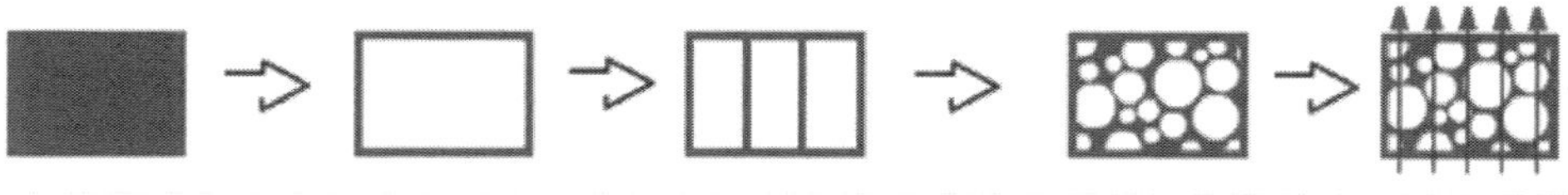

图 25-6　内部结构的进化路线

显然，这条路线的目的就是更加合理地利用内部的空间资源，优化内部的结构质量和强度，使系统更加紧凑。

一个典型的实例，就是汽车保险杠的内部结构的进化，如图 25-7 所示。

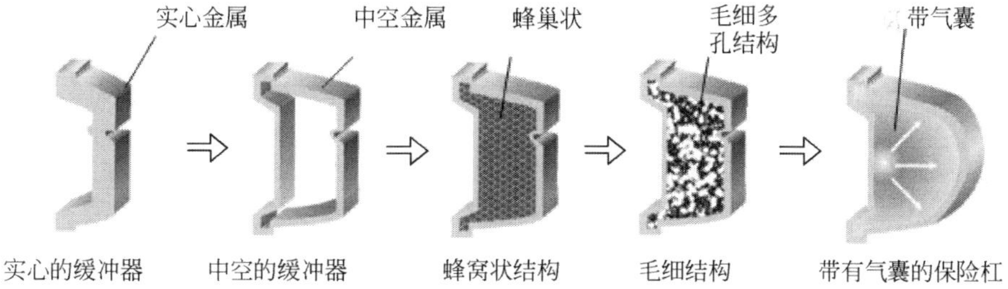

图 25-7　汽车保险杠的内部结构进化

几何形状进化路线如图 25-8 所示，技术系统的进化路线大多数都按照点➔线➔面➔体的方向发展。简单回顾一下人类用于显示图像等信息的装置，就能够体会到这个简单路线的正确性了。而这个进化路线的目的就是使得系统的两部分之间，以及系统和超系统之间合理分配相互作用的区域，使系统和环境之间的作用及其属性达到最佳匹配状态。

图 25-8　几何形状的进化路线

而在现实世界中，几何形状变化多端，在设计一些处于成熟期的产品时，工程师到了才思枯竭时，也能够凭着形状的变化产生若干“新”产品来吸引客户。几何形状的进化还可以继续细分为线性进化路线、面的进化路线、体的进化路线，如图 25-9 所示，它们都遵循着从简单到复杂，从平的、直的到弧的、圆的变化，其目的无一例外都是为了让组件及系统更加紧凑。

（a）线的几何进化路戏

（b）面的几何进化路线

（c）体的几何进化路线

图 25-9　几种几何进化路线

至此，我们可以将几何形状的进化路线作一个汇总，如图 25-10 所示。可见对一个产品或组件的外观，我们确实可以有诸多变化，目前已经有一些广告公司利用这些进化路线，产生诸多新颖的构思，并起到了很好的效果。

除了形状协调，技术系统的各个部分还需要在频率上协调，才能发挥作用。这里所谓的“频率”甚至可以延伸至技术系统的各种参数，并不限于文字上的“频率”含义。

提高频率匹配性进化路线如图 25-11 所示，描述了技术系统的参数，从“不可变参数”，逐渐向“梯度变化的参数”、“均匀变化的参数”发展，最终达到充分“利用动作间隙进行系统运作”。其目的就是确保系统的运作协调一致，提高系统组件之间的相互作用性能，其也可用于检验组件功能的匹配性。

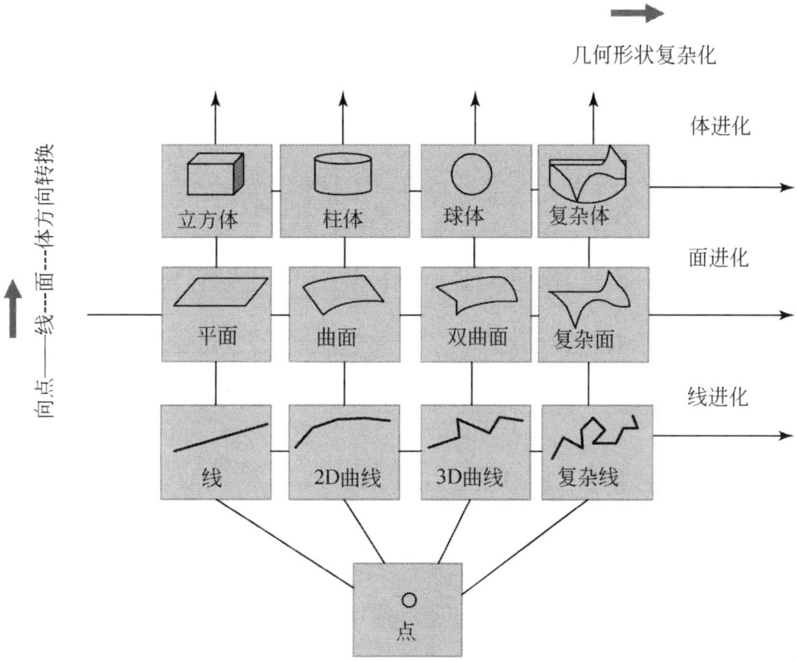

图 25-10　几何形状的进化路线汇总图

图 25-11　提高频率匹配性进化路线

例如，吸尘器吸力过大，导致地毯被吸附在吸嘴上，无法继续工作（图 25-12），用提高频率匹配性进化路线就可以得出一系列的解决方案。

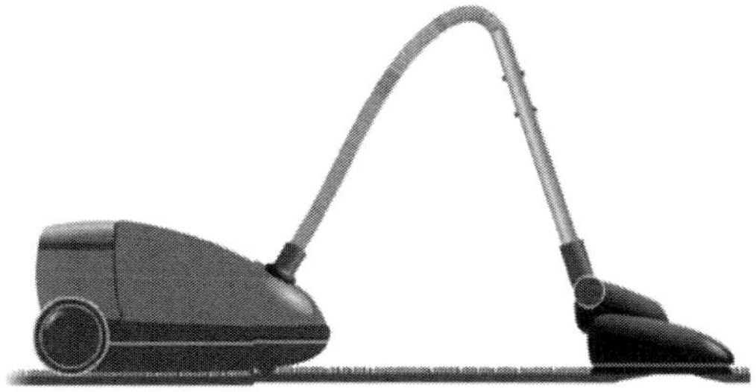

图 25-12　吸尘器案例

首先我们分析一下这个问题的原因，可能包括吸尘器吸力过大、地毯毛过长等。针对不同的原因都可以得到一些构思，如考虑加入吹的动作，那么按照这个进化路线，对吸和吹的频率可以有如下变化：

1）不可变参数：一直在吸。

2）梯度变化的参数：在吸的过程中，不定期加入吹的动作。

3）均匀变化的参数：吸与吹周期性交替进行。

4）利用动作间隙进行系统运作：吸与吹周期性交替进行，在吹的同时还可以加入拍打地毯的动作。

当然，也可以考虑吸的频率变化，从 0 到与地毯共振，让灰尘“自己跳舞”，从而不需要大的吸力了。

四、提高理想度法则

在 DAOV 中，一个很重要的概念就是 IFR。按照这个思路，什么是最理想的技术系统呢？作为物理实体它并不存在，但却能够实现所有必要的功能。这看起来是异想天开，但是却揭示了 TRIZ 理论中的一个重要内容：技术系统是沿着提高其理想度，向最理想系统的方向进化。这就是提高理想度法则，它代表了所有进化法则的最终方向。所有的进化路线、法则，包括创新原理、分离原理、标准解法所带来的启示，都是这个最终方向的部分折射。

IFR 可以用一种定性的公式来表达，即理想度指标：

$$理想度=\frac{\sum 有用功能}{\sum 有害作用+成本}$$

提高理想度的建议包括两个方面：①去掉实现有用功能的特定设备；②充分利用现有的能量和资源实现有用功能。

随着系统的进化，要提高其理想度，可以有两种方式：①提高其功能性；②保证其功能的前提下，尽可能降低成本。

这两种方式在技术系统中处于 S 曲线的不同阶段，其应用的频率是不一样的，如图 25-13 所示。

在这个法则中，包括了两条进化路线：简化路线和扩展–简化路线。

简化路线如图 25-14 所示，这条路线体现了一种提高技术系统理想度的方式，即保证其功能的前提下，尽可能降低成本。技术系统从一个“完整的系统”开始简化，先是“移除一个组件”，然后“移除多个组件”，直至“最大限度的简化系统”。即技术系统进化到极限时，实现某项功能的子系统会从系统中剥离，转移至超系统，作为超系统的一部分，在该子系统的功能得到增强的同时，也简化了原有的技术系统。

一个典型的例子是当前汽车仪表盘的进化，如图 25-15 所示。

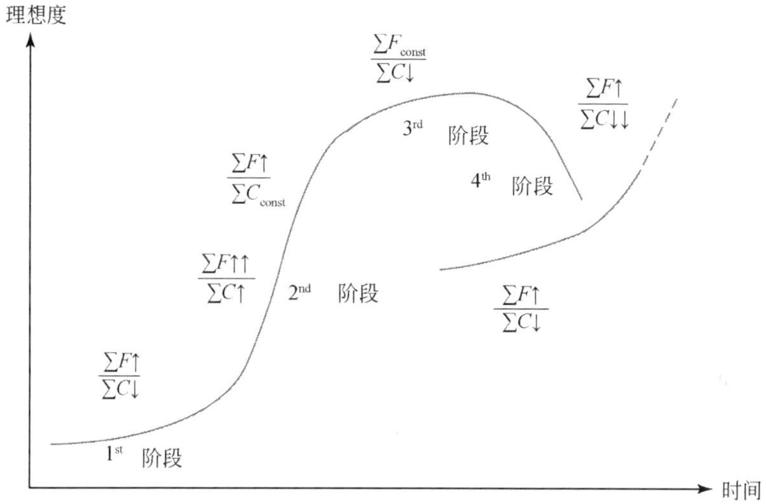

图 25-13　在 S 曲线的不同阶段提高理想度的方式

图 25-14　简化路线

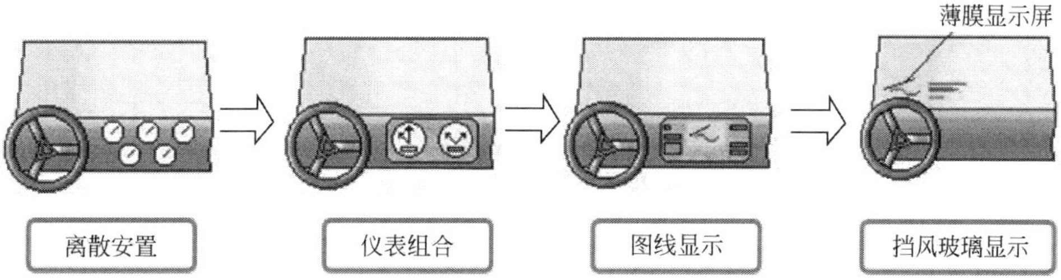

图 25-15　汽车仪表盘的进化

扩展–简化路线如图 25-16 所示，描述的是技术系统在长期发展中通常都会有的主要趋势：为了提高功能性，增加组件，从而造成系统复杂性增加；复杂性增加到一定程度，系统的集成度要求会越来越迫切，这就制约了系统组件的继续增加；一旦集成度问题得到突破性解决，系统的复杂性会大大降低，功能并不会因此减少，甚至可能会又一次开始增加功能的循环。显而易见，上面所述的简化路线是这个路线的后半部分。

在我们的身边，这样的例子俯拾皆是，如手持的通信设备、电脑等。

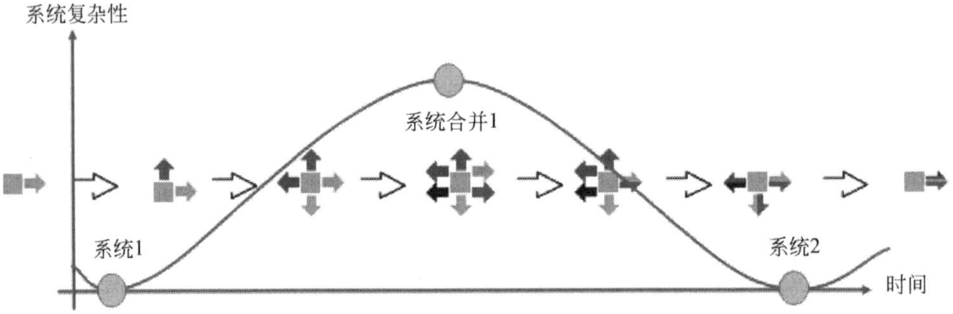

图 25-16　扩展–简化路线

五、动态性进化法则

动态性法则也是一个常见的进化趋势，它描述了技术系统的进化应该沿着结构柔性、可移动性、可控性增加的方向发展。其目的就是让技术系统更加适应各种环境或工作条件，调节系统组件达到最佳工作状态，调整系统参数使之与变化的环境参数更加精确地匹配。这个法则下常见的路线有两个：提高结构柔性和可移动性路线与提高可控性路线。

提高结构柔性和可移动性路线如图 25-17 所示，技术系统的组件结构，总是从“刚体系统”，沿着“单向可移动系统”、“增加可移动组件”、“提高组件自由度”的方向发展，直至最后“用场代替部分组件”，彻底实现了 IFR 的要求：功能俱全、结构消失。

图 25-17　提高结构柔性和可移动性路线

提高结构柔性和可移动性路线的实例也很常见，如电脑键盘的发展如图 25-18 所示。从最初的台式机整体式键盘，到可折叠的蝴蝶式键盘，再到柔性皮质键盘，最终发展到光投射键盘，令人叹为观止。

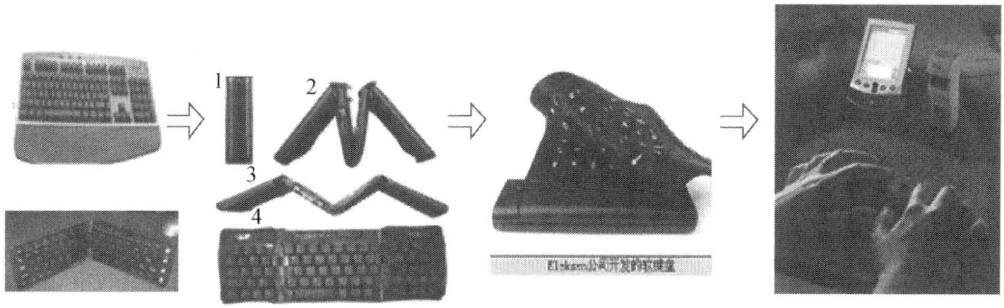

图 25-18　电脑键盘的发展

提高可控性路线如图 25-19 所示，提高可控性路线描述了技术系统的控制方式，从最初的“不可控组件”，逐渐沿着“手动控制”、“执行机械控制”的方向发展，最终达到“自动控制”。其目的就是使系统组件与工作环境之间达到最佳匹配，以提高系统的工作效率和效果。

这与完备性法则中的“减少人的参与”的方向是一致的。不过按照完备性法则进行分析，我们总会看到，任何技术系统的控制方式不可能完全达到自动控制，总会需要人的干预，只是技术系统的发展方向使人的干预操作本身消耗的能量越来越小而已。

图 25-19　提高可控性进化路线

以温室天窗的控制为例，如图 25-20 所示，正是这个路线的体现。

早期只能通过人工直接控制天窗，如温度高时打开并用木棍支撑住天窗，温度低时就拿掉木棍关闭天窗。接下来会用机械装置代替人工，用按钮实现远距离开闭天窗，节省人力提高效率。最后发展到自动控制系统，人类设计了温度反馈系统，让天窗能够根据外界温度的变化作出“聪明的反应”，实现人力的最简化，只有在出现异常状况时才需要人进行控制，例如系统故障等。

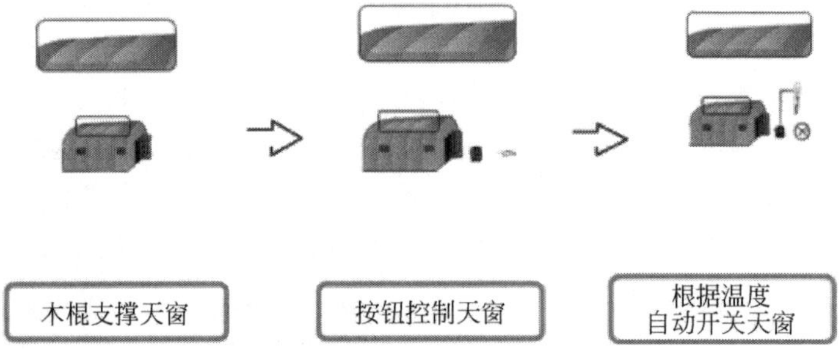

图 25-20　温室天窗的控制方式进化

六、子系统不均衡进化法则

子系统不均衡进化法则指的是任何技术系统所包含的各个子系统都不是同步、均衡进化的，这种不均衡的进化经常会导致子系统之间出现矛盾，解决矛盾将使整个系统得到突破性的进化。这与唯物辩证法的相关内容如出一辙，因此可以这样讲，我们看到的技术系统的问题，是因为进化而产生的，那么它们当然也可以用进化来解决。整个系统的进化速度取决于系统中发展最慢的子系统，这就是管理学中常讲的“木桶理论”。

理解了子系统不均衡进化法则，我们就可以加深对其他法则的理解。例如，协调性法则，就是从不同子系统之间的参数来寻找均衡的，这种均衡并不只是字面意义上的“相同”，可理解为步调一致、需求配合更加协调，你快我也快，你慢我也慢，你方我也方，你圆我也圆，你需要这个我就准备好了，在最适合的时机提供等。

这条法则下没有具体的路线。

七、向微观级进化法则

向微观级进化法则的内容很简单：技术系统朝着减小其元件尺寸的方向进化。例如，电脑的体积，如图 25-21 所示，在诞生之初需要占据几个房间，而现在常用的手提电脑也就是一个包那么大，其功能、性能也有着翻天覆地的变化。

向微观级进化法则下有一个进化路线，即如图 25-22 所示的分割路线，其目的就是让组件被分割从而朝微观级跃迁，使得系统组件的相互作用更加协调，并可能建立动态可操控的系统。因此，分割路线其实总是和动态性进化法则、协调性进化法则相伴而用的，通常组件越分割就会越动态，整个系统也就越协调。

技术系统从最早的“实心组件”，逐渐被分割为“两个部分”、“多个部分”、“粒状和粉末状”，继续分割为更加细致的微粒，其外观和性质都会有比较大的变化，如“膏状和凝胶状”、“液态”、“泡沫与雾状”、“气态”、“原子和等离子体”，最终也会走向“场作用”、“真空态”。可见，有形的宏观组件的进化趋势都体现在这里了：依次会经历固态、液态、气态、等离子态，及其中间状态等。

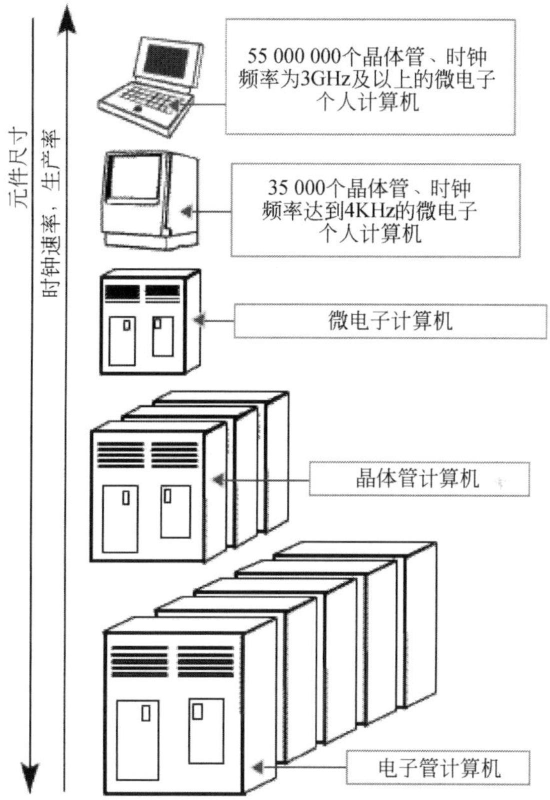

图 25-21　电脑体积的发展变化

图 25-22　分割路线

金属切削刀具的进化就遵循这条进化路线，如图 25-23 所示。

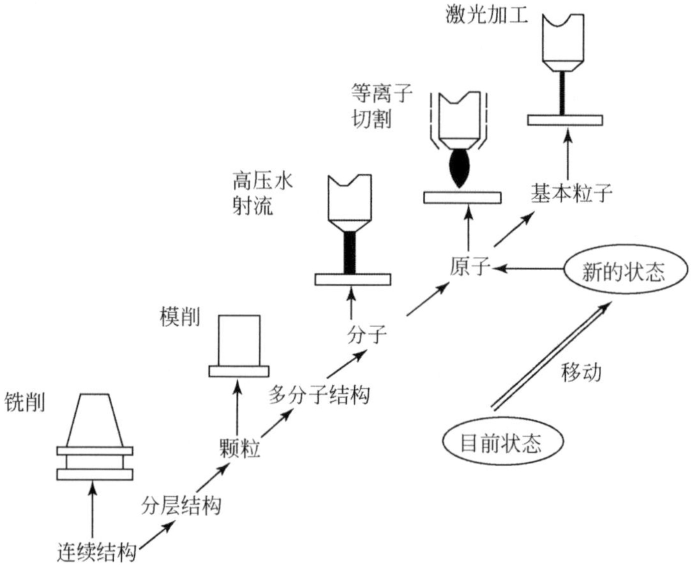

图 25-23　金属切削刀具的进化路线

八、向超系统进化法则

向超系统进化法则说明了技术系统的进化是沿着单系统—双系统—多系统的方向发展。这是技术系统进入良性发展阶段必然经历的，整个系统为了发展，正在吸引越来越多的超系统资源。技术系统中包含的系统数量的增加，不仅仅带来了功能的增加，也可能会有协同效应的出现，增加了新的功能或者提高了性能，也可能会导致系统复杂度的增加。

向超系统进化的路线中比较典型的是单-双-多进化路线。如图 25-24 所示，技术系统从“单组件系统”，为了发展“引入单一的附加组件”、“引入多个附加组件”，直至“更高水平的单系统”。而这些附加的组件，可能是相同组件，也可能是不同组件，甚至可能是相反组件。

图 25-24　单-双-多进化路线

单-双-多进化路线描述的是比较宏观的趋势，留心观察我们总能发现身边有此类的案例，如图 25-25 所示，帆船的发展，起先是依赖于帆的数量，其中帆的形状和用途略有差异，如前帆、后帆、侧帆、横帆等。然而帆终有其性能极限，因此蒸汽船就逐渐取代了帆船。有趣的是，在蒸汽船发展早期，其稳定性、船速还不能与成熟的帆船相对抗，就出现了带蒸汽机的帆船这样的中间产品。随着时间的推移蒸汽船得到了长足的发展，帆船就迅速地被抛弃了，整个技术系统就转向发展一个完全不同的新一代产品，也能满足客户同样的需求，但是性能水平有显著差异，这也说明了技术系统进化的残酷性。

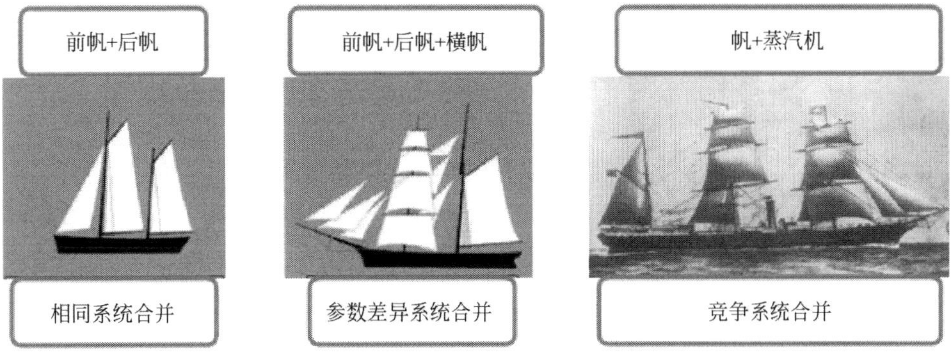

图 25-25　帆船的发展

这条进化路线除了在技术系统的发展中常见之外，在企业发展中其实也常常用到。例如，我国著名的童车品牌“好孩子”，1989 年诞生时，还只做单一的童车，之后不断拓展其业务领域，逐渐发展成为一个产品线齐全的生产母婴产品的品牌，其产品包括婴儿推车、学步车、童床、餐椅、婴幼儿汽车安全座、三轮车、自行车、电动车、儿童服饰、纸尿裤、哺育用品、浴具、安全用具、体育场馆椅、儿童篮球架等十几个门类，几千个品种。而在 2006 年，“好孩子”又有了新的拓展，进军流通领域，在全国各大城市逐渐建立起一站式母婴专卖店“妈妈好孩子”，这无疑正是向超系统进化的典型实例。图 25-26 是其网站上 360 度介绍其专卖店的图片。

图 25-26　“妈妈好孩子”专卖店全景图片

第三节　本章小结

进化规律是 TRIZ 中最重要的内容之一，既可用于解决目前产品的问题，也可用于预测新的产品出现。对于一个具体的产品来说，究竟是应该在目前基础上循序渐进，还是寻求突破性的新产品呢？这就需要利用 S 曲线来进行产品定位，之后参照进化法则指导其方向，并依据进化路线寻找具体的构思，最终进行构思整合，产生新产品的概念方案。

除此之外，在 DAOV 的优化阶段，还可以利用进化路线为已经产生的众多构思进行排序，即技术先进性的分析，这是企业正确决策需要的重要参考信息。

第二十六章 决策分析

第一节 决策概述

一、结构化决策

无论是在工作还是在生活中，当我们面临多种选择的时候，对问题的决策能力就显得非常重要。我们每天面临着大量需要作决定的问题，这些问题有的比较简单，有的比较复杂，但它们有共同的特点，就是需要进行比较和权衡，以作出最优的选择。

作任何决策，决策者都需要知道两点。一是我们有哪些可能的选择，二是根据哪些判断准则来判定各种选择方案的优劣。对只有一个判断准则的简单情况，决策可以非常简单，但是，判断准则较少的情况不太多见，大部分决策过程都有许多准则需要我们考虑。当存在多个判断准则的时候，情况就变得很复杂，此时我们需要对照多个准则来判定哪个选择方案最好。另外，在为数众多的判断准则中，往往有很多准则是相互矛盾、相互制约的，此时，我们的决策过程就变得更加复杂，需要综合考虑多种因素来作判断。权衡分析方法为解决这类问题提供了很好的工具。

拥有多项候选方案和评价准则的非技术论题本身也适宜于作结构化决策。非此即彼的二元判定不适用。在项目计划阶段，要确定对哪些具体的议题实施结构化决策。这类指导原则一般建议，当这些问题涉及中、高风险时或者这些问题影响实现项目目标的能力时，运用结构化决策过程。这类论题一般包括体系结构方案或设计方案中的选择，可复用产品构件或商业现货构件的选择，供方选择，工程化支持环境或相应的工具，测试环境以及后勤保障和生产问题。在生产中，项目工作人员可以运用“决策分析和决定”过程，来处理“制造还是购买”的决策问题等。

结构化决策过程在表现形式、准则类型和技术上可能是多种多样的。大多数正式决策可能需要单独的决策计划，花费几个月时间多次拟订和商讨准则，还有仿真、设计原型，试点以及大量文件。在结构化决策过程中，可以采用数值的或非数值的准则。数值化准则使用比较客观的衡量尺度来反映各项准则的相对重要性，非数值准则使用的是比较主观的定级尺度（如高、中、低）。

运用结构化决策过程确定和评价候选方案，在最终完成评价和选择解决方案之前可能需要反复进行“识别和评价”活动，对识别出来的候选方案可以加以组合。在评价期间，新兴的技术可能改变候选方案，销售商的业务状态也可能发生变化。最终选择的候选方案应附有选择的技术、准则和各个候选方案的文件以及选择理由。该文件是决策和决策理由的记录，要分发给所有相关方，它对其他那些可能遇到类似问题的项目而言很有用。

二、决策分析的目的和应用

决策分析的目的是运用结构化方法对候选方案进行选择。这是因为结构化决策过程可以减少决策中的主观影响，能够以比较高的概率选择出能满足各相关方多种需求的解决方案。

决策分析适用于技术论题和非技术论题，包括事先确定判断论题需要实施正式的结构化决策过程的原则，决策中使用的判断准则可以采用数值的或非数值的准则，在最终完成评价和选择解决方案之前可能需要反复进行识别和评价活动，并将识别出来的候选方案加以组合，最终选择的候选方案应附有选择的技术、准则和各个候选方案的文件以及选择理由。

第二节 普氏矩阵

一、普氏矩阵简述

在我们的产品开发过程中，众多的备选方案和相互冲突的判断准则都会使决策的过程变得很复杂，因此权衡分析的作用就显得很大，很有必要设计权衡分析工具为对比关键准则来评价是否为可能的选择方案提供了正规的、结构性的方法。这样的工具很多，最典型的就是概念权衡分析和普氏矩阵，苏格兰 Strathclyde 大学 Stuart Pugh 教授发明了普氏矩阵，它们都是用来帮助设计人员识别出最好的方案。这些不同的工具往往具有很多共同点：通常都列出所有的可选择项，列出判断准则，对照判断准则对每个选择项进行评分，相互比较各选择项的得分，识别出总分最高的选择项。

在概念设计中，概念权衡分析可以在系统、子系统和部件中对多种可选择方案作出决策，它通过电子表格的形式提供定性和定量的分析数据。而普氏矩阵是最常用的一种权衡分析工具，它帮助我们在面临多种可能时作出正确的选择，通常在我们进行概念设计时用来选择方案。相对概念权衡分析而言，普氏矩阵的权衡分析比较粗略，往往不提供定量的分析结论。在设计过程中，普氏矩阵通常用于进行快速、定性的评估，帮助我们选择比较明显的优胜概念，在各种概念的相互比较中得到一个快速的判断，或者从众多的可选择概念中筛选出少数几个有希望的概念，以便继续观察、比较。

二、普氏矩阵的原理和方法

权衡分析工具的共同点是列出所有的可选择项，列出判断准则，对照判断准则对每个选择项进行评分，相互比较各选择项的得分，识别出总分最高的选择项。普氏矩阵也符合这个特点。如图 26-1 所示，普氏矩阵是最简单的权衡分析工具，它从众多的可选择方案中选出一个基准（标杆）方案，然后对照判断准则，将其他方案与基准方案进行定性的比较，从而进行权衡分析。

现在我们来看如何使用普氏矩阵。首先，根据选择决策的关键因素建立选择的判断准则项。举例来说，这些判断准则项可以是成本、交付时间、风险、复杂程度等。一般的原则是要避免太多的判断准则，通常以不超过 20 项为好，也不对判断准则项进行加权。

其次在普氏矩阵的结构中，把需要考虑的方案列在矩阵上端的一行，每个方案占一列。判断准则放在左边的一列，每个判断项为一行。为了清晰地判断各个方案，一定要保证参加分析的所有成员对可选择的方案和判断准则都有很好的理解。选择一个方案作为基准方案，通常挑选大家认为最好的方案（或者最熟悉的方案）作为基准方案。将每一个方案与基准方案进行比较，每次评估一个判断准则。然后在方案和判断准则对应的方框中填入一个符号：用“+”（加号）表示这个方案在这个判断准则上比基准方案更好，用“-”（减号）表示比基准方案差，用“S”（相同，标准 standard 的首字母）表示与基准方案相同。在此过程中，记录下可能产生新方案和新判断准则的想法，以便把这些新想法融入迭代进行的下一次普氏矩阵分析。

普氏矩阵

图例

更好 +

相同 S

更差 −

判断准则	重要度	标杆方案	可选方案1	可选方案2	可选方案3	可选方案4	可选方案5	可选方案6
			可选择方案					
A								
B								
C								
D								
E								
F								
G								
H								
I								
J								
“更好”总数			0	0	0	0	0	0
“更差”总数			0	0	0	0	0	0
“相同”总数			0	0	0	0	0	0
“更好”加权总数			0	0	0	0	0	0
“更差”加权总数			0	0	0	0	0	0

图 26-1　普氏矩阵

最后统计所有的评价符号。在每列的下面写出“+”、“−”和“S”的总数。注意不能从“+”的数量中减去“−”的数量。评估总体评分，寻找“+”最多、“−”最少的方案，同时也寻找融合多种方案的方法，将一个方案的最强项应用到另一个方案，以加强其较弱的方面。这个过程将导致混合方案的产生。这些新产生的方案和以前记录的方案和判断准则，都应该加入到矩阵中来。同时，将那些不能进一步改进的弱势方案从矩阵中删除，不能帮助我们识别不同方案的判断准则也要被删除。重新选择一个基准方案，还是像以前那样选择当前认为最强势的方案，通常都是从以前的筛选中得到的混合方案。重复这个过程直到产生出最好的方案。

三、普氏矩阵的优缺点

普氏矩阵优点有：它对设计方案的定量细节要求得很少，因此在设计项目很早的阶段就可以应用于设计方案的比较。另外，普氏矩阵的应用也比较简单，可以很快去除弱势的方案，帮助我们清晰和精炼方案的细节。同时，也可以识别出哪些判断准则对方案选择有重大的影响，从而帮助我们得到混合方案。普氏矩阵关注所有的判断准则，力争使这些准则都能得到较好的满足，从而避免挑选出只很好满足某一准则的不合理方案。

普氏矩阵也有缺点。第一，它对“更好”和“更坏”的程度没有进行详细的区分，只要是“更好”或“更坏”就给予相同的评价。第二，在等级相近的时候，需要进一步进行风险分析。

第三节　决策分析的步骤

我们可以在产品或项目生存周期的任何阶段识别要求运用决策过程的问题。目标是尽可能早地识别问题，以便为解决问题留下可用的时间，图 26-2 是决策分析的步骤。

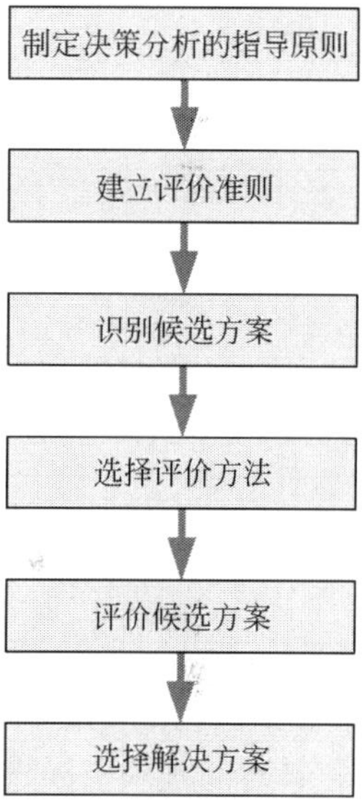

图 26-2　决策分析的步骤

一、制定决策分析的指导原则

这个步骤的目的是说明什么时候用 DAR（decision analysis and resolution：决策分析和解决方案），其实不属于某个具体的 DAR 过程。典型的工作产品是：在什么情况下运用结构化决策的指导原则。其步骤是先拟定指导原则，然后在适当时把指导原则的用法纳入已定义好的过程。不是所有的决策都需要进行结构化决策。如果没有明确的判断准则，很难判断决策是否重要，一个决策是否重要，取决于项目、环境和所规定的指导原则。

典型的实施正式的决策分析的指导原则包括：直接关系到的论题可能是中等风险或高风险的，决策关系到重要工作产品的变更，决策可能造成进度拖延，决策影响达到目标的能力，决策的影响相比较决策过程的成本可否接受，等等。

二、建立评价准则

评价准则必须反映所有相关方的需要和目标。为评价准则建立重要度是很重要的（图 26-3）。评价准则相对重要性的尺度可以采用非数值形式的条款，或者采用那些把评价参数与数值形式的衡量值相关联的公式。按照定义的范围和尺度来为评价准则划分等级，以反映相关方的需要、目标和优先级。典型的工作产品有：文档化的评价准则和评价准则的重要程度等级。记录这些是为了便于将来参考或使用。

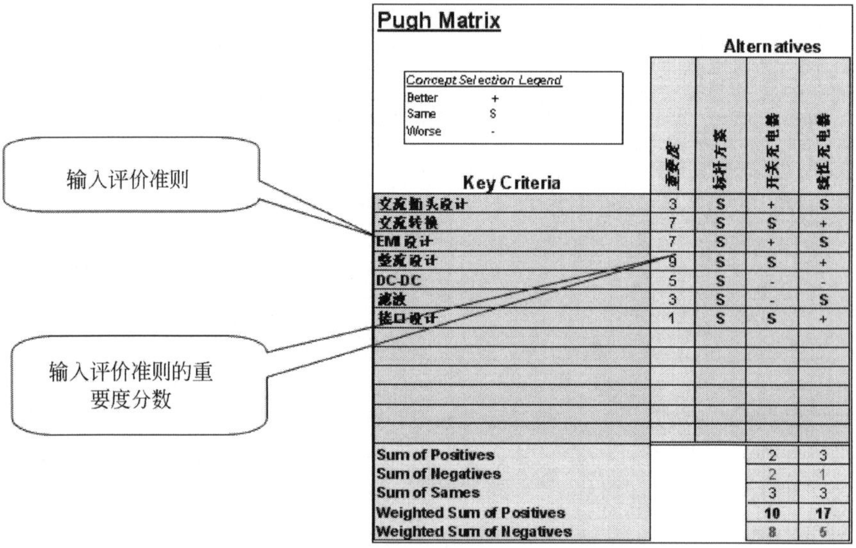

图 26-3　为评价准则建立重要度

三、识别候选方案

针对问题确定候选的解决方案。在决策过程中尽早生成和考虑多种候选方案，将提高作出可接受的决策的可能性，也有利于理解决策的因果关系。如果没有充足的可供分析的候选方案，那么要随着分析的推进补充其他备选方案。

首先通过文献检索发现组织内、外已经做过的类似案例，这可以提供对问题的深刻理解、可考虑的候选方案、实施中的障碍、比较研究结果，以及类似决策中的经验教训。其次除了随问题提供的候选方案，寻求尽可能多的候选方案。评价准则是寻求候选方案的有效起点，它确定了所有相关方和技术难度的优先顺序。将现有候选方案的关键属性进行组合可以产生新的、有时甚至是更好的候选方案。向相关方征求意见和候选方案，各相关方的具体技能和背景不同，他们的意见有助于识别和处理各种假定、约束和偏见。通过头脑风暴会议、访谈以及专门的工作组等来发现候选方案都是很有效的方法。最后把推荐的候选方案记入文件。

具体操作时注意先选择标杆方案，不对标杆方案打分。常见错误是没有已定的标杆方案，而是针对每一个标准，分为+、S、-三个等级打分，这样的话即使选出了最好的方案，但是不能将这些方案简单拼凑成一个方案。即不能标准一致地总体评价一个方案。每个方案必定有利有弊，必须与一个固定的方案进行各方面的对比。标杆方案是否会由于不打分而永远不能被选中？不会的，如果其他方案都是负向的分值，标杆方案即被选中。

四、选择评价方法

有许多问题可能只需要一种评价方法，不过，有些问题可能要求运用多种技术。例如，在进行比较研究时同时运用模拟技术，在确定哪一项候选设计方案最接近给定的准则时，可以增强的判断力。评价方法的详细程度应该与成本、进度、性能以及风险影响相当。模拟的结果就有可能由于一些随机活动而偏斜，而这些随机活动与所处理的问题并无直接关系。

首先，根据分析决策的目的和支持这种方法的信息的可获得性来选择评价方法。典型的评价方法有模拟、工程分析、制造性分析、成本分析、商业机遇分析、调查问卷、按照领域经验和原型进行推断、用户审查和建议、测试等。其次按照评价方法本身关注论题，而不过分受枝节问题干扰的能力选择评价方法。最后确定可以支持这种评价方法的度量指标，如成本、进度、性能以及风险等。

五、评价候选方案

首先按照评价准则对推荐的候选方案进行评价，然后对有关选择准则的假设和支持这种假设的证据进行评价，在适当时对候选方案的分值的不确定性是否影响评价结果进行评价，如果必要，再进行仿真、建模、原型设计和试运行，以测试评价准则、评价方法和候选方案。其次如果推荐的候选方案测试不理想，考虑新的候选方案。最后把评价结果记入文件。请注意，重要的是找出最好的方案，而不是急于得出一个方案。要注意选择顺序。

六、选择解决方案

选择解决方案是根据评价准则从候选方案中选择解决方案。往往必须在信息不够完全的情况下进行决策，因此决策可能伴随相当大的风险。如果必须按照规定的进度进行决策，那么可能没有充分的时间和足够的资源可以用于收集足够的信息。因而，在不完全的信息下进行的风险决策可能要求在以后再次进行评价。对识别出的风险应该进行监控，这些记录的信息对以后的决策有重要意义，可以减少后续决策的重复工作量，也可以跟踪风险，有些当初决策时不可用的技术也许后来就可以用了。

我们要对候选方案的评价结果进行权衡，必须评估解决方案或结构化决策过程中执行的相关的风险，权衡结果可以有三种优选方式：正面效果最佳、负面效应最小、综合效果最佳。必要时，重新制订更好的方案，最后把决策结果和理由记入文件。

第四节 案 例

小张的妻子刚生了孩子，他想换个压力小一些、离家近一些的工作，当然最好薪资也不少。他参加了一些面试后收到了三家公司的邀请，应该加盟哪一家呢?

1. 建立评价准则

求职评价表如表 26-1 所示。

表 26-1 求职评价表

评价准则	重要程度（打分）
薪水	7
离家远近	8
工作性质	9
升职机会	9
公司财务	7
市场美誉度	6
管理人数	5
惩罚措施	4
同行评价	5

2. 识别候选方案

对发出邀请的三家公司提供的职位和现有的职位进行分析。

选择评价方法。小张向朋友、私交很好的同事了解这几家公司的情况，并从网络、报纸等渠道了解这些公司的财务情况和名声，以及面试官提供的职位信息，汇总了三个岗位的信息（表 26-2）。

表 26-2　职位信息表

特性	现在岗位	新职位 1	新职位 2	新职位 3
薪水/美元	4000	6500	4500	6800
离家距离/千米	12	8	4	2
工作性质	技术	技术	技术管理	技术
升职机会	每 2 年	每 4 年	每 2 年	每 3 年
公司上年度赢利率/%	150	-50	200	-10
市场美誉度	优秀	中等	中等	优秀
管理人数/人	2	10	5	12
惩罚措施	给 2 次机会	立即解雇	给 3 次机会	给 1 次机会
同行评价	好	好	不好	很好

3. 评价候选方案

以现有岗位为标杆，打分分为三个等级：+，S，-。求职评价打分表如表 26-3 所示。

表 26-3　求职评价打分表

评价准则	重要度	候选方案			
		现在岗位	新职位 1	新职位 2	新职位 3
薪水/美元	7	S	+	S	+
离家距离/千米	8	S	+	+	+
工作性质	9	S	S	+	S
升职机会	9	S	-	S	-
公司上年度赢利率	7	S	-	+	-
市场美誉度	6	S	-	-	S
管理人数/人	5	S	+	+	+
惩罚措施	4	S	-	+	-
同行评价	5	S	S	-	+

4. 选择解决方案

各岗位得分表如表 26-4 所示。

表 26-4　各岗位得分表

评价准则	重要度	候选方案			
		现在岗位	新职位 1	新职位 2	新职位 3
薪水/美元	7	S	+	S	+
离家距离/千米	8	S	+	+	+
工作性质	9	S	S	+	S
升职机会	9	S	–	S	–
公司上年度赢利率	7	S	–	+	–
市场美誉度	6	S	–	–	S
管理人数	5	S	+	+	+
惩罚措施	4	S	–	+	–
同行评价	5	S	S	–	+
Sum +			3	5	4
Sum –			4	2	3
Sum S			2	2	2
Total			–1	3	1
Sum Weighted +			20	33	25
Sum Weighted –			26	11	20
Sum Weighted Total			–6	22	5

由此，小张就可以比较客观地得出结论，应该选择新职位 2。

第二十七章 验证阶段简介

验证阶段是 DAOV 的第四个阶段，也是最后一个阶段。它的任务是利用企业提供的环境，对方案进行验证，并确认此项目的改进成果。这个阶段的输入是分析阶段的决策及其相应的方案，输出包括项目成果、技术指标、财务收益、知识产权、项目总结报告。其整体思路如下：

1）通过实际场景或者接近实际场景的验证方式，如 DOE、模拟仿真等确认改进结果。

2）参照定义阶段的改进目标，判断是否达到了当时的要求。

3）重新核定财务投入与产出，计算财务收益。

4）对项目过程中产生的智力资产进行保护，如知识工程、专利战略、专利撰写与布局、专利规避等。

其相应的软件支持有 Pro/Innovator 专利撰写模块、Pro/Innovator Editor 模块。

验证阶段的路线图如图 27-1 所示。

图 27-1 验证阶段的路线图

验证是科学的基本特征，是 DAOV 最终的落脚点。验证是针对具体的对象进行实验，检测得到的结果是否在可接受范围之内。验证将 DAOV 和一般的思辨方法论区分开来，所有分析结论的对错，只有通过实践、通过实验才能最终并且唯一地确定。这不仅是个政治原则，也是日常做事的原则。

DAOV 本身是个不断前进的闭环系统，一轮 DAOV 结束之后是否继续下一轮 DAOV 过程，取决于 V 阶段的检验结果是否达到了 D 阶段设立的目标。如果已经实现了目标，则无需进入下一轮，否则就必须进入持续改进和创新的过程。

第一节 实验验证

实验验证的目的是通过制作样机实际测试方案是否能够实现设定目标。

根据 O 阶段的筛选原则，选择一个可行的实验方案。详细绘制实验样品和测试方案图，提供完整的实验申请，由于实验样品和测试环境的准备都需要时间和成本，因此实验验证一般需要 1 ~ 3 个月才能完成。这个过程中要涉及不同部门及与供应商的合作，因此需要项目负责人有较强的综合素质。

确定参数水平是根据 DOE 的要求，对一些关键参数设置不同的水平，通过实验确定参数的范围。参数一般选择在 A 阶段选择的 39 参数，或者与这 39 参数对应的其他参数，其他没有被分析的参数一般保持不变，这样可以保证对系统的改动最小。

测量系统的准备是验证是否成功的关键。对测量系统必须进行分析，其重复性和再现性必须满足设定的要求。在所有不合格的测量中，80% 以上都出于没有进行严格的测量系统分析。

样机要按照实验次数的要求进行准备，如果涉及图纸的改变，设计师还必须提供相应的图纸。尤其要提醒的是，通过 DAOV 改进的结果一般都和知识产权有关，因此在样品加工和测试的过程中，要跟相关部门签订保密协议。保密协议不只适用于对外，对内也同样需要。

总之，通过以上四个步骤，一个完整的测试平台和一组设计加工完成的样本准备完毕。

第二节 结果评估

结果评估主要是和设计要求进行对照，判定技术指标是否满足实际要求。

在本阶段不仅要对改进的那些参数进行测试和验证，还要对没有改进的参数进行评估，以防止改进影响了其他的参数，因此结果评估是对这个产品的所有参数进行全面的评估。

验证表中除了各具体指标的符合情况之外，一致性项目的比例也需要满足要求，尤其是对一些无关紧要的指标，也不能放松检查。

对测试结果进行数据统计分析是高级 DAOV 专家必须具备的技能，尤其是与产品质量、可靠性相关的岗位。

分析测试结果包括对有些不满足要求的指标进行全面分析，确定是指标要求的不合理还是设计的不合理。这个问题之所以重要，是因为设计的时候大家只关注自己的部分，但整个系统也需要有一个重新优化的过程，切忌出现有的指标很难实现而有的指标又很容易实现的情况，结果造成整个系统设计的困难。也就是说，除了检查系统指标和分系统指标之外，还不能忘记检查超系统指标。

第三节 项目验收

前一步骤的结果评估关注技术，与它相比，项目验收更关注项目的财务收益，以及持续改进的计划。

评估改进结果主要包括流程、技术方案、控制参数三个方面。流程修改包括流程结构变动、流程规范修改、网上流程修改三个方面。技术方案改进评估包括功能结构的变化、作用原理的变化、设计文档的修改、理想度的改变四个方面，对这些都要尽量详尽地进行修改和确认。

关于控制参数，在启动最终控制计划之前，通过 DOE 确定用于维持改进质量水平的因素；定义质量计划后，通过使用 SPC（统计过程控制），确保真正改进了整个流程。

技术达标和财务评估是整个 DAOV 项目是否成功的标准。在项目开展过程中，首先要确保财务小组成员的参与，这样就不会出现项目结束时收益意外减少的情况。除了直接收益之外，在项目结束时还可以寻找项目获得的意外之财，可以寻找额外收益的领域包括如下两个方面。

1）硬性收益：①一次性收益；②项目执行过程中实现的收益；③结束项目后继续产生的收益；④额外附加的收益。

2）软性收益：①顾客满意；②增长的销售额；③资金流通改善；④时间安排的灵活性。

项目文档包括历史记录文档与过程文档，无论项目成败，这些都是公司的一份宝贵的财富。项目文档的完成是目前项目与其他机会之间进行转化和交流的至关重要的第一步。

持续控制计划是将改进措施植入流程之中，使改进真正发挥长效作用的机制，也是改进最后的落脚点。改进计划包括如下四个方面：

1）控制体系。

2）过程指导书。

3）SPC。

4）控制计划。

最后，在项目结束时一定要和团队成员一起探讨项目过程中的得与失，并真诚地感谢参与项目的每一个人。具体包括：

1）在项目中学到的经验和技巧。

2）项目扩展机会，是否可以应用于其他产品和流程。

3）如何主动与别人分享项目经验，推进创新文化建设。

4）网上项目结束。

5）对在项目中给予帮助的人致谢。

6）进入下一个项目。

感谢别人一般不作为流程中的一个步骤来对待，但在 DAOV 项目中，这是一个不能省略的步骤。DAOV 相信在项目的成败中，人是关键的因素。

第四节　本章小结

验证阶段是 DAOV 的最后一个阶段，其实质内容是对照定义阶段，逐一明确答复当时约定的目标是否达成，并作一些总结回顾。

至此一个 DAOV 项目完结了，我们回顾整个 DAOV 的信息流，就会发现 DAOV 项目很重视思维的控制。如图 27-2 所示，分析问题需收敛，寻找构思需发散，形成方案也需要收敛，把握了这几个重要的思维特征，DAOV 项目就会思路清晰，信息流畅。

验证阶段常用的一些工具模板如表 27-1 ~ 表 27-4 所示。

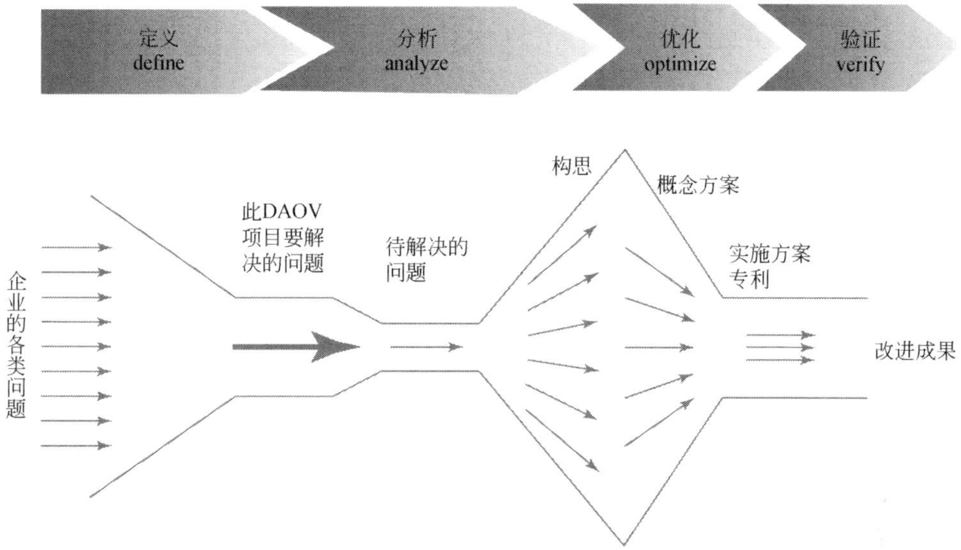

图 27-2 DAOV 项目的信息流图

表 27-1 目标验证表

目的：本表用于确认改进的效果是否达到项目定义的目标；

可选：现状与改进目标的过程能力。

MFPV	目标			时间			约束条件
	现状水平	期望状态	实际状态	项目起始日	项目计划结束日	项目实际结束日	
XXX							条件 1： 条件 2： 条件 3：

表 27-2 财务核算表

目的：此表用于确认项目执行过程中的财务收支，包括各项成本、项目实际成果带来的财务收益；

可选部分：非财务收益的陈述。

成本		
	实际人力成本/千元	
	实际物料成本/千元	
	实际仪器使用成本/千元	
	实际其他成本/千元	

续表

合计实际成本	
达到目标的实际状态预计收益	
实际直接收益/（千元/年）	
间接收益	
合计收益	0

表 27-3　里程碑计划完成表

目的：本表用于记录项目执行的实际里程碑完成日及其实际输出物。

阶段	里程碑计划日期	里程碑实际日期	输出
定义阶段			
分析阶段			
优化阶段			
验证阶段			
项目汇报			

表 27-4　统计过程控制表

目的：本表用于生产过程中实时监控重点参数，包括采集和分析的任务分配。

控制参数	采样频率	采样工具	采样责任人	USL	LSL	分析图类型	分析责任人

第二十八章 专利撰写技术

第一节 专利申请文件撰写基础

一项发明创造，必须由有权申请的人以书面形式，或者以国务院专利行政部门规定的其他形式，向国家知识产权局专利局提出申请，才有可能取得专利权，这些以书面方式或规定的其他形式提交的材料称作专利申请文件。

专利申请文件是一种法律文件，其作用主要有五个方面：

1）启动专利局对专利申请的审批程序。

2）向全社会充分公开发明创造的内容，使所属领域普通技术人员能够实施。

3）阐明申请人对该发明创造所要求的保护范围。

4）专利局根据申请文件记载的内容进行审查，是审查的原始依据。

5）专利批准后的授权文本是判断侵权的依据。

发明和实用新型专利申请文件主要包含以下几个组成部分：

1. 请求书

请求书是申请人向专利局表示请求授予专利权愿望的一个文件，由其启动专利申请和审批程序。

2. 权利要求书

用技术特征的总和来表示发明和实用新型的技术方案，其作用如下：

1）表述专利申请人对发明或实用新型所要求的保护范围。

2）授权后的权利要求书用来确定专利权受保护的法律范围。

3）在一定程度上反映出发明或实用新型与最接近的现有技术之间的联系与区别。

前两者是主要的作用。其本质是确定专利权保护范围的法律性文件。

3. 说明书

说明书是一项发明或者实用新型申请专利的基础，是专利文献的主体。本章将重点介绍说明书的撰写方法，它的作用是：

1）作为一项技术性法律文件，向全社会公开发明或实用新型的技术内容。

2）说明书是权利要求书的依据，必要时可以用来解释权利要求书。

第二节　检索和调研

在撰写专利申请过程中，可以通过以下几个权威网站进行检索和调研。

1）国家知识产权局（图 28-1）专利检索：http：//search. sipo. gov. cn/sipo/zljs/。

图 28-1　国家知识产权局网页

2）欧洲专利局（图 28-2）：http：//ep. espacenet. com。

3）美国专利商标局（图 28-3）专利检索：http：//patft. uspto. gov/。

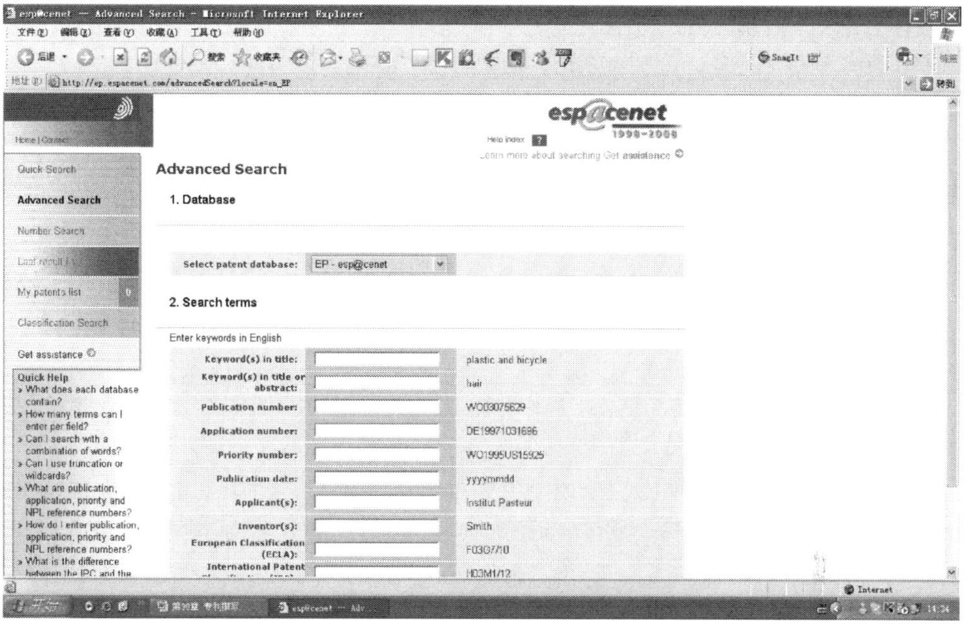

图 28-2　欧洲专利局网页

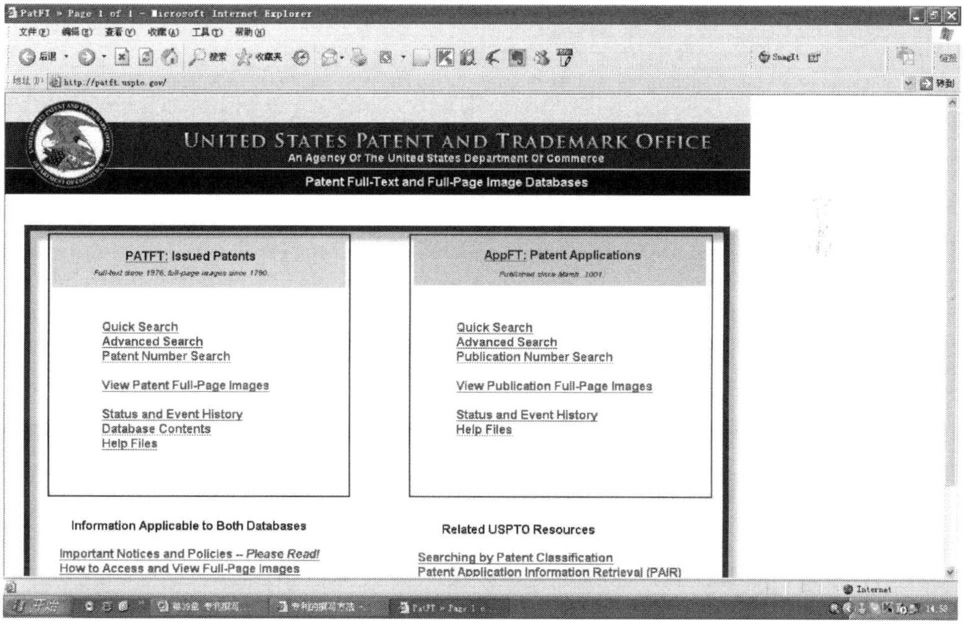

图 28-3　美国专利商标局网页

第三节　说明书各部分的撰写要求

对一份专利申请，先要确定其发明名称。发明名称应简明、准确地表明发明或实用新型请求保护的主题。名称中不应含有非技术性词语，不得使用商标、型号、人名、地名或商品名称等。名称应与请求书中的名称完全一致，不得超过25个字，应写在说明书首页正文部分的上方居中位置。应明确是产品还是方法。例如，①一种可拆卸的打印机墨盒（产品）；②二氧化钛光催化剂的制备方法（方法）；③拉链及其制造方法（产品+方法）。

说明书应对发明或实用新型作出清楚、完整的说明，使所属技术领域的技术人员，不需要创造性的劳动就能够再现专利的技术方案，解决其技术问题，并产生预期的技术效果。说明书应按以下五个部分顺序撰写：所属技术领域、背景技术、发明内容、附图说明、具体实施方式。并在每一部分前面写明标题。

1. 技术领域

应指出本发明或实用新型技术方案所属或直接应用的技术领域。例如，

"本发明涉及一种安装于图像形成装置上的墨盒。"

2. 背景技术

背景技术是指对发明或实用新型的理解、检索、审查有用的技术，可以引证反映这些背景技术的文件。背景技术是对最接近的现有技术的说明，它是做出发明或实用新型技术方案的基础。此外，还要客观地指出背景技术中存在的问题和缺点，有引证文献、资料的，应写明其出处。

一般背景技术的主要内容或框架采取如下方法撰写。

第一段介绍所研究的技术方案的由来。例如：

"在通常的图像形成装置中，为了补充在使用时所耗的显影剂，以及替换因长时间使用而劣化的显影剂，需要使用一种可拆卸的容纳显影剂的墨盒，以补充或替换显影剂。"

第二段分析对比文件，或描述现有技术（从技术方案的角度）。例如：

"JP-A-2005-134452 描述了一种图像形成装置，该图像形成装置具有储备箱，该储备箱构造成暂时储存待供应给显影单元的调色剂；该图像形成装置还具有这

样一种机构：其构造成与将显影剂盒安装于设置在储备箱上部的盒安装部分的操作同步地打开显影剂盒的调色剂排出口的盖。”

“根据 JP-A-2005-134452 中所描述的常规技术（J01），即使在显影剂盒中的显影剂用完时，也可以用储存在储备箱中的显影剂来进行图像形成操作。这样，就可以在图像形成操作中将调色剂盒安装于盒安装部分上或者从盒安装部分上拆卸。”

第三段指出所引用的对比文件的不足之处（本发明能够解决的缺陷）。例如：

“……但是，在将调色剂盒安装于盒安装部分上时，显剂盒有时会和图像形成装置本体接触或者碰撞而造成冲击。因此，可能会对正在形成的图像造成不利的影响。”

3. 发明内容

发明内容应包括发明或实用新型所要解决的技术问题、解决其技术问题所采用的技术方案及其有益效果。

要解决的技术问题是指要解决的现有技术中存在的技术问题，应当针对现有技术存在的缺陷或不足，用简明、准确的语言写明实用新型所要解决的技术问题，也可以进一步说明其技术效果，但是不得采用广告式宣传用语。

技术方案是申请人对其要解决的技术问题所采取的技术措施的集合。技术措施通常是由技术特征来体现的。技术方案应当清楚、完整地说明实用新型的形状、构造特征，说明技术方案是如何解决技术问题的，必要时应说明技术方案所依据的科学原理。撰写技术方案时，机械产品应描述必要零部件及其整体结构关系；涉及电路的产品，应描述电路的连接关系；机电结合的产品还应写明电路与机械部分的结合关系；涉及分布参数的申请时，应写明元器件的相互位置关系；涉及集成电路时，应清楚公开集成电路的型号、功能等。例如，“试电笔”的构造特征包括机械构造及电路的连接关系，因此既要写明主要机械零部件及其整体结构的关系，又要写明电路的连接关系。技术方案不能仅描述原理、动作及各零部件的名称、功能或用途。

有益效果是发明或实用新型和现有技术相比所具有的优点及积极效果，它是由技术特征直接带来的、或者是由技术特征产生的必然的技术效果。

发明内容部分的主要内容/框架，可以按照下述方法进行撰写。

第一段针对对比文件描述现有技术的缺陷、介绍本发明的发明目的。例如，“本发明的目的是减少安装可拆卸盒时所造成的冲击”。

第二段（请空出）。

第三段 请列举本发明的有益技术效果。例如：

“本发明具有下列优点。①可以通过缓冲部分减少在图像形成操作中安装可拆卸盒时所造成的冲击，从而减少对图像质量的不利影响。缓冲部分与把手部分一体地形成，因此，不增加部件数量，可以降低成本。②图像形成装置上可以安装多个可拆卸盒，在替换其中一个时，可以通过其他调色剂盒提供显影剂，从而可以降低调色剂不足造成图像形成操作中断的可能性，从而提高生产率。”

4. 附图说明

在说明书中，集中给出每个附图的简要描述。例如：

“图 1 为根据本发明第一实施例的打印机的示意图；图 2 为根据本发明第一实施例的打印机的主体部分的剖面图；图 3 为根据本发明第一实施例的打印机的可拆卸盒的示意图；图 4 为……”

5. 具体实施方式

具体实施方式是发明或实用新型优选的具体实施例。它应当对照附图对发明或实用新型的形状、构造进行说明，实施方式应与技术方案相一致，并且应当对权利要求的技术特征给予详细说明，以支持权利要求。附图中的标号应写在相应的零部件名称之后，使所属技术领域的技术人员能够理解和实现，必要时说明其动作过程或者操作步骤。如果有多个实施例，每个实施例都必须与本发明或实用新型所要解决的技术问题及其有益效果相一致。

对具体实施方式部分的撰写，需要把握以下六个方面的总体要求：

1）从技术方案的角度，清楚、具体地描述本发明的实现方式，不能只有原理或功能性描述。

2）应指出哪些结构或步骤可作什么样的变化（替换方式）。

3）应结合流程图、原理框图、电路图、时序图等附图进行说明。

4）电学相关的发明，对电学领域的发明，应先用方框图介绍主要组成部分，各部分的功能及相互关系；连接关系也是越详细越好；对包含电路的发明，应当说明各功能电路之间的电连接关系或信号传送关系及各功能电路的具体构成。

5）机械相关的发明，要对照附图对各部分的结构关系作出详细说明。结合结构图和原理图，详细介绍本发明或实用新型的工作原理和工作方式。产品类发明，具体说明其零部件的结构及相互位置关系和连接关系。

6）方法类发明，应当说明为完成发明任务所必须实现的工艺方法、工艺流程和条件（如时间、压力、温度、浓度等）。对软件类发明，除提供流程图之外，还应提供相关的系统装置。

对具体实施方式部分内容的撰写，可以按照以下步骤进行：

步骤一：介绍各个附图中的构成组件。例如：

“如下图所示，缓冲部分 118y 与把手部件 113y 一体地形成。缓冲部分 118y 具有：基部 118ay，缓冲部分本体 118by，以及梳状引导部分 118cy。”

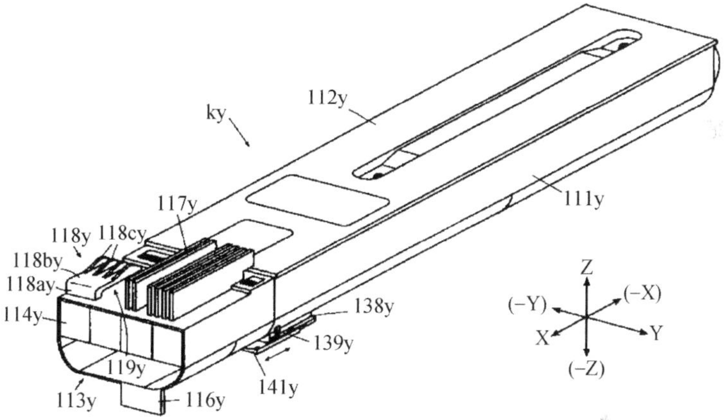

步骤二：介绍各个附图中各个组件之间的连接关系和位置关系。例如：

“基部 118ay 与把手部件 113y 的顶面一体地形成。缓冲部分本体 118by 从基部 118ay 向后延伸。梳状引导部分 118cy 形成于缓冲部分本体 118by 的后端，并且向上凸出。从而，在缓冲部分本体 118by 和把手部件 113y 顶面之间形成可变形空间 119y。顺便提及，第一实施例的把手部件 113y 由树脂形成。”

步骤三：引用各个附图展开对技术方案的描述。例如：

“如下页图（a）所示，在调色剂盒 Ky 即将插入之前，缓冲部分 118y 的引导部分 118cy 与补充口 32y 的顶壁部分 32dy 接触。如下页（b）图所示，当调色剂盒 Ky 压入时，缓冲部件 118y 的端部可朝着可变形空间 119y 向下弯曲，产生与插入方向相反的力，从而起到减震作用。”

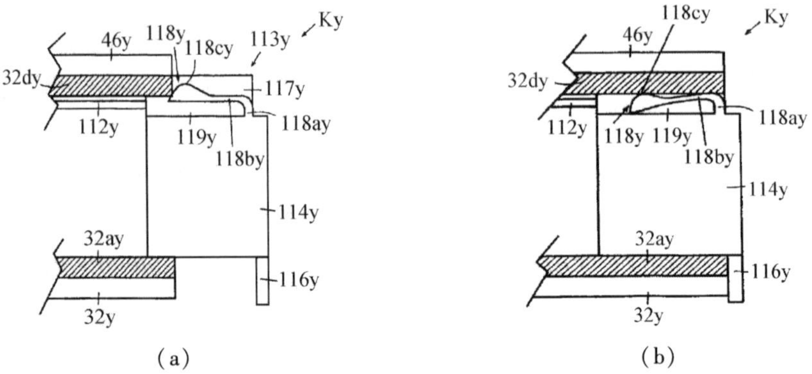

步骤四：思考是否存在替代方案（可选实施例）：

1）结构的变化、局部的修改、部件的增减。

2）如果有，仍按上述步骤一、步骤二、步骤三的方式描述（只描述与第一实施例的不同之处）。

尽管在此前的实施例的描述中已经以缓冲部分使用树脂一体地形成为例进行了描述，但是，根据本发明的缓冲部分的构成不限于此。例如，缓冲部分可以由弹性橡胶制成。或者，缓冲部分可以由弹簧形成。优选的，如此前的实施例的描述中所描述的，缓冲部分形成，可以重复地使用。但是，缓冲部分也可以构造成在一次安装时变形（或者毁坏）。而且，尽管在上述实施例中缓冲部分设置于调色剂盒的前端部分，但是，缓冲部分也可以设置于任意位置。

综上所述，具体实施方式的撰写过程中应清楚、完整地描述技术方案。对有附图的部分，应边结合附图边进行描述。最好给出两个以上的具体实施例。

6. 附图

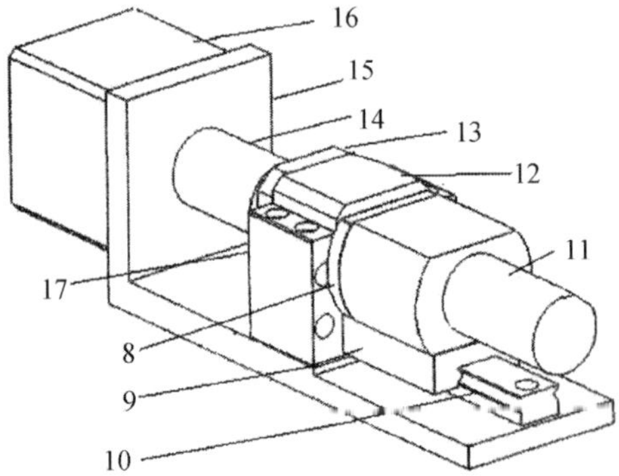

说明书附图部分的每一幅图应当用阿拉伯数字顺序编图号，如右图所示。附图中的标记应当与说明书中所述标记一致。有多幅附图时，各幅图中的同一零部件应使用相同的附图标记。附图中不应当含有中文注释，应使用制图工具按照制图规范绘制，图

形线条为黑色，图上不得着色。

应写明各附图的图名和图号，对各幅附图作简略说明，必要时可将附图中标号所示零部件名称列出。

1）附图的形式主要有零件图、装配图、电路图、线路图、流程图、方框图、曲线示意图、形状示意图等。

2）附图的位置。附图应形成一个单独文件，不可穿插在文字中间。

3）附图的具体要求如下。①附图应为黑白图，不得为彩色图；②附图均为示意图，不须标注尺寸及工艺要求；③附图中应使用附图标记，在不同的附图中，同一个部件的附图标记应相同；④除了必需的词语之外不应含有其他的注释；⑤对于流程图、框图等附图，可以在框内给出必要的文字或符号；⑥对申请中国专利的发明或实用新型，附图中的词语应使用中文，必要时可在其后的括号中注明原文。

第四节　撰写常见问题

在上述撰写过程中，常见的主要问题有五个方面：

1）附图和文字互不相关。

2）未突出发明点和主要技术特征。

3）未给出必要的或相关的数据。

4）采用表格、公式等进行描述，却未作详细说明。

5）仅给出功能性描述，未描述功能是如何实现的。

撰写问题分析示例1：

如下表所示，当纸粉浓度是0～3mg/m³时，如果检测到的区域覆盖率是0%～5%，那么清洁带31的进给速度是0.035mm/s；如果区域覆盖率是5%～20%，那么进给速度是0.018mm/s；如果区域覆盖率是20%～100%，那么进给速度是0.010mm/s

纸粉浓度	0～3mg/m³		
区域覆盖率	0%～5%	5%～20%	20%～100%
带进给速度	0.035mm/s	0.018mm/s	0.010mm/s

此例使用了表格进行描述，在说明书中，必须对表格进行详细说明。

撰写问题分析示例2：

此例申请中的附图说明，只写“打印机 1 可以沿着输送路径 30 传送记录纸 22”是不够的。仅给出功能性描述，未描述功能是如何实现的，必须详细地介绍完整的工作过程。

应按如下方式撰写。

“具有一定尺寸和质量的记录纸 22 通过送纸辊 26、分离辊 27 和阻滞辊 28，经过转印辊 29 提供的记录纸输送路径 30，以独立的方式一个接一个地由任意送纸托盘 23、24、25 输送，该送纸托盘分多个层，设置于彩色多功能打印机本体 1 的下部。”

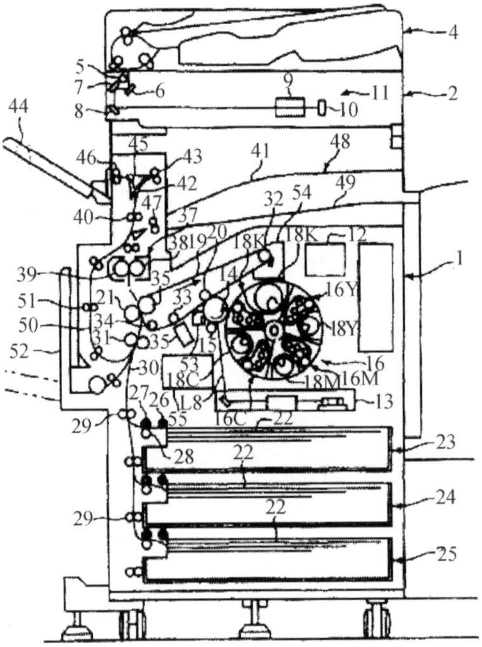

撰写问题分析示例 3：

此例是典型的专利申请写法，突出发明点和主要技术特征，这也是通过专利审查，获得专利权的关键之一。

“下页图（a）为根据本发明第一实施例的调色剂盒的示意图。如下页图（a）所示，缓冲部分 118y 与把手部件 113y 一体地形成。缓冲部分 118y 具有基部 118ay、缓冲部分本体 118by 以及梳状引导部分 118cy。如下页图（b）所示，在调色剂盒 Ky 即将插入之前，缓冲部分 118y 的引导部分 118cy 与补充口 32y 的顶壁部分 32dy 接触。如图（c）所示，当调色剂盒 Ky 压入时，缓冲部件 118y 的端部可朝着可变形空间。”

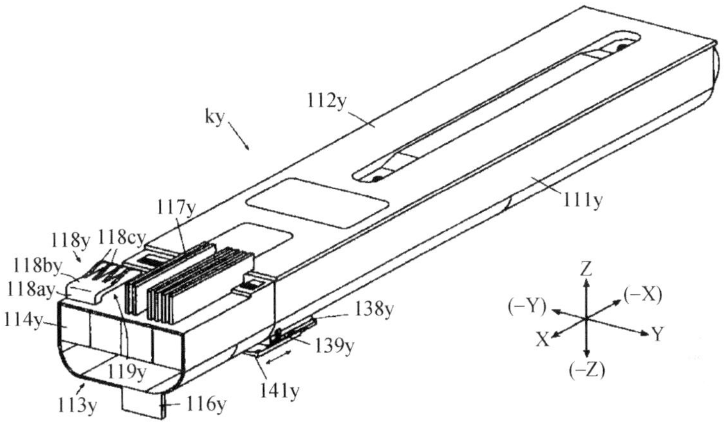

（a）

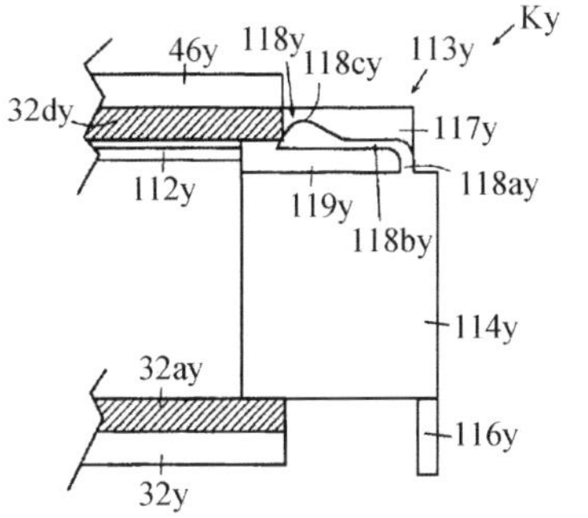

（b）

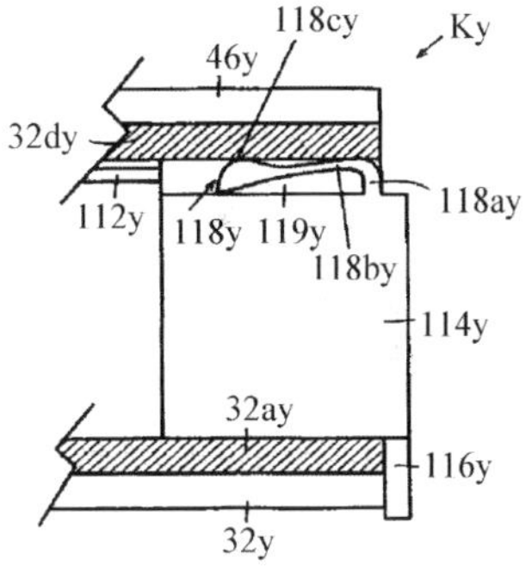

（c）

第三篇　企业实施技术创新的案例

第二十九章 D 企业实施技术创新案例

本章介绍的企业 D 根据自身需求，选择通过实施 I-BASE 流程达到构建创新型企业的目标。

第一节 企业背景与需求

D 公司是某集团全资控股的公司，投资总额 4770 万美元，拥有 4000 多名中外雇员。D 公司为世界十强电动工具制造商之一，客户遍及全球，在美国、法国、英国也设立了产品研发及服务公司。自 2007 年以来开始拓展其他工业领域，先后进入汽车、高速轨道车辆、航空器件等领域，与业界著名的多家全球 500 强企业建立战略合作关系，业务以 50% 的增长率迅速发展。

D 公司一直非常重视企业的研发工作，为了实现其成为行业龙头企业的远大理想，其研发团队以“做有独创性的事情”为座右铭，多年来不断创新，建立起卓有成效的企业研发流程，又通过六西格玛管理等项目的实施建立起质量改进流程，从而形成企业的创新流程。

从建立公司之初的原始设备制造商（original equipment manufacturer，OEM）厂家，到现在具有自主品牌产品，并同时承担合作伙伴的原始设计制造商（original design manufacturer，ODM）产品，D 公司走过了艰辛的创业之路，这也让 D 公司的领导者坚信唯有自主创新才能独立和发展。近年来行业竞争越来越激烈，在国际市场上，D 公司始终面对着发达国家的技术壁垒和专利包围；而在国内市场，一些小型的民营公司虽然不具备独立研发的能力，但是市场响应非常迅速，模仿与跟进能力很强，也让 D 公司很头疼，往往自己花了较长时间攻克难关创建的新产品，刚投入市场不久，就不得不面对低价竞争，从而削弱了企业赢利能力。面对如此困境，又逢金融风暴，D 公司该何去何从，领导者忧心如焚。

2007 年，在一次制造商的 CAE 大会上，D 公司的技术总监了解到计算机辅助创新技术，敏锐地觉察到这是个契机，在随后将近一年的跟踪与沟通后，果断决策，面对国内外的竞争和金融危机带来的出口压力，D 公司不放弃自主研发的策略，反而加大此项投资，要打造一支经得起风暴考验的研发团队。第一项重要的措施就是培养研发骨干人员的创新能力，包括新产品研发和改进已有产品顽疾两个主要内容。

随后，D 公司与亿维讯签订了长期协议，循序渐进地采用 I-BASE 流程实施企业的技术创新转型。整个项目在 2008 年下半年开始，至今仍在继续，已经完成的两期取得了骄人的成绩，更加坚定了领导者在创新之路上走下去的决心。

第二节 创新实施方案

根据 D 公司的需求，亿维讯的业务专员制订了下述方案，以分期分阶段地达到 D 公司的既定目标。

一、项目目标

（一）长期目标

通过系统化创新体系的建设，将 D 公司建设成为全球一流的创新型企业，极大地增强企业的软实力，从而提高企业的竞争力。

（二）项目目标

通过创新能力培训，让 D 公司的部分研发骨干了解 TRIZ 理论，初步掌握 TRIZ 的方法和工具，并能够在实际研发工作中对其进行应用。

D 公司与亿维讯的强强合作，将加快 D 公司上述目标的实现。

本项目的具体目标如下：

1）建立创新方法推进团队。通过创新团队的建设使得 D 公司一部分研发骨干了解 TRIZ 理论方法和工具，并能在实际项目中应用，从而建立 D 公司种子工程师团队。团队要开展日常活动，比如每周一次的讨论会，以巩固创新方法的应用。

2）关注在流程中引入创新方法。创新是一个创新企业正常工作的一部分，要采用系统化的创新方法。创新的推进流程将实现创新的方法、技术和现有流程的嫁接，保证以最小的代价、最短的时间获得最大的公司收益。现有的质量改进流程和研发流程是先要进行创新改进的两个流程，要在现有流程中设立创新方法和内容的环节，创新要体现在日常工作和行为上，要体现在文档中。

3）以项目/培训为主推进创新方法、解决企业实际问题。

要不停地在项目中主动地应用创新方法和创新思维来解决问题，打破思维惯性。每人一年至少做一个 DAOV 项目，要求得到推进委员会的认可。

4）尝试建立 DAOV 专家的激励制度。对那些运用创新方法解决实际问题并取得较好成果的人，建议公司有相应的政策予以激励。

5）建立创新方法推进平台。

二、项目内容

（一）项目角色定义

培训以项目形式进行，双方共同组成项目团队，其中亿维讯实施工程师在整个项目中的主要角色是讲师和教练，D 公司种子工程师团队在项目中的主要角色是学员及工程问题的提出者和解决者。双方从整个项目团队中推选一人担任项目经理，以协调整个项目的运作。与项目管理相关的建议请参考专栏：项目组织与项目管理。

讲师：在理论培训中，亿维讯实施工程师将讲授以 TRIZ 理论为代表的现代设计方法学；在 CAI 工具的操作教学中，亿维讯实施工程师将讲解并组织学员进行实际操作。

教练：在 CAI 工具的应用训练中，亿维讯实施工程师将组织和引导 D 公司的工程师团队应用 TRIZ 理论及 CAI 工具对工程问题进行分析和求解。D 公司种子工程师团队在项目中的主要角色是学员及工程问题的提出者和解决者。

学员：在理论和 CAI 工具的操作教学中，D 公司种子工程师团队将在实施工程师的讲解下，逐步深入学习并掌握该内容。

工程问题的提出者和解决者：在 CAI 工具的应用训练中，D 公司种子工程师团队将结合工程实践提出问题，并运用所学的创新方法和工具，对问题进行分析和求解。

（二）项目实施原则

在实施系统化创新的过程中，亿维讯及 D 公司要遵循以下四个方面的原则，以保证整个实施过程顺利有效进行。

1）组织保证：D 公司决策层的重视、执行层的支持，以及培养对象的积极参与，是确保该实施过程有序展开和进行的关键。

2）理论与实践相结合：创新理论和创新工具的理论性和实践性都很强，学员既要对创新理论有深入的理解，又要将该创新方法应用在技术创新实践中，在实践中体会创新方法及创新工具的应用。

3）效果优先：以取得阶段性成果（如创新概念构造、创新设计方案、专利等）为深入实施的前提条件。但本实施不以亿维讯提供工程问题的解决方案为出发点和终点。亿维讯实施工程师重在通过启发式教学和互动式研讨，提高参与学员的创新思维能力及工具运用能力。

4）以点带面：以企业局部创新能力提升作为企业创新体系建设的内核，进行创新方法的横向和纵向推广，进而形成企业创新体系和创新文化。

（三）培训实施步骤

培训流程图和适用对象如图 29-1 所示。

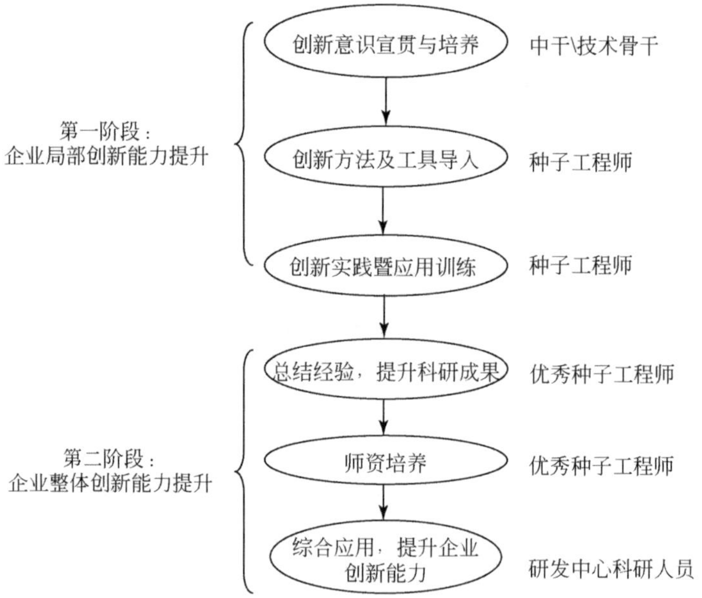

图 29-1　D 公司实施创新流程图

整个培训实施过程分为两个阶段，每一阶段（包括重要步骤）都将对实施成果进行验证，保证实施的效果。

1. 第一阶段：企业局部创新能力提升

D公司选拔15~20名具有5年以上工程经验的研发人员作为D公司创新能力提升的种子团队，分为4~5个小组。亿维讯对该种子团队进行创新理论与创新工具的培训，并通过对理论、工具及实际工程问题的探讨，提升种子团队工程师技术创新能力。考虑到D公司实际情况，该阶段为6个工作日，通过以下三个步骤完成。

（1）创新意识的宣贯与培养

该步骤1个工作日，亿维讯协助D公司领导宣贯推进本实施项目的意义，使参加学习的工程师了解本项目的意义和目标。

（2）创新方法及工具导入

该步骤历时6个工作日，分成两节，3日为一节，由亿维讯公司培训师对种子学员进行系统的创新理论讲解（包含TRIZ概述、创新思维方法、功能分析方法、根本原因分析方法、技术矛盾与创新原理等内容）和创新工具（CAI：Pro/Innovator）培训，使学员能够初步应用创新方法和工具。

具体课程安排如下：

第1天：TRIZ概述。

第2~3天：系统功能分析/裁剪分析。

第4天：三轴分析法。

第5~6天：矛盾。

该步骤的验收标准：学员掌握TRIZ理论在工程中的应用方法，掌握CAI工具的基本操作，具体包括三个方面：

1）理解TRIZ的核心思想，并能简明概括。

2）掌握TRIZ中分析、解决问题的流程与工具，并在实践中深入体会。

3）掌握定义矛盾的流程，解决矛盾的方法和工具，并能熟练应用。

完成该步骤的学习，参加培训的学员可以参加亿维讯公司的一级应用认证，认证方式为闭卷考试。

（3）创新实践及应用训练

该步骤历时6个工作日左右，由亿维讯培训师及专家辅助学员将所学创新理论及创新工具应用于实际工程问题，并进行创新性解决工程实际问题的练习。最终学员可以熟练应用创新理论及创新工具进行工程问题求解。

具体课程安排如下：

第7天：物场分析和标准解。

第 8 ~ 9 天：TRIZ 与本体论、知识库。

第 10 ~ 11 天：进化法则与方案汇总。

第 12 天：专利分析与项目总结。

该步骤的验收标准：在 TRIZ 理论及 CAI 工具的辅助下，学员针对实际工程问题取得创新解决方案，具体包括四个方面：

1）了解物场分析方法的流程和特点，并能简单应用。

2）明确知识库的作用及如何应用。

3）了解 CAI 软件的作用，能进行 Pro/Innovator 的简单操作。

4）具备在实际中用 TRIZ 解决简单问题的能力。

完成该步骤的学习，参加培训的学员可以参加亿维讯的二级应用认证。考评方式如下：

1）闭卷测试 TRIZ 知识。

2）申请者准备 30 分钟的 ppt，向评审小组宣讲。流程如下：①TRIZ 概述 10 分钟；②实际应用流程概述 20 分钟；③回答评委的问题，30 分钟。

通过两项测试方可获得二级应用认证的证书。

2. 第二阶段：企业整体创新能力提升

项目第二阶段关注企业整体能力的提升。第二阶段的目标是：

1）发掘、选拔和推荐能够熟练运用创新实施方法 DAOV 的优秀人才。通过师资培训，将他们培养成为 D 公司创新实施方法的传播者和企业持续创新的生力军。

2）建立系统化创新体系的组织结构。

3）建立系统化推进创新的流程。

4）建立系统化创新的 CAI 平台。

5）建立创新知识积累平台。

我们看到第二阶段目标实际上是对该项目长远目标的一个细化。但是这个目标的实现不是一蹴而就的，要通过很多子项目的具体实施，一步一步地实现。

（1）种子工程师的确定

要建立创新体系，先要选拔种子工程师，具体来说，种子工程师应该分为两类：

第一，作为公司培训师资人员，在企业内部普及培训，基本上是本次培训的优秀学员。

建议人选（略）。

这些人理论比较扎实，而且多数人在培训过程中演练自己的课题时，都取得了一些成果，部分项目在企业内部的项目发布会上获奖，说明理论与实践的结合比较好，而且他们也具有一定的语言表达能力。

第二，作为公司项目咨询人员，项目咨询人员不仅要求对理论有一定的要求，同时要求本人具备本行业丰富的研发经验，可以把TRIZ专业技术和电动工具行业技术有机地结合起来，能运用到实践中，并能指导其他学员。

建议人选（略）。

这些人员作为第二期项目的一部分，和亿维讯一起完成第二阶段的项目辅导任务。作为师资人员，至少要讲授两小时的正式课程，而在这之前，要求师资人员在课下作更多的预先演练。

（2）建立系统化创新体系的组织结构

只有建立公司级的创新体系组织结构，才能保证创新文化的不断向前推进。这也是世界上所有创新型企业通用的模式，比如三星电子。

创新体系的组织结构可以是正式的也可以是非正式的。正式的组织结构中，创新团队可以是公司一个独立的技术部门，也可以改造现有组织架构，使之具有创新的功能。非正式组织结构中，可以在D公司成立TRIZ协会，以D公司研发中心为核心单位，让整个D公司中所有的研发或者从事研发工作的人员都有了解、学习、交流TRIZ的大环境。

在这个机构中，至少设立1名DAOV推进负责人，一方面作为D公司与亿维讯的接口，实现咨询公司资源的转移；另一方面，管理D公司内部DAOV项目的选择、管理，以及DAOV专家的资格认证和管理。刚开始时DAOV推进人可考虑兼职，未来过渡到专职职位。

在DAOV推进人的组织下，DAOV人员要定期举行创新方法研讨会，或者DAOV项目评审会，把DAOV方法的推进纳入日常工作流程之中，成为公司文化的一部分。

DAOV推进人还将负责建立公司的各种制度，比如项目认证制度、DAOV专家认证制度，并协助相关部门建立对DAOV推进作出贡献的人员的奖励制度。

（3）建立系统化推进创新的流程

创新是一个创新企业正常工作的一部分，要采用系统化的创新方法、标准化的流程以及建立相应的考核制度。创新的推进流程将实现创新的方法、技术和现有流程的嫁接，保证以最小的代价、最短的时间来获得最大的公司收益。

现有的质量改进流程和研发流程是首先要进行创新改进的两个流程，要在现有流程中设立创新方法和内容的环节，创新要体现在日常工作和行为上，要体现在文档中。

流程的建立是一个渐进的过程，要根据实际情况不断完善。

（4）创新方法的推广

上述工作的完成为创新方法在企业推广创造了条件，具体推广工作应该有两个维度。

一个维度是宽度，让更多的人了解、学习并且运用 TRIZ。一方面，这些担任师资的种子工程师可以以讲座的形式在企业内部作一些介绍，让更多人了解并且产生学习 TRIZ 的欲望；另一方面，D 公司和亿维讯再次携手，企业可以根据自身的情况，选择一些新学员，通过带问题培训或者项目咨询的方式进行培训。

本次培训让种子工程师参与进来，让他们讲授一部分课程，并各承担一组学员的课题辅导任务，亿维讯对 D 公司的这些人员作相应指导，完成师资培训。

另一个维度是高度，就是对老学员的培训。TRIZ 的学习是一个漫长的过程，经过一系列基础班以后，D 公司当中很多工程师一定对 TRIZ 的学习会提出更高的要求，D 公司可以组织提高班，亿维讯通过对情况的实际调研，根据学员特点和项目特点，设定特定的课程。

通过这样反复的、多次的，既有宽度又有高度的立体的培训，逐步完成 D 公司创新方法的推广工作。

（5）系统化创新 CAI 平台和知识平台的建设

CAI 平台是 D 公司创新实力的根本体现。根据公司现有规模和目前现有人力资源现状，该 CAI 平台应首先拥有 5 ~ 7 个计算机辅助创新平台终端，40 ~ 50 个创新能力拓展平台终端。最终该平台应该拥有 80 ~ 100 个计算机辅助创新平台，1000 个创新能力拓展平台。

CAI 平台不仅仅是一个计算机辅助创新设计的平台，同时也是一个知识管理的平台。该平台将企业自己现有的专门技术转化为可传承、可重用的系统化知识，为技术梯队的建设和企业的长远发展积累能量；该平台也将全世界范围内与行业有关的专利技术转变为企业随时可以参考的知识体系；该平台还特别重视企业内以专利为核心的知识产权的积累，为企业的持续创新奠定基础。

通过该平台的使用，将实现 D 公司专利数量每年翻倍，并将涌现出一批行业内世界级的专利，极大地提高产品的高科技含量，成为名副其实的行业龙头。

（6）D 公司二期培训项目初步建议

二期项目的目的如下：

1）师资人员和项目咨询人员的培养。

2）软件平台建立。

3）实际项目咨询。

由于本次培训以项目咨询为主，所以在12天项目培训的课程以外还需要增加8天的项目咨询时间。后面还有一些事情要做，要组织学员，选择种子工程师参与本次培训，甄选合适的课题，再根据这些课题调整上次的课程方案，并且制订师资培训和咨询培养的具体方案。

三、项目时间安排

1）2009年8～11月：探讨二期合作的方式，以为企业初步培养师资人员和项目咨询人员为主。

2）2009年12月～2010年4月：项目二期实施。

专栏29-1

项目组织与项目管理

为了保障"创新能力培训"项目的顺利实施，采用项目管理方法（PM）组织并管理本项目。

项目组织：

高层管理者实施项目的认同：

企业创新能力建设项目是提高D公司核心竞争力的重要手段，企业高层管理者对创新能力建设地位的认同，将直接关系到项目的成败。

高层管理者应为该项目的实施创造条件，包括如下几点。

（1）成立项目组。

（2）明确项目组成员的责任权利，并建立相应的制度保障。

（3）为项目的运行提供积极的支持和资源保障。

项目实施团队：

为保障创新能力建设项目的有序开展和进行，由亿维讯和D公司组成项目组，并任命项目经理组织和指导该项目实施的全过程（以下结构图图1供参考，具体组织结构图由双方协商制定）。

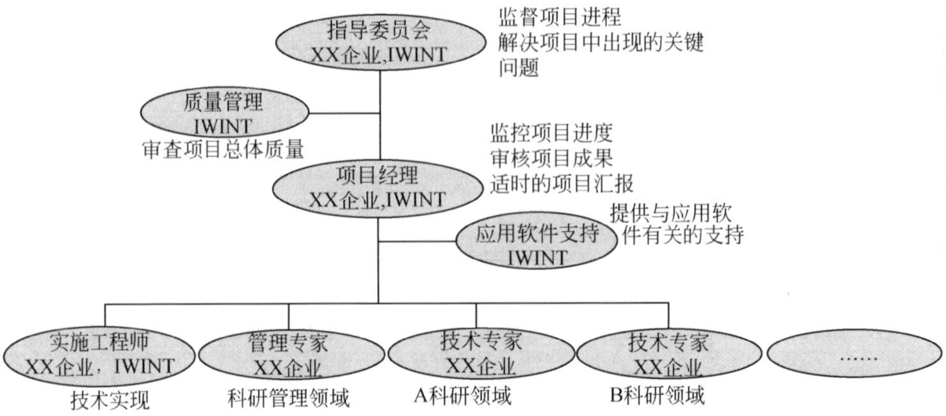

图1　建议的项目组组织结构图

为保证该实施项目的有序展开和进行亿维讯及D公司的工作内容包括：

D公司：

(1) 学员选拔：根据创新理论及技术对学员的入选要求，选拔并管理学员(一般应具备5年以上工程经验，并具有一定的创新意识)。

(2) 培训组织：配合亿维讯组织和开展系统化创新培训工作。为保证实施的质量，每期参与培训的人数应限制在20人以内。原则上，参与培训的人数不得超过30人。具体办法，在双方协商后，在合同中进一步补充说明。

(3) 项目规划、管理与验收：按照培训需要，组织项目组，帮助学员选定项目，并实时对项目开展、进度及最终验收进行管理。

(4) 奖罚：对参训员工，从待遇、升迁等方面制定奖励措施，并给予充分重视，以保证更加有效地推动整个过程。

亿维讯：

(1) 创新方法和工具的传授，包括TRIZ、CAI技术的培训、指导等。提供培训专家、课程、素材，保证培训质量。

(2) 技术支持，提供创新能力培训项目需要的技术资料，参与学员资格标准和选拔程序、学员成绩考评等。

项目管理：

工作时间及工作地点：

该项目的工作时间为国家法定工作日。工作地点的选定依据以下原则：

(1) 工作地点为双方商定的办公场所。

(2) 事务性工作视情况在亿维讯进行。

(3) 亿维讯按照项目实施计划的工作周期根据需要派遣实施工程师到场服务。

资源与设备:

由D公司负责提供以下项目实施所需的资源与设备:

(1) 硬件(文件服务器、开发服务器和存储硬盘、打印机、打印纸张等)。

(2) 通信设备(网络,电话,公网出口等)。

(3) PC机软件如Word、Excel、PowerPoint、Project等。

(4) 办公用文具及办公用家具。

(5) 亿维讯培训师、专家及顾问使用的笔记本电脑由亿维讯自行提供,D公司负责保密培训及管理工作。

项目执行与控制:

为保障项目的顺利进行,该项目将采取以下控制方式:

(1) 在每一实施阶段的开始,召开项目组启动会议,对阶段性工作进行说明和部署(实施内容、责任人等)。

(2) 在每一实施阶段的进行过程中,进行项目现状实施报告及每周的项目状况阶段性汇报会议,保证项目进行过程中存在问题及改进意见的及时沟通。

(3) 每一实施阶段结束后,召开项目汇报会议,对该阶段完成的工作进行回顾(存在问题、改进意见等),并将项目成果向D公司管理层汇报。

(4) 每一实施阶段结束,由亿维讯和D公司项目实施小组共同提交项目进展及实施成果汇报,由D公司进行实施项目阶段性成果验收(验收标准参考项目实施步骤,并由双方共同协商,在双方合同中进一步明确)。

项目文档管理:

亿维讯负责起草实施项目会议纪要,双方项目经理协助项目办公室统筹管理项目实施的相关文档。

需求变更管理:

项目启动后,若任何一方对项目的目标、计划等提出变更,需要填写《需求变更申请》交双方项目经理审核。原则上对工作范围不作变更。若对工作范围提出变更,需经签约双方企业审批;牵涉合同变更的,需经法务程序。

《需求变更申请》应包括变更申请人/日期、变更理由、变更方案及变更影响范围和批准人/日期等。

项目组在收到批准的待变更的需求后，按照变更要求对项目组定义的实施计划进行适当调整，经双方项目经理审核后执行。

如果D公司的需求变更引起实施方费用的增加，由D公司另行支付增加部分的费用。

项目质量监控：

项目质量管理由D公司与亿维讯公司共同派人负责；具体监控阶段按项目计划在项目里程碑中进行。

第三节 创新实施过程

第一阶段的项目历时5个月，共13个培训日，分为5次，其中：①授课：64.5小时；②回顾：12.5小时；③考试：2小时；④咨询：12小时；⑤课题咨询：60小时。

第二阶段的实施已经结束，也是历经5个月，共15个培训日，各项安排的分类统计如表29-1所示。

表29-1 D公司第二阶段实施时间分配统计表

类型	时长/小时	比重/%
仪式或考试	3	3
培训	66.5	60
咨询	31.5	28
软件	10	9

第四节 实 施 成 果

两期的课题成果是对实施效果最直接的反映。

第一阶段共有32位学员，带来32个实际课题。其中超过20个项目有实际方案进行验证，或在验证过程中，构思的验证百分比为37%（计算方式：所有课题的验证方案总数/所有课题的构思总数）；已经有4个专利在申请过程中，5个方案具有专利性，在等待方案验证的结果；构思的专利百分比为7%（计算方式：所有课题的专利意向总数/所有课题的构思总数）。在其后举行的亿维讯

TRIZ 认证（TWINT TRIZ Certification ITC）应用二级认证中，20 名学员通过了认证。

第二阶段的实施中有 30 名学员，带来 30 个课题，均取得不同程度的进展，其中构思的验证百分比为 47%，专利百分比为 18%，均超过了第一期。而且在此期间，各个项目辅导员得到了亿维讯项目成员和学员的一致好评，因此在项目总结表彰中，特别设立了“优秀辅导员”奖，以组织的名义认可并鼓励辅导员的勤勉。目前这些辅导员正在积极申请亿维讯 TRIZ 认证（TWINT TRIZ Certification，ITC）应用三级认证，期望以客观的评价来判断个人的进步。

在第一期的项目发布会上获得第一名的课题，来自研发实践中的“顽疾”，一个长期改了又改却总是改不彻底的问题，已经把研发人员的自信心打击得所剩无几。适逢此培训，项目经理作为学员参加，就带了这个课题。结果产生 3 个方案，第一个方案具有美国专利的同等水平，但因不具备新颖性不能形成专利；第二个方案具有美国专利的同等水平，而且明确改进了那个专利的弱项；第三个方案尚无任何专利产生，这证明了它的超前性。

获得第二名的课题，是个工艺问题，公认的业界难题，大家都认为无药可解，但是这位硬件工程师独辟蹊径，从结构设计上弥补了工艺的不足，得到了公司领导的高度赞赏。

在第二期的项目发布会上获得第一名的课题，是个新产品设计。在咨询师的辅导下，学员突破了思维惯性，毅然放弃在原有产品上改进的思路，选择设计一款全新的产品，按照新产品设计的流程，不断提出问题和解决问题，在总共解决了大约 20 个问题之后，一个颇为像样的新产品诞生了。虽然它还不完美，有些细节仍需雕琢，但是这个成果也让企业领导非常满意，毕竟 TRIZ 的最大潜能应该是在企业的未来产品规划方面。

这连续两期的大量课题实践成果，让 D 公司的领导越发坚定了走自主创新道路的决心。在项目总结会上 D 公司的总经理明确指出，D 公司需要 TRIZ，中国企业需要 TRIZ。同时总经理还为 D 公司后期实施 TRIZ 项目定下了指导性战略：小步快走，脚踏实地。

与此同时，市场上一个现象也印证了 D 公司策略的正确性。自 2008 年金融风暴蔓延到中国后，D 公司采取了适度紧缩的策略，以应对可能的危机。然而从 2009 年下半年开始，D 公司的订单增速超乎寻常，至今已达到金融风暴前的 2 ~ 3 倍，这个现象正反映了市场经济的杠杆让拥有自主研发实力和知识产权的企业拥有更好的明天。

第五节　小结与建议

D 公司正计划将 DAOV 中的部分内容移植到内部的研发流程中，CAI 应用软件和培训软件也会嵌入其中，以便 D 公司的所有研发人员甚至今后的新进人员都能够得到这样的能力。同时还将从二期学员中选拔出少数优秀人员，与一期的优秀学员一起组成一个团队，作为推动 DAOV 实施的正式组织。这个组织采用“有进有出”的组织形式，以便促进所有成员不断进步，为企业的进步起到先锋作用。在此过程中，还计划与亿维讯展开深入的咨询项目，针对产品规划、知识工程建设、难题攻关等专题，以共建小团队的形式，逐个尝试。

D 公司是个规模中型的民营制造型企业，拥有独立的研发团队，以中小型产品为主。与此类似的中国企业还有很多，对 D 公司有效的创新方法和实施方式，大可以推广到类似的企业。

第三十章 Z 企业实施技术创新案例

本章介绍的企业 Z 根据自身需求，选择将 DAOV 流程与企业自身的流程融合实施，达到构建创新型企业的目标。

第一节 企业背景与需求

一、公司背景

Z 公司是全球领先的综合性通信制造商和服务供应商，也是中国高科技电子通信企业，在行业内非常著名。目前，Z 公司已形成了万人级的研发队伍，其成员绝大多数具有研究生学历。Z 公司拥有行业完整产品线和解决方案，以满足客户需求为目标，为全球客户提供创新性、客户化的产品和服务，帮助客户实现持续赢利和成功，构建自由广阔的通信未来。在国内，Z 公司是中国电信市场的主导通信设备供应商之一，其产品都处于市场领先地位，并与中国移动、中国电信、中国联通等中国主导电信运营商建立了长期稳定的合作关系；在国际电信市场，Z 公司已向全球 140 多个国家和地区的 500 多家运营商提供优质的、高性价比的产品与服务，与包括法国电信、英国电信、沃达丰等在内的众多全球主流电信运营商建立了战略合作伙伴关系。1997 年 Z 公司在深交所上市，2004 年 12 月，Z 公司作为中国内地首家 A 股成功在香港上市。2008 年虽然历经全球金融危机，在其他国内外同行业竞争对手经营业绩大幅下滑的情况下，而 Z 公司何以一枝独秀，总营业收入逆势强劲增长？有人说 Z 公司决策正确，管理科学，善于捕捉市场机会；也有人说 Z 公司具有世界上最齐全的产品线，符合行业大势，有敢为人先的机制和体制。其实 Z 公司成功最根本的原因是勇于技术创新，善于技术创新，具有适应企业内外部复杂环境的创新的组织结构体制和机制，以及鼓励创新的管理流程。

二、Z 公司的需求

Z 公司是一家高科技上市公司，需要优质的财务业绩，而优质的业绩来源于公司核心竞争力，而市场来源于产品、技术、服务的核心竞争力。在 2003 年以前，Z 公司紧迫面临的任务是实现战略目标，在技术和管理方面进行创新，Z 公司具体创新内容如下。

1）新产品创新。也就是向市场提供消费者用得满意的产品或某种产品的一种新的品质。

2）市场创新。就是相关的竞争厂商不曾进入的市场，或这种市场存在某种空白或细分。

3）研发组织结构创新。研发组织结构创新，就是根据环境的变化通过组织内部的结构、成员、流程的改变，实现组织被赋予的功能。

4）机制创新。以市场为导向的技术创新机制模式参考图 30-1。其主要原理是根据过去和现在的市场，通过科学管理方法，预测未来的市场，然后实施研发、生产，最后进行销售。该模型的关键点是准确预测市场，市场预测是与技术创新开发、生产和商业化应用密切相关的一系列活动的总和。技术创新不仅仅是一种技术活动，更是一种经济活动和管理活动，虽然这一系列活动是以技术为纽带，但最终是以实现商业化经济目标的情况进行评价的。技术创新不同于科学上的发明和发现，其显著区别是科学上的发明和发现重点强调新技术的首次发现，而不太关心其应用的经济效益，而技术创新最终成功的标志是获得市场上的成功，取得经济效益。技术创新是以商业化成功为目标的，那么如何才能实现商业化成功呢？无疑，能够准确找出客户的现实和潜在需求，并能够迅速生产出满足客户需求的产品就能够获得商业上的成功，但是现在市场和未来市场是动态的和

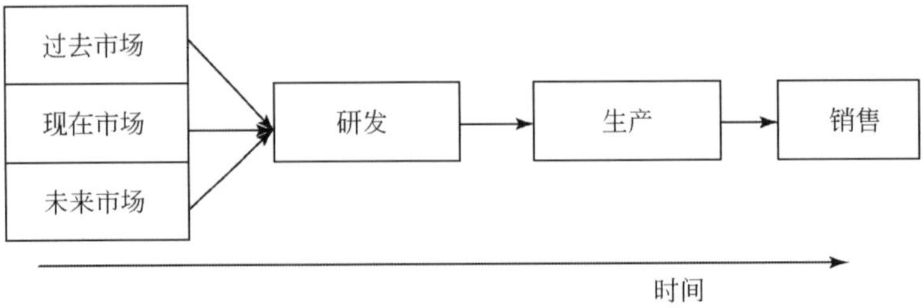

图 30-1　市场为导向的技术创新模式

不确定的，而研发和生产过程需要很长时间，因此 Z 公司需要先利用技术预测产品种类方面的问题。

5）产品进入市场的时间。产品生命周期是指一种新产品从开始进入市场到被市场淘汰的整个过程。产品生命周期一般可以分成四个阶段，即婴儿期、成长期、成熟期和衰退期。婴儿期时，产品生产批量小，制造成本高，广告费用大，产品销售价格偏高，销售量极为有限，企业通常不能获利，反而可能亏损。成长期时，产品通过试销效果良好，购买者逐渐接受该产品，产品在市场上站住脚并且打开了销路，需求量和销售额迅速上升，生产成本大幅度下降，利润迅速增长。成熟期时，产品大批量生产并稳定地进入市场销售，经过成长期之后，随着购买产品的人数增多，市场需求趋于饱和。衰退期时，产品进入了淘汰阶段，直至最后完全撤出市场。产品生命周期是一个很重要的概念，它和企业制定产品策略及营销策略有着直接的联系。管理者要想使他的产品有一个较长的销售周期，以便赚取足够的利润来补偿在推出该产品时所作出的一切努力和经受的一切风险，就必须认真研究和运用产品的生命周期理论。图 30-2 为产品生命周期图。

Z 公司希望在技术研发和试验阶段等过程，提前知道该产品的整个生命周期时间表。但是，由于企业外部环境如政治、经济、社会、文化、环境因素等的动态变化，Z 公司内部组织结构体制等行业特殊性，要预测产品生命周期还是很困难的。Z 公司很希望预测出产品生命周期。

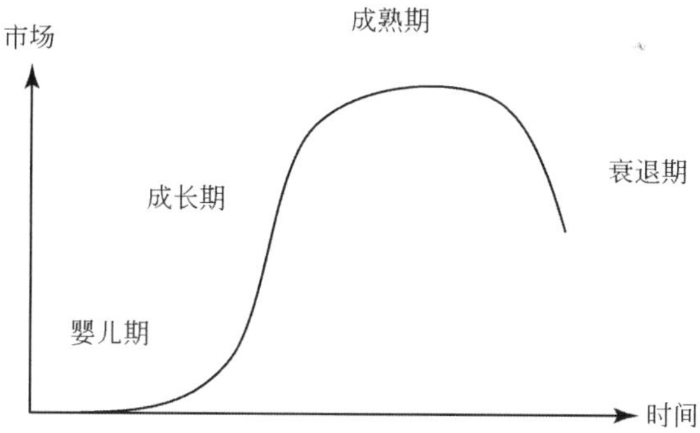

图 30-2　产品生命周期图

6）Z 公司专利布局战略。Z 公司格外重视创新成果的知识产权，特别是专利成果产出和保护。这些专利成果一方面能保护 Z 公司技术和工艺等不被他方窃取，另一方面能够屏蔽竞争对手侵入专业核心领域，控制技术高速公路和未来发展之路。随着企业的不断壮大，Z 公司在全方位创新方面也将日益重视核心技术并取得更多的突破。如何能够在资源投入少的情形下，快速生产出大量核心专利，如何进行专利布局，这些就是Z公司面临的难题。这也将推动Z公司成为世界级卓越企业。

因此，Z公司自2000年以来，逐步实施六西格玛管理法，2001年在生产领域启动了产品改进流程（DMAIC），2003年在研发领域和销售支持等领域启动新产品开发流程（DFSS），期望能够在提高流程效率和产品品质的同时，为跳跃式创新探索出一条适合自己的道路。然而在此过程中，负责推动DFSS实施的团队发现，新产品构思的产生在DFSS中仍然是个黑盒子，对“方案产生”的方法和过程，并没有提出现成的可行的操作方法。此时DFSS中的一个解决矛盾的工具“TRIZ”开始困扰着这个团队，当时对TRIZ有所介绍的中文资料非常少。为了解开TRIZ之谜，Z公司又从黑带团队中抽出部分具有创新性特点的人员组成“TRIZ研究小组”，开始有组织地跟踪TRIZ技术。不久，这个小组提供了比较详尽的报告，包括TRIZ的资源、价值、在国外的一些用途等，其中三星集团通过实施TRIZ，成功超越竞争对手跃居本行业国际首位。这个企业级的案例打动了Z公司的黑带团队，因为三星电子在亚洲也是实施六西格玛管理法比较成功的企业，它对于Z公司而言是个非常熟悉的伙伴，而Z公司的市场竞争形势也几乎与三星集团一样。于是TRIZ逐渐成为整个黑带团队热议的对象，Z公司的TRIZ研究小组开始有计划地接触国内外的TRIZ服务提供商，一边从沟通中更深入地了解TRIZ，一边构思如何将TRIZ与本企业的已有流程相融合，以减少变革的难度。在一系列的技术交流与试讲之后，Z公司选择了亿维讯作为提供TRIZ的合作伙伴，从2004年12月开始正式实施。

第二节　创新实施方案

由于六西格玛管理法的实施，Z公司在企业级变革方面已经积累了相当深厚的经验和人力资源。鉴于TRIZ的技术特性和企业变革的特性，主持此工作的总监决定，短期内不会大张旗鼓地将TRIZ作为实施技术创新的变革方式来推动，而是将它作为六西格玛管理法在研发领域的一个重要工具箱，嵌入已经建立好的产品改进流程（DMAIC）和新产品开发流程（DFSS）。这样的思路，让TRIZ的学习和应用变得非常规范，并且使其与企业的既有流程完美地融合在一起。

根据Z公司的需求，亿维讯的业务专员定制了下述方案，以达到Z公司的既定目标。

一、项目目标

长期目标：通过引入系统化创新的方法，迅速提高Z公司研发人员的创新能力，从而提高产品和企业的竞争力。

项目目标：通过创新能力训练，让Z公司的部分研发骨干了解TRIZ，掌握TRIZ的方法和工具，并能够在实际课题中得到验证，取得部分可见成果，同时注意培养内部的TRIZ宣传和推广人员。

第一，建立创新方法推进团队。由现任六西格玛总监和各地推进人员组成，共同组织创新方法的培训，并在培训间歇期督促各地学员进展课题，最终选拔TRIZ的企业内部推广人员。

第二，在研发流程中引入创新方法。这主要涉及两个方面的流程：新产品开发流程和已有产品的改进流程。后者较前者容易实施，因此选择后者作为此次实施的起点。

Z公司的产品改进流程，基本上按照DMAIC实施：

D——定义阶段：定义课题，由企业指定的管理团队筛选课题，指派人员担任项目经理，成立项目团队，沟通设立项目目标，最终按“立项管理流程”正式审批。

M——测量阶段：定义改进指标的现状水平和目标水平。此阶段强调用量化的、客观的数据来说明现状和目标值，并且需要严格验证数据的可信度，为后续挖掘问题原因时的数据决策提供置信证据。

A——分析阶段：从所有可能的原因中筛选出可能的关键因素。按照课题性质，选择适当的定性的、定量的因果分析方法，逐渐筛选可能的关键因子，并进一步搜集数据验证上述分析结论，锁定要改进的因素。

I——优化阶段：针对确认的改进因素，寻求解决问题的方案。主要是通过优化思路，调整改进因素到适当的控制范围内，以达到改进目标。

C——控制阶段：确认改进效果并终结项目。要用与测量阶段所用的方法基本一致的方法，搜集改进后流程的数据，对比以验证改进的效果是否明显，是否达到了设定的目标值；并将相应的改进通过流程固化，以期长期保持改进的成果。

在上述流程中，TRIZ工具箱主要用在分析阶段和优化阶段，协助寻找根本原因、确定解决问题的最佳时机以及寻求创新的解题构思。

第三，以培训为主推进创新方法、解决企业实际问题。坚持不懈地在项目中主动地应用创新方法和创新思维来解决问题，打破思维惯性。按照企业的六西格玛管理制度，每人一年至少做2个六西格玛项目（含应用TRIZ的项目），要求得到推进委员会的认可。

第四，人员激励制度。对那些运用六西格玛（含TRIZ）方法解决实际问题并取得较好成果的人，公司在人员竞聘制度中有优选政策。

第五，建立创新方法推进平台。明确鼓励在研发课题中尽量大范围地采用创新方法，以期在解决问题中，一次性得到超过“优化”的成果。

二、项目内容

（一）项目角色定义

亿维讯实施工程师在整个项目中的主要角色是讲师和教练。

1）讲师：在理论培训中，亿维讯实施工程师将讲授以TRIZ为代表的现代设计方法学；在CAI工具的操作教学中，亿维讯实施工程师将讲解并组织学员进行实际操作。

2）教练：在CAI工具的应用训练中，亿维讯实施工程师将组织和引导Z公司的工程师团队应用TRIZ理论及CAI工具对工程问题进行分析和求解。Z公司的参训人员在项目中的主要角色是学员及工程问题的提出者和解决者。

3）学员：在理论和CAI工具的操作教学中，Z公司的参训人员将在实施工程师的讲解下，逐步深入学习并掌握该内容。

4）工程问题的提出者和解决者：在CAI工具的应用训练中，Z公司的参训人员将结合工程实践提出问题，并运用所学的创新方法和工具，对问题进行分析和求解。

（二）项目实施原则

在实施系统化创新的过程中，亿维讯及Z公司要遵循以下四个方面的原则，以保证整个实施过程顺利有效进行。

1）组织保证：Z公司决策层的重视、执行层的支持以及培养对象的积极参与，是确保该实施过程有序展开和进行的关键。

2）理论与实践相结合：创新理论和创新工具的理论性和实践性都很强，学员既要对创新理论有深入的理解，又要将该创新方法应用在技术创新实践中，在实践中体会创新方法及创新工具的应用。

3）效果优先：以取得阶段性成果（如创新概念构造、创新设计方案、专利等）为深入实施的前提条件。但本实施不以亿维讯提供工程问题的解决方案为出发点和终点。亿维讯实施工程师重在通过启发式教学和互动式研讨，提高参与学员的创新思维能力及工具运用能力。

4）以点带面：以企业局部创新能力提升作为企业创新体系建设的内核，进行创新方法的横向和纵向推广，进而形成企业创新体系和创新文化。

（三）培训实施步骤

1. 创新意识的宣贯与参训人员选拔

此阶段持续2周时间，按照Z公司已经建立好的人员选拔流程，Z公司从全国各地的研发体系采用各单位公开竞聘的方式，选拔了30位具有5年以上工程经验的研发骨干人员作为学员，其中半数为六西格玛黑带核心技术骨干，半数为非黑带的核心技术骨干，如产品总工、项目经理、研发部部长、主任工程师等。

2. 创新方法及工具导入

该步骤历时5个月，每月集中培训5天，由亿维讯公司培训师对学员进行系统的创新理论讲解和创新工具（CAI：Pro/Innovator）培训，并对每位学员的课题进展进行了解和指导，使学员能够在实际课题中逐步应用创新方法和工具。

具体课程安排如下：

第一周：TRIZ概述与矛盾分析。

第二周：功能成本分析法与因果分析法。

第三周：创新思维方法。

第四周：物场分析法。

第五周：TRIZ与进化规律。

该步骤的验收标准是学员掌握在工程中的TRIZ应用方法，掌握CAI工具的基本操作，并在实际课题中得到应用，对课题的分析取得明显的进步，甚至产生创新构思。具体包括如下七个方面：①理解TRIZ的核心思想，并能简明概括；②掌握TRIZ中分析、解决问题的流程与工具，并在实践中深入体会；③掌握定义矛盾的流程，解决矛盾的方法和工具，并能熟练应用；④了解物场分析方法的流程和特点，并能简单应用；⑤明确知识库的作用及如何应用；⑥了解CAI软件的作用，能进行Pro/Innovator的简单操作；⑦具备在实际中用TRIZ解决简单问题的能力。

（四）培训效果验证

在培训完成的次日，举行全企业的视频会议，现场直播项目汇报会，学员呈现创新方法带给自己的思路的改变，和课题的实际进展状况。

同时开展认证工作，参加培训的学员参加 MATRIZ（国际 TRIZ 协会）的一级或二级应用认证考核。

（五）课题进展跟踪

在培训完成后半年之内，跟踪学员课题的验证情况，以及由这些课题产生的知识产权。

第三节　创新实施过程

此项目从 2004 年 12 月持续至 2005 年 4 月，每月集中培训一周，项目汇报日定在 4 月 30 日。培训和咨询时间一共为 25 个工作日，每个工作日 8 小时。

每位学员带来一个实际课题，由亿维讯的技术专家筛选，判断是否适合用 TRIZ 来解决。其中 22 个项目得到了亿维讯专家的认同，在每期的培训中都会安排 1～1.5 天时间专门用于沟通每个课题的进展。这些课题类型几乎涵盖了 Z 公司的各种研发产品和问题，如软件、硬件项目，解决散热、除尘、结构、工艺、电磁兼容性（EMC）等典型顽疾。

第四节　实 施 成 果

共 26 位学员坚持参加培训到结束，他们都通过了 MATRIZ 认证，其中九位得到了 MATRIZ 二级证书，其余人员得到了一级证书。

在成功立项的项目中，有 22 个项目得到了亿维讯专家的认同，认为其适合利用 TRIZ 方法协助解题。培训后的跟踪显示，这些项目直接产生了 8 项专利。

这些成果得到了企业高层和研发体系的普遍认同，这为后续的 TRIZ 培训与训练营造了很好的氛围，很多研发人员非常渴望学习和了解这种新的创新方法。于是 Z 公司随后相继组织了一系列 TRIZ 培训，并更新了相应的制度。更新后的制度如下：

1）针对资深黑带，在其升级培训中，TRIZ 培训为期一周。

2）针对新晋黑带，在其黑带认证中，TRIZ 是必备的认证工具。

3）针对新入职的研发人员，在其新员工培训中，TRIZ 与六西格玛培训共占 3 小时。

4）在每年的六西格玛项目立项与优秀项目评选中，应用 TRIZ 的项目与六西格玛项目等同处理。

5）在人员选聘制度中，MATRIZ 认证与六西格玛黑带、绿带各有相关的优选条款。

更新的企业管理制度中，最重要的一项是将 TRIZ 的工具集纳入黑带认证考核范围，确保其得到企业正式的支持，如图 30-3 所示。

XXX　　　　有限公司企业制度（人事管理制度系统）

XXX通讯黑带/绿带资格认证管理办法（修改）

		态地寻找取胜原则	
TRIZ知识	T01	技术系统进化法则	必选
	T02	工程矛盾矩阵	
	T03	40发明原理	
	T04	物理矛盾	
	T05	物-场模型	
	T06	76个标准解法	
	T07	9-屏幕法	
	T08	小人法SSLP	
	T09	STC	
管理知识	M01	囚徒困境	

图 30-3　上图为修改后的企业制度，下图为此制度中有关 TRIZ 的内容

第五节　小结与建议

Z 公司是个在企业变革方面很有经验的集团公司，通过这种实施方式很快地将一种新的方法，引入到企业内部各个分部，并融汇到企业的流程中，既能够让变革的实质得以实现，又大大减少了变革造成的企业阵痛，而且还从制度上保证其能够长期延续下去，是非常成熟的战略实施方式。

这样的战略实施方式，对 Z 公司，或者其他相似规模的公司都很有借鉴意义，甚至给合作方亿维讯，也留下了很深的印象，对亿维讯在其他企业推进 DAOV 实施方法很有助益。

除此之外，亿维讯公司也为 Z 公司提出一些后续实施的建议，如迅速将 CAI 软件纳入企业研发人员日程使用的工具体系，以降低员工使用 TRIZ 的难度、提高知识管理的水平，为基于知识的创新做好组织准备工作，让“创新的方法”与“创新的知识”相结合，真正取得“创新的成果”，实现 Z 公司的业绩飞跃。

第三十一章　S研究所实施技术创新案例

新中国成立以来，我国国防科技工业虽然取得了巨大成就，但是有一个事实我们必须正视：国防基础研究薄弱，发明专利偏少，严重制约了我国国防自主创新能力的发展。

通过国防科技数十年的发展，我们已经意识到如下几点：

1）最先进的武器是买不来的，军工核心技术是买不来的，国防科技工业的创新能力也是买不来的。

2）在国际市场上，外国政府对中国国防科技产品设置了多层技术壁垒。而在我国境内，外国公司通过集中在国防高新技术产业申请专利，扩大权利范围，来挤压我国国防科技工业的创新空间。

3）我国国防科技单位与外国企业的产权纠纷逐渐增多，国内企业往往要花费大量的时间和精力来应对产权纠纷。

因此，我国已将自主创新之路作为国防科技工业发展的必由之路。《国防科技工业“十一五”规划纲要》强调“把实现转型升级作为国防科技工业的总体发展战略，转型升级的一个重要内涵就是要实现科技发展模式由跟踪研仿为主转向自主创新为主，促进军工产业和技术整体升级”。国防科技创新体系，在国家创新体系基础上由以下四部分组成：

1）武器装备研制创新体系。

2）军民结合高技术产业技术创新体系。

3）国防基础科技创新体系。

4）创新支撑服务体系。

同时劳动力、资本、土地的边际贡献呈递减态势，因此以国防工业为核心的高新技术产业带动下的自主创新和产业结构优化升级，是我国经济发展的中心任务。

其中，航空工业是知识密集和技术密集的高科技产业。航空发动机更是典型的技术密集和高附加值的高科技产品。航空领域一直有这样的共识：一个国家，没有独立自主研制发展的航空发动机事业，就没有独立自主发展的航空工业；没有先进的航空发动机事业，就没有先进的航空工业。改革开放 30 多年以来，我国航空工业以“太行”发动机研制成功为标志，实现了我国军用航空发动机从第二代走向第三代，从涡喷向涡扇、从中等推力向大推力的跨越，也实现了我国航空发动机自主创新的梦想。当今世界能从事飞机制造业的国家不少，而能独立研制发展航空发动机的只有美、英、俄、法这样少数几个国家。中国航空工业的崛起，已经成为中国制造业自主创新的榜样和楷模。

发展具有核心竞争力的中国航空工业是当前的重要任务，而加快发展我国航空工业的关键是全面增强企业自主创新的能力。把增强企业自主创新能力作为航空工业发展的战略基点，将增强航空工业的持续发展能力作为中心环节，尽快实现我国由航空工业大国向航空工业强国的跨越，这具有十分重大的战略意义。航空工业是装备制造业的重要组成部分，在我国装备制造产业占据着极其重要的地位，同时航空工业是国家战略性产业，是建立独立自主国家、巩固国防的支柱产业。第二次世界大战之后，现代局部战争的实践表明，航空武器装备对战争的进程和结局都发挥着关键性作用。因此，世界军事大国把航空武器的发展放到了更加突出的位置，以争取新世纪军事斗争的制高点。航空工业又是高科技工业，是高技术发展的引擎。先进航空产品的研制生产必然带动并促进冶金、化工、材料、电子和机械加工等领域的技术进步，从而在技术层面上促进国民经济发展。航空高技术可以转移应用于非航空领域，推动国民经济的迅速发展，可以说航空工业是带动国民经济发展的重要产业，是一个国家经济实力、科技实力的重要体现。

目前国内航空业正处于高速发展的黄金时代，大型飞机及新型战机等项目的开展为我们提供了难得的发展机遇。处在战略机遇期的中国航空工业已经开创了高速发展的局面，如何保持良好的发展势头，自主创新已经成为人们关注的核心问题。尽管中国航空业已经开创了近 10 年来高速发展的局面，但长期以来，我国航空企业的技术创新一直只有引进、吸收、模仿、改进一个模式，其发展仍然面临更多亟待解决的问题，其中可持续创新能力的培养和建设是重中之重。进入 21 世纪，面向我国建设“创新型国家”的战略任务，“市场换技术”的方式对国防科技工业自主创新能力的提升，包括航空工业自主创新能力的提升已经收效甚微。而在国际市场上，外国政府对中国国防科技产品设置了多层技术壁垒。而在我国境内，外国公司通过集中在国防高新技术产业申请专利，扩大权利范围，来挤压我国国防科技工业的创新空间。为实现航空工业在 21 世纪的突围和振兴，加强关键技术预研和重点型号研制中的自主创新和主动创新，掌握自主知识产权是发展航空工业的必由之路。

中国航空工业集团公司提出“迅速成长为销售收入超万亿的创新型国际化大集团”的公司目标。林左鸣总经理在 2008 年工作安排中明确指出“面向未来主动谋划，大力加强科技创新。要加强创新体系建设，以提升自主创新能力为核心。”集团公司同时提出“要综合协同推进综合平衡计分卡与其他管理创新工具的运用……要梳理流程，树立正气，规范管理，要积极推进信息化带动工业化，促进集团公司管理转型升级。”

随着集团公司的整合以及市场化改革的不断深入，原先存在的行业性和区域性优势已经不复存在，如何超越自我、实现跨越式发展，如何使自己立于不败之地是公司所面临的重要挑战；新组建的中国航空工业集团正以全新的姿态、全新的思维参与到全球市场之中，全面实施“两融、三新、五化、万亿”的发展战略，为集团公司范围内的技术创新体系建设提供了良好的市场和文化环境。

第一节 S 研究所的背景与需求

航空发动机是所有动力装置中技术含量最高、制造难度最大的装置。要让流动的空气经过几米长、直径不到两米的发动机产生几千公斤甚至上万公斤的推力，是一件极难的事。

目前世界上能设计并生产军用和民用飞机的国家有几十个，但具有独立和完整的现代航空发动机研究与发展体系的国家只有安理会五个常任理事国。航空发动机的复杂性和关键性，不但推动了研制国的经济和技术发展，而且使之成为研制国的经济水平、综合国力乃至基础研究水平和工程教育水平的一个标志，享有“工业之花”的美誉。

现代航空发动机是高技术、高附加值产品，是一个具有万余零件的多层次的复杂的气热动力系统，其研制涉及气动热力学、传热传质学、燃烧学、固体力学、计算力学、实验力学、振动力学、气动声学、自动控制、材料学和制造工程等很多工程技术科学分支的知识。由于这一气热动力系统中的元素众多，元素间（零部件之间以及气体、燃油、滑油等工质与相关零部件之间）相互关系复杂，所涉及的原理和机制众多，所以航空发动机内部的气体、热力和结构条件较飞机、导弹更为复杂，对可靠性、寿命和可维护性的要求更为苛刻，需要进行大量的反复试验和改进，而且大部分是全尺寸模拟试验，所以其研制技术难度大、周期长、技术风险大、耗资多。正因为如此，航空发动机设计阶段对后续阶段的影响（研制费用、周期等）更大，其研制，不但要注重以自然科学为基础的关键技术研究，而且要重视以系统工程为基础的先进的产品设计理论与方法的指导作用。

S 研究所（简称 S 所）是中国大中型航空发动机研制基地。建所以来，该所不断推进我国涡轮喷气技术的进步，先后研制 11 种型号的涡喷、涡扇发动机。继 2002 年涡喷发动机“昆仑”发动机设计定型后，2005 年底涡扇发动机“太行”发动机完成设计定型。

“昆仑”发动机是我国第一个拥有完全自主知识产权的航空涡轮发动机，标志着我国的航空发动机从测绘仿制、改进改型跨入自行研制的新阶段。

“太行”发动机的成功，使我国在自主研制航空发动机上实现了“三大跨越”，即从中等推力到大推力的跨越，从涡喷发动机到涡扇发动机的跨越，从第二代发动机到第三代发动机的跨越。更重要的是，在“太行”发动机的研制过程中培养出了一支能够研制先进发动机的科技队伍，为中国航空发动机系列发展构建了新的技术平台，尤其是为第四代发动机技术提供了验证平台。

经历了 21 世纪初两个重点型号研制成功之后，目前 S 所的发动机研制面临着重大的历史机遇。

随着世界民航业的迅速发展，航空发动机产业也得到了快速发展。我国政府在《国家中长期科学和技术发展规划纲要（2006—2020 年）》以及“十一五”规划纲要中，已经把大型飞机以及配装的先进大涵道比涡扇发动机列为重大专项工程，使 S 所大型航空发动机的发展获得了一个前所未有的大好机遇。

在军用发动机方面，新一代战斗机发动机的研制和“太行”发动机的系列发展，为 S 所的发展开辟了新天地，也将为中国航空发动机的系列发展打下坚实的基础。

同时上述型号任务也使 S 所的科研队伍面临严峻的挑战。特别是在如何增强先进的发动机研制能力、提高研发效率和产品质量方面，迫切需要先进的创新方法和技术的支撑，并借助于切实可靠的工具，从高起点上进行大推力航空发动机关键技术预研和型号研制。具体来说，这些挑战主要表现在如下两个方面：

（1）世界航空动力领域的快速发展使 S 所发动机型号自主研制面临巨大的技术挑战

1）在航空发动机的立项论证和基础预研中如何预测关键技术的未来发展方向，引导科学决策？如何快速了解、理解、掌握最新技术发展动态，取得关键技术突破？

2）在新一代战斗机发动机的型号预研和研制过程中，如何快速解决设计、试验中出现的技术难题，取得关键技术突破？

3）在已定型型号的衍生发展过程中，如何解决设计产生的新问题、新矛盾，避免折中妥协设计？

4）在已定型型号的生产和服役过程中，如何快速解决生产试车试飞中出现的技术难题？如何快速定位出现故障的原因，并产生可行的解决方案？

5）如何推进专利工作，制定合理的知识产权战略，加速科研成果转化？

（2）S所发动机型号自主研制需要研发人员突破传统思维方式，提升创新思维能力

现代工程师的学校教育和职业教育使大家掌握了现代科学技术方法，具备了相当多的基础科学知识，习惯于较严密的逻辑推理，熟练地掌握了本专业及本技术领域的已有的技术知识及经验，并在充满技术事物的社会中受到科学技术精神的熏陶，大幅度减少了发明创造和产品研发过程中试错的随机性。

然而，事情还有另一面。在上述背景下，相当数量的现代工程师同时还产生了各种不利于创新活动的思维定式，即工程师虽然具备了专业领域已有的技术知识及经验、科学知识和科学精神、逻辑思维习惯等优良素质，但却不能正确对待、没有充分注意到已有技术知识及经验的局限性，没有充分注意到客观世界是“复杂的、辩证发展的、活动的”，对“科学”和“逻辑”的理解过于机械。简单地说，已有技术及常规思考在头脑中形成了思维定式。这种“普通工程师的思维定式”普遍存在于普通工程师的技术思维之中，某种程度上又不必要地增加了发明创造和产品研发过程中试错的随机性。

S所虽然近年来在航空发动机的自主研制方面取得了重大突破，但上述“普通工程师的思维定式”同样在相当数量的研发人员中存在。这就需要S所采用先进的技术创新理论和方法，帮助研发人员克服传统的思维定式，快速提升创新思维能力。

同时，应用雷达图对S所创新能力的现状进行了综合分析，如图31-1所示，分析结论如下。

所内各创新力关键要素发展的薄弱环节主要聚焦在以下几个方面：

1）创新过程。在研发过程中没有形成有效的指导方法，以专家经验和已固化的流程为主导。可以采用创新方法和工具改善创新过程，积累核心技术。

2）知识结构。所内知识与文档等都聚集在航空发动机方面，其他行业知识整理、收集与应用偏少，对本行业知识和经验也需要有序的管理以及更好的应用。

3）核心技术。以测绘仿制为主，核心技术更多地掌握在发达国家手中。

4）创新文化。在所内没有形成良好的创新文化和环境，人员思维定式较为

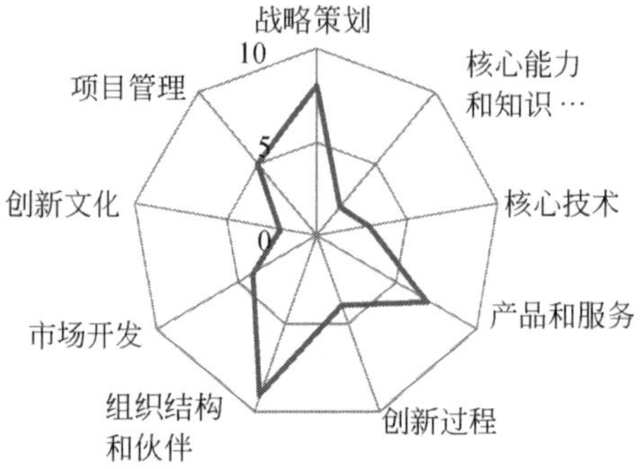

图 31-1　企业创新力关键要素评价雷达图

严重，需要从整体上开展创新文化的建设和塑造。

综上所述，S 所的管理团队认识到 S 所的核心竞争力最终来源于以下两个方面：

1）航空发动机型号研制过程中核心研发团队的锻炼和成长，克服传统的思维定式，掌握先进的创新思维、方法和工具，成为 S 所可持续发展的中坚力量。

2）航空发动机型号研制过程中对一系列关键技术的突破和掌握，强化自主创新能力，进而在国内航空动力领域处于绝对领先地位，并在世界航空动力市场占有一席之地。

为此 S 所决定持续地开展自主创新能力建设与提升活动，计划展开的能力建设项目包括创新方法和理论的培训、引入创新辅助工具并进行创新流程与制度的完善与建设等。

第二节　创新实施方案

一、实施目标

“随着集团公司的整合以及市场化改革的不断深入，原先存在的行业性和区域性优势已经不复存在，如何超越自我、实现跨越式发展，如何使自己立于不败之地是公司所面临的重要挑战。”这是 S 所党委刘书记在 2008 年 10 月，全所“创新方法学习暨系统化创新体系建设动员会”上讲的一段讲话。他同时引述林总经理关于“创新体系建设”的讲话内容：“面向未来主动谋划，大力加强科技创新。要加强创新体系建设，以提升自主创新能力为核心。”

2008 年，S 所确定了在全所开展系统性技术创新体系建设的项目目标。如何开展系统性技术创新体系建设？S所副总师于总曾说过“我们要提高所的核心竞争力，就要加强大家对创新的认识和了解，培养创新思维，掌握创新方法”。自主创新，创新方法要先行，S所要建立技术创新体系，实现自主创新，也要从创新方法开始。S所为中国航空制造发动机，创新方法则为S所提供创新的发动机，且这台发动机的推力可以无限扩展。

二、实施路线

在确定系统化技术创新体系建设目标后，S所采取了循序渐进的实施策略，如图31-2所示。

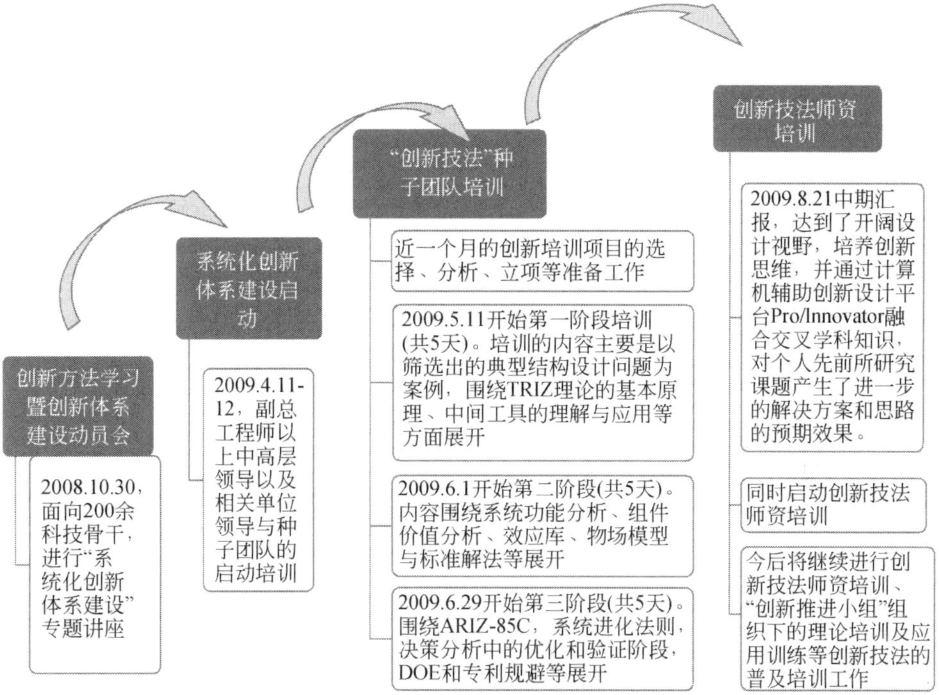

图31-2　S所实施策略图

第一阶段，在全所开展创新意识培养工作。

第二阶段，有选择地进行具体的创新方法及其工具的培训和创新实践。

第三阶段，创新平台及相关组织的推进建立。

第四阶段，实现整体创新能力的提升。

三、实施意义与作用

通过应用有效创新方法和工具，开展系列工作，所内的各项研究工作都得到了重要的推动，主要包括下述几个方面：

1）在新一代航空发动机的关键技术预研中，利用专利检索和解决方案检索，了解国外新一代航空发动机关键技术的发展现状；利用技术系统功能建模和分析，理解上述国外新一代航空发动机关键技术的实现机理；利用基于 TRIZ 的技术系统进化预测和分析，预测上述关键技术的未来发展方向，帮助我们进行科学分析和决策；利用基于 TRIZ 和本体论的系统化问题解决流程，取得关键技术突破。

2）在现有航空发动机的改进、衍生、生产和装备服役发展中，利用技术系统功能建模和分析，明确航空发动机各分系统的改进方向；利用基于 TRIZ 和本体论的系统化问题解决流程，找到可行的创新解决方案；利用基于 TRIZ 和本体论的系统化问题解决流程，快速解决设计、试验、生产中出现的技术难题，解决矛盾，避免折中设计，实现设计创新和工艺创新；根据故障原因，综合利用系统资源，产生低成本创新解决方案。

3）为所内培养一批具备创新意识和掌握创新方法的骨干力量。通过项目的实施，一批熟练运用创新方法和工具的种子工程师将脱颖而出，成为 S 所型号研制的中坚力量。

4）为所内优化创新设计的模式，打造持久的创新能力。在项目的深化过程中，在型号研制所涉及的主要设计室、型号研制团队将逐步接受创新方法和工具的训练，创新设计流程将逐步稳定，这为 S 所型号研制能力的持续提高提供了坚实的保障。

5）以民用发动机型号项目为载体，从型号研制转向专利保护。在项目实施的过程中，针对民用发动机型号项目的关键技术问题进行深入研究，形成切实可行的技术方案，并通过专利的形式加以保护。

第三节　创新实施过程

一、第一阶段，所内创新意识导入

在此阶段，通过与所内高层管理者沟通，以及通过中高级研发管理者的创新理论培训，在企业管理层中明晰创新体系建设项目的意义，让管理者理解计算机辅助创新技术和创新能力拓展能够带给S所的价值，并为整个创新体系建设项目启动作好准备。

同时，确定项目在所内实施的人员范围，确定种子团队成员的选拔条件，选择核心员工组成种子团队。

二、第二阶段，种子团队应用训练

本阶段，通过15天的培训与辅导，通过种子团队的应用训练及项目阶段汇报，让企业管理者见到初步效益，从而更坚强有力地推进项目进程。

种子团队在培训过程中学习运用计算机辅助创新技术，初步能够将创新思维方法和计算机辅助软件工具应用于发动机实际研制工作中。

在创新技术种子团队启动初期，共指定了7个重点课题。培训结束后，在计算机辅助创新（CAI）软件Pro/Innovator的支持下，有4个课题得到彻底或部分解决；有8个具有创新性的项目成果向所领导进行了汇报；多数汇报项目得到了所领导的赞赏。经技术确认，初步判断在汇报项目中至少2~3个具备申请专利的条件。

三、第三阶段，创新平台及相关组织的推进建立

本阶段以成立专职创新推进组织为目标。以期实现将外部顾问的能力逐步转移到S所自身，从而将创新能力渐进地转化为S所的核心竞争力。

基于成立S所专职技术创新推进组织的目标，择优选取了种子团队中的8名优秀学员为内训师资，并其中重点培养的5名学员完成创新师资培训。在此过程中，形成了所内后期独立开展的创新培训的有针对性的课程体系，包括课件、案例、素材等。

同时，为了更好地开展第四阶段所内整体创新能力的提升与建设工作，与所内管理者一同明确“创新推进小组”的责、权、利。通过会议、研讨等方式，与高、中管理层达成一致意见。并召开“‘创新推进小组’成立暨创新体系深入推广动员会”，通过该会议，在S所内宣示创新小组的职责和意义，为创新小组展开具体工作铺路。

四、第四阶段，所内整体创新能力的提升

按照平衡计分卡及战略地图的管理思想，通过S所创新体系建设过程，将在S所内部流程层面完善“支持创新的研制流程与激励机制”。从而支持S所持续地获得高质量的型号产品，加速型号研制过程。内部创新过程层面的提升，为客户层面指标的提升提供了坚实的基础，进而提升了企业的长期价值。

S所至2009年年底已完成了前三个阶段的所有工作，近期正在开展第四阶段整体创新能力建设的规划、部署及实施的各项工作。

第四阶段是以专职创新推进组织为核心，以亿维讯专家团队为辅助，在S所内分批逐次进行创新理论及工具的推广，通过对S所现有型号研制流程、制度的梳理，提出完善的建议，并协助S所推广执行。

此阶段的工作属于所内横向推广与应用，需循序渐进、分步进行。

首先，“创新推进小组”通过交流研讨会，进一步明确当前所内主要技术攻关课题列表，并按优先级课题进行排列，确定参加推广培训的人员名单。通过在所内开展应用训练，“创新推进小组”将超越技术方法本身，获得项目推进能力。

其次，随着项目的深入，计算机辅助创新软件将走出培训环境，成为S所研发工具集中的一部分，因此，IT系统的建设也是项目组需要关注的重要问题之一。“创新推进小组”可借此发动更多工程技术人员了解创新方法和工具，为创新体系的建设奠定群众基础。

最后，创新体系的建设离不开流程与制度的支撑，即要通过流程的完善、制度的保障最终在S所内形成创新文化与氛围。需要梳理的流程和制度包括三个方面：

1）人才培养流程：①新进员工的创新能力培养规划；②核心员工的创新能力培养规划与建议。

2）型号研制流程梳理：①项目论证和关键技术预研的流程及支持创新的改进建议研讨；②型号产品方案研制、工程研制的流程及支持创新的改进建议研讨。

3）支持创新的型号研制流程和激励机制。

流程建立完善后，通过所内的发布与宣贯，推动相关流程和机制的贯彻执行。

第四节　实施成果

当前S所“创新推进小组”汇集创新方法内训师资、研究所各学科专家等优

势资源，正在集中针对部分课题进行实践应用和进一步的创新方法普及培训。有学员表示，创新从未像现在这样能够被具体化，包括领导关注的具体化、工程人员涉入的具体化、实施内部和步骤的具体化、对未来实施目标的具体化。我们在 S 所领导和学员身上，已感受到“创新”的力量势如破竹，仿如等待点火的超级发动机，隆隆的发动机轰鸣声恍若在耳畔。

S 所刘书记表示：“48 年的发动机研制历程证明，自主创新之路是我们实现根本发展的必经之路，是我所发动机实现自主研制的根本需求，而掌握创新方法是我所进行创新体系建设的首要任务之一。”

项目成果案例展示如下。

发动机管路一般为金属或橡胶产品，接头部位为金属，通过接头实现管路连接和密封，为发动机各部位传输所需要的燃油、润滑油、液压油。

发动机同管径的接口多数相近，管路复杂并且繁多，因基本采用统一标准，发动机管路错装概率高。原有的标印方式时间长容易磨损，如果不清晰则很难辨认；并且多次标印后管壁变薄，管路系统的功能受到影响。即便有标印，在大量重复工作后仍容易出现错误安装。

一旦装错，则会出现启动超温，油门杆拉停后仍然供油导致无法停车，严重的会导致发动机烧毁。正确与错误接法如图 31-3 所示。

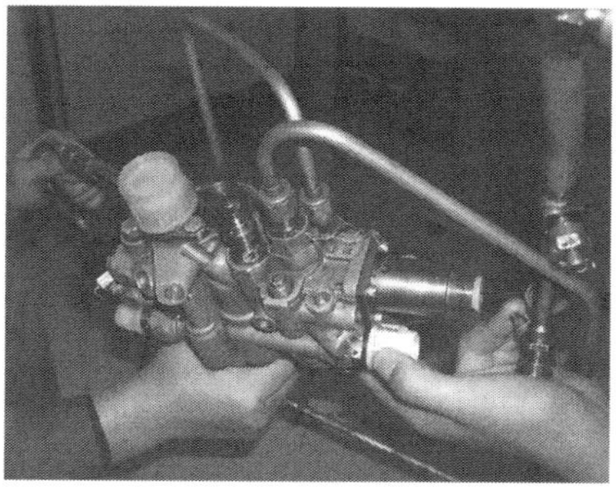

(a) 正确接法

(b) 错误接法

图 31-3　课题描述图

这就需要一种防错装的方法，标印不会随时间磨损而失效，并尽可能少地增加总体重量，使管路系统的功能不受影响。

采用 TRIZ 理论和方法，解决存在的问题，提出合理的概念方案图 31-4。

在制造管路时，将管裙与接头和管子在接缝处焊接。根据标印和系统图，相接的接头用同样形状的管裙。对接的接头和管裙着相同颜色。

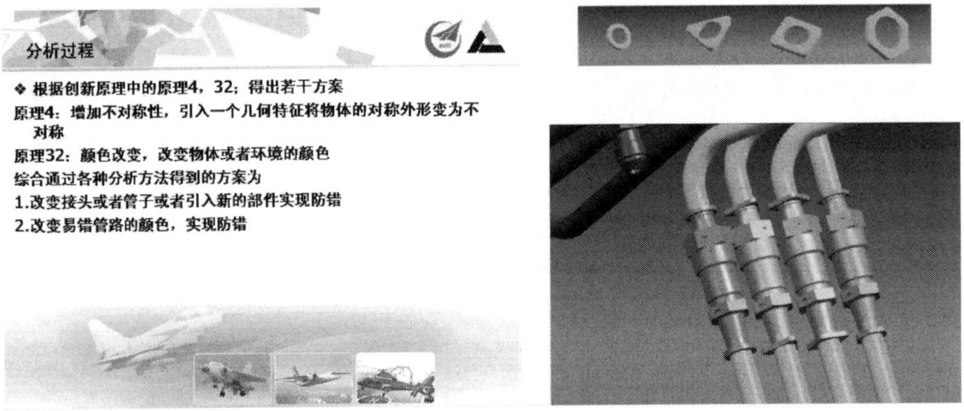

图 31-4　解决方案图

解决方案的优点如下：

1）结构简单，易批量生产，增重较少，对其他管路影响很小，不影响安装。

2）颜色容易区分，形状基本选用正多边形，容易辨识，即使是盲装也可通过触觉分辨出正确安装位置。

3）方便检查，进一步降低错误概率。

第五节　小结与建议

S 所当前已完成了前三个阶段的方法导入和深化应用阶段，并取得了一系列的技术成果、培养了一批创新储备人才。第四阶段的所内整体创新能力建设工作是一项长期的、系统化的工作，需要坚持不懈地运行下去，整体规划、部署及实施等各项工作都需要一一落实，这是所内全员的一项长期工作。

结合所内的实际情况，不断提升现有创新小组的能力并明确工作职责，设立有效的人力管理制度进行不断激励，是维持企业创新基因茁壮成长并发挥作用的必备条件。同时对研发流程的梳理不能只停留在纸面上，要落到实处，这也是一项任重而道远、具有深远意义的工作。

S 所是我国航空领域乃至军工院所技术创新体系建设的先锋单位，其成功的实施经验以及已总结出的实施路线值得在同领域的院所中推广和实践，以从整体上提升我国军工行业的技术竞争力。

第四篇　企业新产品开发的方法论

第三十二章　DAOV$^{(y+2)}$简介

DAOV$^{(y+2)}$是面向设计的创新方法论，它要解决的基本问题是如何从市场收集和分析客户关于未来的需求，而不是关于现在的需求和抱怨，从而构造未来的产品要求，并制作概念样机，提前等待真实市场需求的到来。

DAOV 代表四个相互联系一气呵成的解决问题的步骤。*y* 就是 Year（年）的意思，y+2 表示 2 年以后。2 年并不是指精确的 2 年，3 年、5 年也没有本质的不同，而是泛指未来，跟现在有显著的区别。

DAOV$^{(y+2)}$的基本理念可以归结如下：技术进化，市场选择。

这个基本理念完全脱胎于达尔文（图 32-1（a））的生物进化论。将技术系统等效为生物系统，或者把技术系统看成是生物系统的一个分支，这是技术进化论创立者阿奇舒勒（图 32-1（b））为技术系统确立的最基本的理念之一。

(a) 达尔文

(b) 阿奇舒勒

图 32-1　达尔文和阿奇舒勒

两系统基本理念对照如表 32-1 所示。

表 32-1 生物进化论与技术进化论对照

生物进化论	技术进化论
种群是进化的基本单位	技术系统是进化的基本单位
自然选择决定生物进化的方向	市场选择决定技术进化的方向
突变和基因重组是产生生物的原材料	创新方法是产生新技术的原材料
4 隔离是新物种形成的必要条件	4 市场细分是新技术形成的必要条件

将 $DAOV^{(y+2)}$ 的基本理念进行扩展，又可以从如下三个方面进行理解。

（1）面向未来客户，面向企业战略目标

$DAOV^{(y+2)}$ 是一种从上而下的企业管理策略，通过战略重构，采用客户价值进化路径，确定未来客户需求。

（2）以项目管理为基础，以技术进化为手段

技术系统（产品）跟生物系统一样，按照自己的规律进化。$DAOV^{(y+2)}$ 采用技术系统进化的客观规律，确定产品的进化路径，规划未来产品系列。

（3）设计未来产品的理想度，改进企业未来绩效

$DAOV^{(y+2)}$ 的核心是提高未来产品的理想度，通过产品布局，先走一步抢占先机，从而提高产品未来的市场占有率，改进企业绩效。

从方法论上看，$DAOV^{(y+2)}$ 是一种以 TRIZ 为核心的产品规划及设计方法论。进化规律是 TRIZ 的一部分，TRIZ 是创造性解决问题的理论。无论是对现在的问题还是未来的问题，TRIZ 都发展了相应的解决方法；技术进化规律认为技术的进化不是随机的，而是有一定的路径。通过对过去技术的研究，可以发现这些典型的路径，从而外推产品的未来发展方向；市场也是进化的，通过对现有市场的研究，就可以了解客户需求的进化路径，从而把握未来市场。

第一节　$DAOV^{(y+2)}$ 与各种方法论的比较

一、$DADV^{(y+2)}$ 与 DAOV 的比较

$DAOV^{(y+2)}$ 是 DAOV 扩展到设计领域的方法论，但是两个方法论由于定位时间不同而有本质的区别，属于两个不同的阶段，如图 32-2 所示。

$DAOV^{(y+2)}$ 更注重对技术全局的分析，不局限于某一项特别具体技术的某一

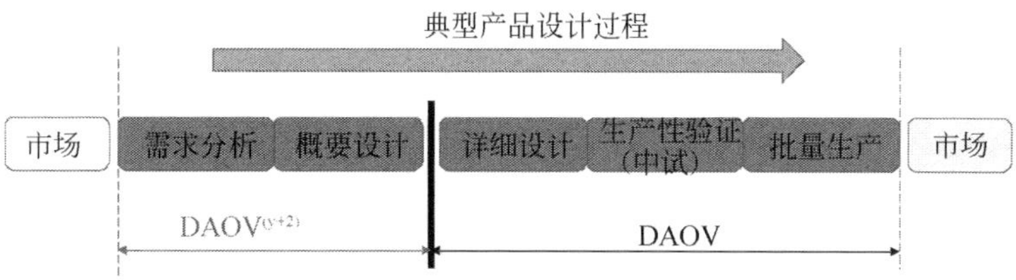

图 32-2　创新设计方法论与 DAOV 的关系

个具体产品及其细节。概要设计在于验证具有未来优势的原理样机，而不是验证产品的生产性。

表 32-2 显示了两个方法论各阶段之间的详细对照。

表 32-2　DAOV$^{(y+2)}$与 DAOV 的比较

	DAOV	DAOV$^{(y+2)}$
D：定义阶段	定义当前遇到的问题	通过对现有市场的分析，定义未来客户需求
A：分析阶段	分析现有产品功能结构，利用 TRIZ 方法消除产生问题的根本原因，产生创造性的新方案	通过对现有技术分析，定义未来产品发展方向，构建产品进化结构树
O：优化阶段	根据当前条件限制对方案进行选择，确定实验条件	根据未来客户需求对未来产品进行选择排序
V：验证阶段	产品批量验证	概念性产品样机验证，测试市场反应

二、DAOV$^{(y+2)}$与 DFSS 的比较

DFSS 是面向六西格玛的设计，是随着六西格玛管理而兴起的一种产品设计方法，尤其受到 GE 的青睐。

DAOV$^{(y+2)}$与 DFSS 都是产品设计方法论，从理念上两个方法论是完全一致的。以 DFSS 中的 DMADV 方法论为例的两者之间的比较如表 32-3 所示。DMADV 是 define（定义）-measure（测量）-analyse（分析）-design（设计）-verify（验证）5 个阶段的首字母缩写。

表 32-3 DAOV$^{(y+2)}$ 与 DFSS 的比较

DAOV$^{(y+2)}$		DMADV	
D	定义未来客户需求	D	定义客户需求
A	分析产品进化布局	M/A	测量过程能力，分析原因，提出新方案
O	根据未来客户需求对未来新产品方案进行排序	D	详细设计方案，生产
V	概念样机验证	V	新产品上市，验证过程能力

两种方法论的主要区别如下。

1）DFSS 由于没有需求进化的思想，是一种静态的改进过程，在实际中很难和产品改进方法论 DMAIC 相区分。

2）DFSS 由于要验证产品的过程能力，时间比较长。

3）最重要的，DFSS 由于采用定量的设计方法，跟产品前端设计需要定性的概念性设计不吻合，因此 DFSS 在市场上推广的难度一直比较大。

三、DAOV$^{(y+2)}$ 与 NPD 的比较

NPD 即 new-product-design（新产品开发），是企业远离竞争、开创蓝海、实现卓越绩效的根本保证。NPD 通过在战略定位、流程优化和创新能力提升等方面的梳理，实现产品的快速上市。

DAOV$^{(y+2)}$ 和 NPD 的理念是一致的，但 DAOV$^{(y+2)}$ 结束于概念样机开发阶段，而 NPD 包含大规模的产品开发和市场导入过程，详细比较见表 32-4。

表 32-4 DAOV$^{(y+2)}$ 与 NPD 的比较

NPD		DAOV$^{(y+2)}$
阶段一	机会的识别与选择	D：定义阶段
阶段二	概念的提出	A：分析阶段
阶段三	概念或项目的评估	O：优化阶段
阶段四	开发	V：验证阶段
阶段五	市场导入	

四、DAOV$^{(y+2)}$ 与技术路线图的比较

技术路线图及其实践来自一本书：《技术路线图：规划成功之路》，由剑桥

大学技术管理中心的罗伯特·哈尔（Robert Phaal）、克莱尔·法鲁克（Clare Farrukh）和戴维·普罗伯特（David Probert）三位资深专家合著而成。

技术路线图是广东省科学技术厅为广东的产业发展制订未来3年和8年的中长期规划时采用的方法。

技术路线图分国家、产业和企业3个层面，描述未来技术发展的方向。它采用调查分析的方法，根据专家的意见对未来进行预测，这和DAOV$^{(y+2)}$以技术进化的客观规律为基础进行预测的出发点是不同的。DAOV$^{(y+2)}$更像演绎法，从一个假定的大前提出发，推理得到一系列定理，比如技术系统进化8大路径，而未来技术只是这些路径的自然而然的驿站。技术路线图更像归纳法，根据专家们过去的经验，很自然地外推出未来需要的技术。技术路线图和DAOV$^{(y+2)}$殊途同归，D阶段完成市场和产品战略的定位，A阶段强调技术的进化，O阶段实现技术和产品、市场的匹配，V阶段通过项目进行验证。

五、DAOV$^{(y+2)}$与知识工程的比较

在1977年第五届国际人工智能联合会议上，美国斯坦福大学计算机系教授作了关于“人工智能的技艺”的演讲，提出“知识工程”这一概念。即以知识为基础的系统，就是通过智能软件而建立的专家系统。

1995年挪威人Guus的《知识工程与知识管理》一书出版了，其提出了Common-KADS知识工程方法，为知识工程的应用奠定了基础。该书在中国有中文版。

国内，赵敏在知识工程领域进行了开拓性的工作，尤其在航空领域建树颇丰。

阿奇舒勒最早进行的实际上是一项知识工程，TRIZ就是这项杰出工程的结晶。这个过程并没有结束，因此知识库/知识工程是DAOV$^{(y+2)}$不可缺少的核心内容。

DAOV$^{(y+2)}$和知识工程对技术系统有着同样的假定，都假定技术系统跟生物系统一样，未来是通过从过去进化实现的；DAOV$^{(y+2)}$和知识工程也有着同样的理论基础——TRIZ，这是复杂性数学在工程技术领域的体现。区别在于DAOV$^{(y+2)}$并不强调软件实现，而注重产品样机的验证。

跟研发相关的技术还有PLC（产品生命周期管理）、CMMI（能力成熟度模型集成）、IPD（集成产品开发）等，每一种技术在国际上都有相当多著名的实践者。DAOV$^{(y+2)}$跟这些方法相比，最重要的区别在于DAOV$^{(y+2)}$特别强调创新工具

的采用，注重技术原理性的突破；而其他的方法关注点在于管理过程，一般用上市时间、成本、效率等来衡量开发的效果。此外，$DAOV^{(y+2)}$ 更强调技术的领先性。

第二节　$DAOV^{(y+2)}$ 步骤

随着时代的发展，市场从产品时代进化到客户时代。$DAOV^{(y+2)}$ 也一样，它的出发点也是来自客户。

首先，$DAOV^{(y+2)}$ 起始于 VOC（Voice of Customer，客户的声音），如下列三项：

1）Call Center。

2）质量数据库。

3）客户满意度调查 CSI。

其次，$DAOV^{(y+2)}$ 还可能来自于 VOB（Voice of Business，业务的声音）。VOB 反映的是公司高层对市场的一种认识，它一般包括如下几个方面：

1）企业未来战略规划。

2）对未来市场的调研。

3）企业的财务目标。

4）竞争对手分析。

最后，$DAOV^{(y+2)}$ 项目都是围绕理想度这个指标展开的。对未来产品的理想度，包括两个方面：其一是客户想象的理想度，及未来客户需求的进化趋势；其二是技术本身的进化趋势，体现为技术的理想度。客户需求进化的主体是人，主要体现为精神层面的渴求。即使没有物质上的满足，人还可以有很高的精神追求。而技术作为独立于主观世界的客体，有它自己进化的规律，这是不因人的意志和想象而转移的。

但技术能不能转变为未来的产品，取决于需求进化曲线和技术进化曲线的交点，只有在那些交点上对应的技术才能成为满足未来人们需求的产品。

如图 32-3 所示，如果在交点之前需求领先技术，在交点之后技术将领先需求。产品就是在这种交替当中不断进化的，这种交替在技术的发展过程当中也很普遍。在手机普及之前，人们都希望能随时随地打电话，这是需求超前的情形；而当手机发展到今天，显然技术已经大大超越了人们的实际需求。

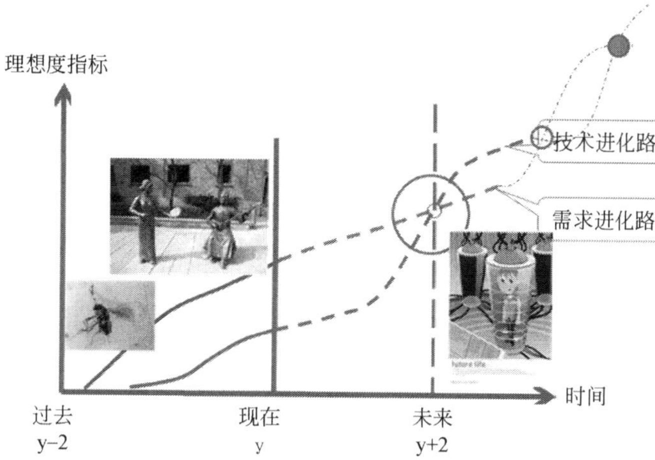

图 32-3 DAOV$^{(y+2)}$的逻辑

DAOV$^{(y+2)}$遵循一般的由分析到综合验证的漏斗结构，如图 32-4 所示。

1）D 阶段完成从 VOC/VOB 到 MSPV 的转换。

2）A 阶段完成 MFPV 的分析。

3）O/V 阶段是一个从下往上的验证过程。

4）整个过程的中心目标是设计和验证产品的 ideality。

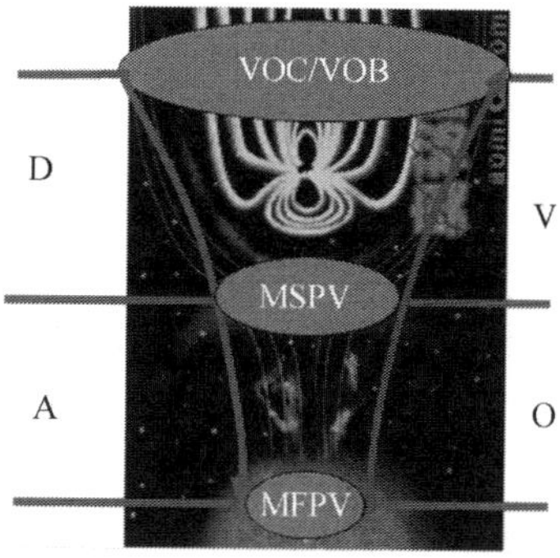

图 32-4 设计和验证未来产品的 ideality

DAOV$^{(y+2)}$的四个阶段及描述如下：

1）define：定义阶段。确定基础产品，确定客户，通过需求进化分析预测客户未来需求，确定项目所需的资源，得到高层的承诺。

2）analyze：分析阶段。通过技术进化分析确定未来产品布局，确定可能遇到的技术难题，以及可能采用的 TRIZ 方法，确定概念方案。

3）optimize：优化阶段。根据客户需求对产品概念进行排序，确定现有条件下的概念方案，设计样机，确定主要参数。

4）verify：验证阶段。验证概念的正确性和前瞻性；对项目预期进行目标和财务核算，项目收尾。

DAOV$^{(y+2)}$与 DAOV 一样，可以细分为 12 个步骤，不过具体的步骤略有不同，如图 32-5 所示。

各步骤与项目中各重要指标 VOC/VOB、MPV、ideality 之间的关系如下。

1）ideality、MPV 以及 VOC/VOB 形成一个从内到外的嵌套结构；或者从外到内的层次结构。这表明 $DAOV^{(y+2)}$ 是建立在复杂系统理论基础之上的方法论。

2）ideality 着眼于个体的物理结构，MPV/CTQ 着眼于批量的统计特性，而 VOC/VOB 着眼于客户的感受。

3）与 DAOV 一样，财务收益是 $DAOV^{(y+2)}$ 的指挥棒，$DAOV^{(y+2)}$ 项目需要在项目审批、样机验证和项目验收三个步骤涉及财务计算，如图 32-6 所示。

财务预算指在项目立项时对成本和收益进行的预测，收益率是决定是否立项的关键因素。

实验验证在 $DAOV^{(y+2)}$ 中具有枢纽作用，因此实验成本必须预算准确，以确保实验能顺利进行，取得预期效果。

财务验收：项目的成功最终取决于财务是否成功。本阶段将直接采用真实财务数据对项目进行评估，以确定项目是否成功。

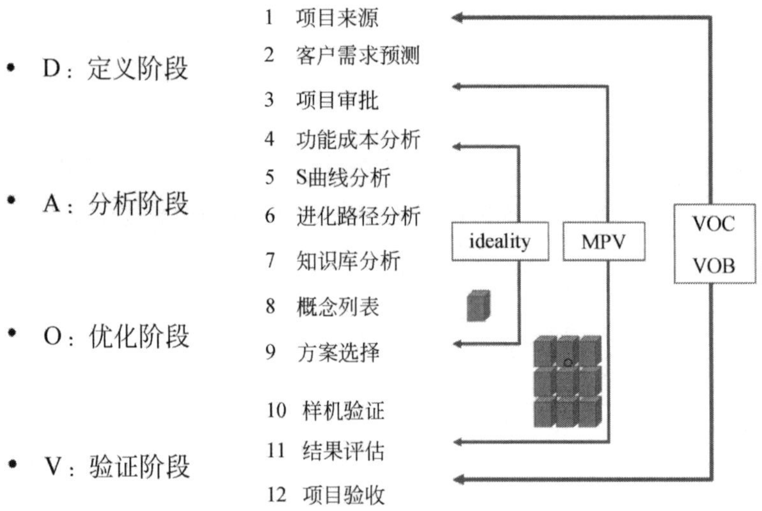

图 32-5　$DAOV^{(y+2)}$ 的 12 个步骤

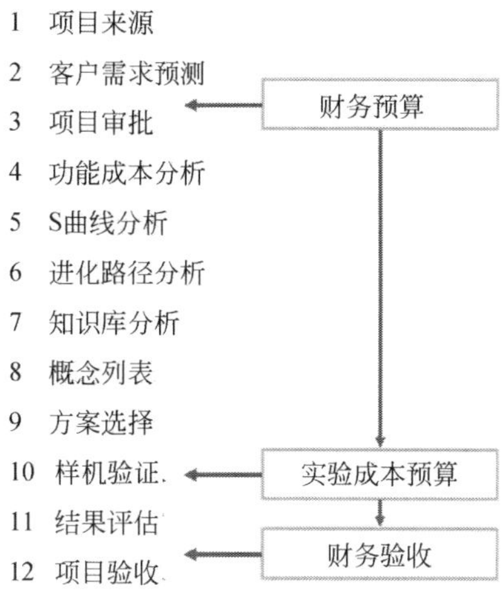

图 32-6 DAOV$^{(y+2)}$项目与财务的关系

第三节 DAOV$^{(y+2)}$的工具体系

DAOV$^{(y+2)}$的工具体系如图 32-7 所示，这是在四个阶段中用到的主要工具，但不是全部。如图 32-7 所示，D 阶段用到的主要是市场需求调研的数据分析工具，其中比较重要的是需求进化分析；A 阶段用到的是传统的 TRIZ 工具，但是重点是技术进化趋势分析（包括 S 曲线、进化法则与路线、进化树等内容）；O

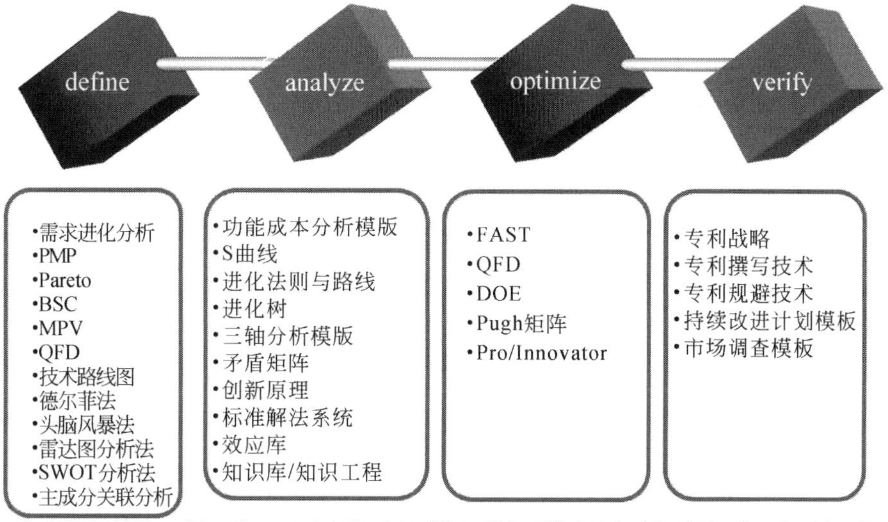

图 32-7 DAOV$^{(y+2)}$工具体系

和V阶段相对比较简单，但并不是可以取消的环节。下面将对需求进化分析作一些简单介绍。

需求进化的主要思想来自《蓝海战略》[图32-8（a）]，但用法稍有不同。需求进化是通过对客户进行价值分析，重新构建公司战略布局图来实现的。典型的战略布局图如图32-8（b）所示。一个战略不清晰的布局形如意大利面式战略，没有重点，没有造型。布局图由一系列的小战略构成，显得随机而杂乱。这样的布局缺乏综合效益，没有战略远见，也不易与竞争对手区分。

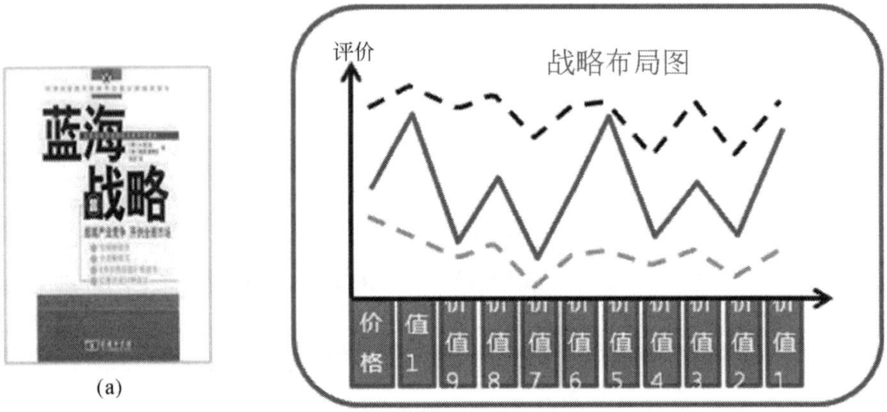

(a) (b)

图32-8 (a)：书《蓝海战略》(b)：典型的战略布局图

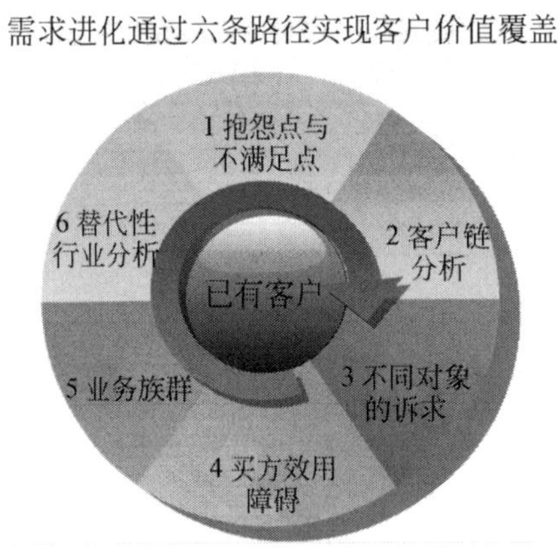

图32-9 需求进化的六条路径

战略布局图是建立在强有力的战略重构基础之上的诊断框架和分析框架。战略布局图意义可以归结为三点：

1）了解当前市场的竞争情况。

2）了解竞争对手的投资方向。

3）了解顾客在相互竞争的商品与服务选择中得到了什么。

需求进化通过六条路径实现客户价值覆盖，如图32-9所示。

以边缘性客户需求为例，进行需求进化分析的步骤如下：

第一步，找出自己与竞争对手之间的竞争要素，如表32-5所示。

表 32-5 竞争要素列表

编写说明	竞争要素		自己企业现状(用红笔填写)	高标竞争对手(用黑笔填写)	低标竞争对手(用蓝笔填写)
	1	实际价格			
	2		价格高分数高		价格低分数低
	3	对客户正面的语境 客户最不关心到最关心			
	4		0~10分		
	5				
	6	维修不被欺诈费用			
	7	无故障率	客户效用高分数高		客户效用低分数低
	8				
	9	购买方便性			
	10				

将其中每一项都与实际价格进行比较，从而确定相应的重要度等级，进而确定分数。

第二步，将竞争要素和得分图形化，如图 32-10 所示。

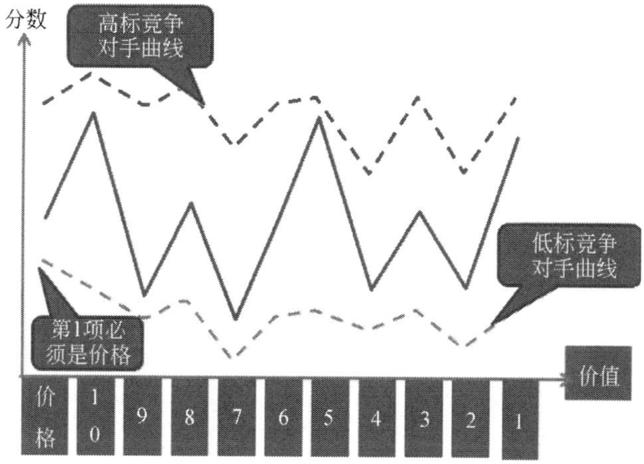

图 32-10 客户价值排序

在图 32-10 中，要表明对高标竞争对手和低标竞争对手的评价。在横轴的排序中，价格是固定的第一位要素，然后按照不重要到重要的方向排序，把最重要的价值要素排在最后。一般规模的项目，价值要素一般取 10 个左右，这样便于最后将重点放在两个价值要素上。

从图 32-11 中可以看出，没有战略重构的价值排序是紊乱无序的。价值重构的目的就是使排序满足幂率分布，现在又叫做长尾分布。这样才能做到既有重点又关注到其他要素。

第三步，进行战略重构：通过剔除–减少–增加–创造实现龙形飞跃，如图 32-11 所示。

图 32-12 中的粗线就是战略重构后的理想战略布局图，有人形象地称之为龙形图或者龙腾图，寄予了人们对战略重构的美好愿望。

第四步，确定 y+2 的价值要素。

y+2 的价值要素是之前分析的价值要素在时间维度上的认识，我们认为战略调整见效的时间一般在 2 年左右，如图 32-12 所示。当真实的价值要素分布和理想的价值要素分布在未来重合时，未来客户的需求就实现了。

第五步，确定 y+2 战略重构的赢利模式，如图 32-13 所示。

在确定了现有的价值布局和理想的价值布局之后，在商业逻辑上将采用不同的投资策略，以实现新的赢利模式。

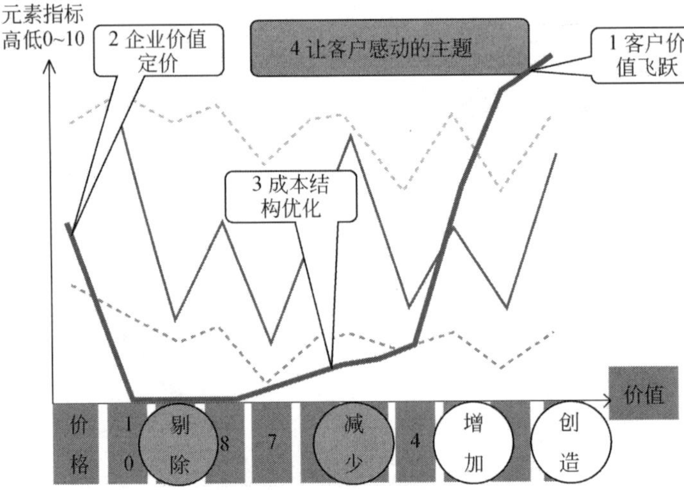

图 32-11　目标排序图

经过以上五个步骤，一个新的战略模式将会实现，同时也实现了客户需求的进化。对其他五类需求进化的分析，过程大致相同。

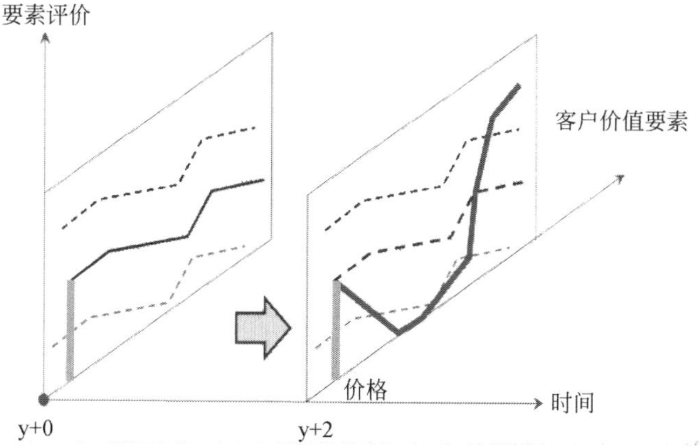

图 32-12　y+2 的战略布局图

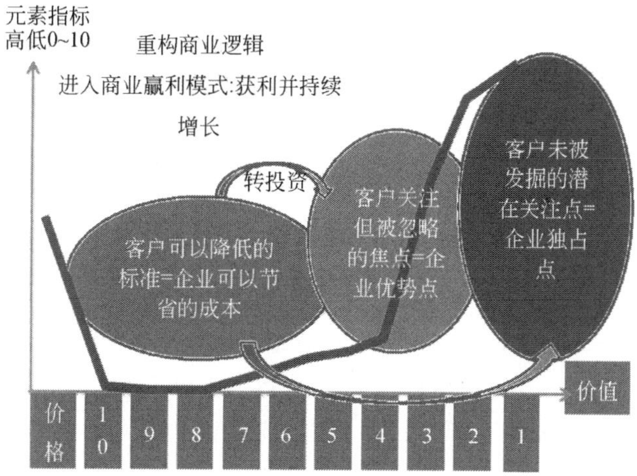

图 32-13　客户需求进化实施模式

参 考 文 献

阿奇舒勒 . 1987. 创造是精确的科学 . 广州：广东人民出版社

阿奇舒勒 . 1990. 创造是一门精密的科学 . 北京：北京航空航天大学出版社

奥利弗 · E. 威廉姆森，温特 . 2007. 企业的性质——起源、演变和发展 . 姚海鑫，邢源源译，北京：商务印书馆

彼得 · 奇思，等 . 2009. 如何在多极世界引领并管理企业变革 . HR 经理人，（10）

稻盛和夫 . 2009. 人为什么活着，北京：中国人民大学出版社

盖伊 · 拉姆斯登 . 2001. 群体与团队沟通 . 北京：机械工业出版社

高斯 · 斯克瑞吉 . 2003. 知识工程与知识管理 . 北京：机械工业出版社

金骅 . 2004. 变革管理理论初探 . http：//www. btophr. com/s_ mfile/982. shtml

李桂荣 . 2007. 信息系统建设中的企业文化变革管理 . 商场现代化，（12）

李约瑟 . 2003. 中国科学技术史 . 北京：科学出版社

林岳，谭培波，史晓凌，等 . 2009. 技术创新实施方法论 DAOV. 北京：中国科学技术出版社

鲁渝华 . 2010. 柯达和富士的末日危突 . 商界（评论），3 月刊

罗宾斯 . 2008. 管理学 . 北京：中国人民大学出版社

罗伯特 · 哈尔，克莱尔 · 法鲁克，戴维 · 普罗伯特 . 2009. 技术路线图：规划成功之路 . 北京：清华大学出版社

迈克尔 · 波特 . 1979. 竞争力影响战略 . 哈佛商业评论，3–4 月刊

汪大海 . 2004. 变革管理 . 北京：中国人民大学出版社

许红 . 2010. 企业业务流程重组的研究进展 . 科技管理研究，（11）

杨俊 . 2010. 变革领导者之我见 . 经营管理者，（14）

叶明海 . 2007. 基于现实的变革管理 . 经济管理 .（19）

约翰 · 琼斯，迪安 · 阿吉雷，马修 · 考尔德伦 . 2004. 变革管理 10 大原则 . IT 时代周刊，（10）

约翰 · P. 科特 . 2005. 科特论变革 . 北京：中国人民大学出版社

赵修卫 . 2007. 技术创新管理 . 武汉：武汉大学出版社

周杉 . 2009. 企业管理的发展趋势——变革管理 . 商场现代化，（8）

W. 钱 · 金，勒妮 · 莫博涅 . 2005. 蓝海战略：超越产业竞争，开创全新市场 . 北京：商务印书馆